하용조 강해서 전집 9

마태복음 2

복음
산상에서 전한 천상의 삶

(6-7장)

하용조 강해서 전집 9

마태복음 2

복음
산상에서 전한 천상의 삶
(6-7장)

지은이 | 하용조
초판 발행 | 2012. 8. 1
개정판 발행 | 2021. 7. 21
등록번호 | 제1988-000080호
등록된 곳 | 서울특별시 용산구 서빙고로 65길 38
발행처 | 사단법인 두란노서원
영업부 | 2078-3352   FAX | 080-749-3705
출판부 | 2078-3331

책값은 뒤표지에 있습니다.
ISBN 978-89-531-3510-9 04230

독자의 의견을 기다립니다.
tpress@duranno.com   www.duranno.com

하용조 강해서 전집 9

마태복음 2

복음
산상에서 전한 천상의 삶
(6-7장)

두란노

예수 그리스도를 만나고, 천국 백성의 삶을 살기를 바랍니다

강해 설교에 대한 확신을 가진 후 본격적으로 설교의 감격과 축복을 나누게 된 것은 마태복음 강해를 시작하면서입니다. 그동안 온 누리교회 성도들과 함께 주일 강단을 통하여 말씀의 능력과 축복의 실제가 무엇인지 경험했습니다.

참된 설교는 하나님의 말씀을 성령의 도우심으로 강해하여 그 시대 하나님의 백성에게 전달해 천국 백성의 삶을 살게 하는 데 있다고 생각합니다. 또 한 가지, 설교란 예수님이 하신 것처럼 알아듣기 쉬워야 하며, 적용이 실제적이어야 하며, 위로부터 오는 참된 능력이 있어야 한다고 생각합니다. 이번에 출간되는 마태복음 강해는 이런 점에 유의했다고 볼 수 있습니다.

이 강해집을 통하여 우리는 아브라함과 다윗의 자손이요 동시에 성령으로 잉태된 임마누엘이신 예수 그리스도를 만나게 될 것입니다. 예수 그리스도는 실로 온 인류의 메시아요 왕이며 우리의 구세주입니다. 이 영광스러운 왕과 동행하는 삶이 바로 그리스도인의 삶이요 마태복음 강해에서 보여 주는 삶입니다.

저에게 강해 설교에 대한 도전과 용기를 주신 분들을 잊을 수 없습니다.

첫째는, 10년 동안 강해 설교를 가르쳐 주신 데니스 레인 목사님입니다. 둘째는, 캠벨 모건과 마틴 로이드 존스 목사님의 강해 설교집을 통해 받은 은혜를 고백하고 싶습니다. 셋째는, 존 스토트, 존 맥아더, 그리고 짐 그레이엄 목사님의 강해 설교를 말하고 싶습니다. 특별히 강해 설교와 성령의 기름 부으심에 대한 짐 그레이엄의 통찰력은 저에게 또 하나의 빛이었습니다. 넷째는, 온누리교회 성도들과 특별히 제 아내입니다. 언제나 나의 설교에 대한 결정적인 비판자요 동시에 격려자는 제 아내였습니다. 마지막으로, 이 책이 나오도록 도와주신 두란노서원 식구들에게 감사를 드립니다.

차례

2부

그리스도를 닮지 못하게 하는 것들

마태복음 6:16-34

3부

그리스도가 주신 복음

마태복음 7:1-12

1부

그리스도가 가르쳐 주신 기도

마태복음 6:1-13

나와 나 자신, 나와 이웃, 나와 하나님, 이 세 가지 관계를 통해서
우리의 신앙은 형성됩니다.
하나님은 구제라는 신앙적 행위를 통해서 '나와 이웃'의 관계를 보여 주십니다.
기도에 관해서 '나와 하나님'과의 신앙적인 관계를
어떻게 맺어야 하는가를 말씀해 주십니다.
또 금식을 통해 '나와 나'의 관계에서 이루어지는
신앙적인 의를 말씀하십니다.

1

오른손뿐 아니라
왼손도 모르게 하라

마태복음 6:1-4

마태복음 5장을 통해 우리는 오랜 시간 동안 예수님이 말씀하신 그리스도인의 내면적이고 도덕적인 삶의 기준에 대해 생각해 보았습니다. 한마디로 그리스도인의 의로운 삶이었습니다. 예수님은 의로운 삶을 다시 여섯 가지로 구분하여 말씀해 주셨습니다.

첫째, 살인하지 아니하고, 둘째, 간음하지 아니하고, 셋째, 결혼을 중히 생각하고, 넷째, 신실한 언어 생활을 하고, 다섯째, 어떤 경우에도 복수하지 아니하고, 여섯째, 원수까지도 사랑하는 삶이었습니다.

이 말씀들은 모두 하나님을 믿는 천국 백성의 도덕적인 삶의 태도를 말합니다. 본문에서는 이러한 도덕적인 삶이 이루어진 사람에게 요구되는 신앙적인 의에 대해서 말합니다. 즉 "진실한 그리스도인의 신앙적인 태도와 표준은 어떤 것인가? 과연 예수를 잘 믿는다는 것은 무엇을 의미하는가?"에 대한 말씀입니다.

남들을 의식하는 사람들

사람에게 보이려고 그들 앞에서 너희 의를 행하지 않도록 주의하라 그리하지 아니하면 하늘에 계신 너희 아버지께 상을 받지 못하느니라(마 6:1).

첫째, 참된 신앙은 인간 앞에서가 아니라 하나님 앞에서 이루어집니다. 사람 앞에 나타내 보이거나, 칭찬을 받으려고 행한 모든 행위는 참된 신앙이 아닙니다. 예를 들면 사람을 의식해서 헌금을 한다든지, 사람에게 보이기 위해 교회에 나온다든지, 사람을 기쁘게 하기 위해 찬양을 한다든지, 사람을 즐겁게 하기 위해 설교를 한다든지 하는 것입니다. 인간의 의는 더러운 옷과 같아서 그 의로는 하나님 앞에 절대 나아갈 수가 없습니다. 그래서 예수 그리스도를 통해서 의의 옷으로 갈아입고 그 앞에 나아가야 하는 것입니다. 로마서에서는 우리의 신앙을 이렇게 요약하고 있습니다.

그러므로 우리가 믿음으로 의롭다 하심을 받았으니 우리 주 예수 그리스도로 말미암아 하나님과 화평을 누리자(롬 5:1).

이것이 신앙의 요점입니다. 그러나 문제는 우리의 신앙이 예수님을 통해 하나님에게 나아가려 하지 않고 사람을 향해 있다는 것입니다. 사람이 듣기 좋게 설교하고, 사람이 보기 좋게 교회 건물을 짓고, 사람에게 칭찬받기 위해 봉사하고 구제하는 신앙적인 행위를 합니다. 이것이 바로 타락이요 위선입니다. 성경에서는 이를

'외식'(外飾)이라고 표현했습니다. 위선 또는 외식은 처음에는 '웅변가'라는 뜻이 있었으나 나중에는 '배우'라는 뜻을 갖게 되었습니다. 배우는 참된 자기의 모습을 버리고 가면을 써서 다른 사람으로 변장합니다. 그리고 자기가 아닌 다른 사람이 되어 웅변적으로 사람을 설득하며 꼭두각시 역할을 합니다. 즉 자기의 본질은 감추고 다른 사람을 대역합니다.

성경 속 위선자들

외식은 구약의 창세기에서부터 나타납니다. 성경에 보면 인류 최초의 위선자는 가인이었습니다. 그는 겉보기에 그럴듯한 거짓 제사를 하나님에게 드렸습니다. 그러나 그의 제사는 하나님 앞에 드린 제사가 아니라 사람에게 드린 위선적인 제사였습니다. 하나님은 속지 않으셨습니다. 그래서 제사를 받지 않으시고 거부하셨습니다. 그러자 거짓이 드러난 가인은 분노 때문에 동생 아벨을 죽이게 됩니다. 이것이 위선입니다.

거짓말한 사람은 거짓이 들통났을 때 화를 냅니다. 또한 위선적인 사람은 자기의 방법이 조금만 틀려도 속상해하며 남을 헐뜯습니다. 위선이 깊을수록 남을 정죄합니다. 그러나 진실하고 하나님 앞에 깨끗한 사람은 그렇게 화내고 흥분하지 않습니다. 그는 늘 하나님이 심판하시고 의가 승리하는 것을 믿기 때문에 들키거나 안 들키거나를 상관하지 않고, 오해받고 안 받고를 중요하게 여기지 않습니다.

두 번째는, 구약에 나오는 아간입니다. 그가 여호수아와 함께 여리고 성을 정복하러 갔을 때, 하나님은 너희가 전쟁을 해서 정복하되 절대로 이방인의 물건에는 손대지 말라고 하셨습니다. 그러나 아간은 아무도 보지 않는 데서 좋은 물건을 훔쳐서 감추었습니다. 하나님은 기만당하지 않으셨습니다. 그래서 전쟁은 실패했고, 아간은 아골 골짜기에서 사람들에게 돌에 맞아 죽고 말았습니다. 이것이 바로 위선입니다.

세 번째는, 압살롬입니다. 그는 거짓과 위선으로 아버지 다윗을 속였습니다. 그리고 배다른 자기 형제를 죽이고 내란을 일으켜 아버지의 정권을 빼앗으려 했으며, 아버지의 부인들을 강간했습니다. 결국 그는 머리털이 나무에 걸려서 공중에 매달렸다가 창에 찔려 죽는 비참한 최후를 맞이했습니다.

네 번째는, 신약에 나타난 인류 최고의 위선자인 가룟 유다를 보겠습니다. 그는 제자로서 예수님과 함께 살았습니다. 3년간 예수님을 가장 잘 섬기는 사람처럼 위선을 떤 것입니다. 그러나 그는 예수님에게 한 번도 마음을 준 일이 없었습니다. 그냥 같이 지내며 따라다녔을 뿐입니다. 그러다가 결정적인 순간에 가룟 유다는 은 30냥에 예수님을 팔아넘겼습니다. 바로 예수님을 십자가에 내주는 장본인이 되었던 것입니다.

다섯 번째는, 아나니아와 삽비라입니다. 그들은 오순절에 성령이 임했을 때 생겨난 초대교회 일원이었습니다. 초대교회는 기뻐하며 떡을 떼고 하나님의 말씀을 들으며 구제하고 기도했습니다. 그들은 서로 재산을 통용했고, 자기 재산을 팔아 교회에 헌금했습니다. 그때 아나니아와 삽비라도 그들의 소유를 팔아 헌금했습니다. 사람들이 박수를 치고 칭찬했습니다. 그런데 문제는 그들이 헌금을 내놓을 때 일부를 빼돌리고 베드로에게는 그것이 전부라고 거짓말했다는 것입니다. 그래서 성령을 속인 죄로 그들은 그 자리에서 즉사하고 말았습니다. 이것이 바로 위선의 결과입니다.

돈이 없어서 헌금을 못 하면 어떻습니까? 교회는 돈보다 진실이 중요합니다.

위선이라는 죄

위선은 모든 곳에 존재합니다. 이방 종교에도 있고 기독교 안에도 있습니다. 또한 위선은 초대교회에만 존재했던 것이 아니라 오늘날 교회에도 있습니다. 현재 우리나라에 교회와 교인들이 그렇게 많은데 선한 힘을 행사하지 못하는 것은 외식과 위선 때문입니다. 위선은 마귀의 최고 공격 무기입니다.

그러나 성령이 밝히 말씀하시기를 후일에 어떤 사람들이 믿음에서 떠나 미혹하는 영과 귀신의 가르침을 따르리라 하셨으니 자기 양심이 화인을 맞아서 외식함으로 거짓말하는 자들이라(딤전 4:1-2).

구약에 보면 하나님은 외식하는 자들을 향하여 무섭게 진노하셨습니다.

아모스서와 이사야서에 있는 말씀을 보십시오.

내가 너희 절기들을 미워하여 멸시하며 너희 성회들을 기뻐하지 아니하나니 너희가 내게 번제나 소제를 드릴지라도 내가 받지 아니할 것이요 너희의 살진 희생의 화목제도 내가 돌아보지 아니하리라(암 5:21-22).

헛된 제물을 다시 가져오지 말라 분향은 내가 가증히 여기는 바요 월삭과 안식일과 대회로 모이는 것도 그러하니 성회와 아울러 악을 행하는 것을 내가 견디지 못하겠노라(사 1:13).

예수님도 이사야 말씀을 인용하여 마가복음에서 다음과 같이 바리새인과 서기관들의 위선을 지적하셨습니다.

이 백성이 입술로는 나를 공경하되 마음은 내게서 멀도다 사람의 계명으로 교훈을 삼아 가르치니 나를 헛되이 경배하는도다(막 7:6-7).

하나님 앞에서 모든 신앙 행위를 하는 것 같으나 실상은 세상의 교훈과 사람들의 칭찬을 구하고 있었다는 것입니다. '사람들이 나를 어떻게 생각할까?'라는 사람들의 칭찬에 대한 탐욕스러운 갈구, 이것이 바로 우리가 받는 유혹입니다.

예수님은 요한복음 5장 44절에서 "너희가 서로 영광을 취하고 유일하신 하나님께로부터 오는 영광은 구하지 아니하니"라고 말씀하셨습니다. 또 요한복음 12장 43절에서는 "그들은 사람의 영광을 하나님의 영광보다 더 사랑하였더라"고 탄식하셨습니다.

마태복음 23장에서는 무엇이든 용서하시는 인자하신 예수님이 "화 있을진저 외식하는 서기관들과 바리새인들이여"를 무려 일곱 번씩이나 반복하며 무섭게 책망하시는 것을 볼 수 있습니다.

예수님은 우리가 세상에서 살인을 해도, 간음을 해도, 도둑질을 해도, 또 탕자처럼 생활해도 회개하고 돌아오면 용서해 주십니다. 그러나 신앙적인 교만과 위선에 대해서는 조금도 용납이 없으십니다. 그래서 예수님은 너희가 행하는 모든 신앙적인 행동을 사람 앞에서 하는 것처럼 하지 말라고 하셨습니다. 오직 하나님 앞에서 행한 신앙만이 영원한 것입니다. 그러므로 모든 신앙적인 일에 있어서 우리의 관심은 오직 어떻게 하면 하나님의 영광을 나타낼 것인가에 있어야 합니다. 《예수라면 어떻게 할 것인가》(예찬사 역간)라는 책이 있습니다. 이런 상황에서라면 예수님은 어떻게 하실 것인가를 생각하며 행동하는 것이 바로 신앙적인 태도입니다.

여러분, 두세 사람이 모이는 지붕 없는 교회에서라도 진정으로 예배드릴 수 있다면 하나님은 기뻐하십니다. 동전 두 닢밖에 낼 수 없는 형편에서도 감격하며 내는 헌금을 하나님은 기쁘게 받으십니다.

참된 신앙의 원칙

두 번째로 참된 신앙은 그 상급이 인간이 아니라 하나님에게서 오는 것임을 믿는 것입니다. 그러므로 우리가 정말 하나님 앞에서 무슨 일을 했다면 다른 사람이 알아주지 않는 것에 섭섭함이 없어야 합니다. 왜냐하면 모든 상급은 하나님에게서 오기 때문입니다.

1절에 보면 하늘에 계신 너희 아버지께서 상을 주신다고 했는데 '상을 받는다'라는 단어의 뜻은 그 당시 상거래 전문용어로 물건을 샀을 때 영수증 받는 것을 의미합니다. 그러니까 하나님 앞에서 우리가 어떤 신앙적인 행위를 했을 때(그것이 예배, 찬양, 구제, 봉사, 헌금이든 간에) 상급은 이미 지불되었다는 것입니다.

그렇습니다. 우리가 하나님 앞에서 무엇을 하고자 마음먹는 순간 이미 상이 임한 것이요, 영수증이 나간 것입니다. 그런데도 사람에게 또 칭찬을 받으려고 한다면 영수증을 두 번 받으려는 것입니다. 만일 우리가 세상 사람에게 칭찬이나 인정을 받으려는 마음이 지나치다면 하나님에게 받을 것이 더 이상 아무것도 없을 것입니다. 그러므로 가능하면 사람을 의식해서 하는 행위는 피해야만 (어쩔 수 없이 노출되는 경우야 할 수 없지만) 그날에 하나님이 우리에게 주시는 상급이 클 것입니다.

사탄은 우리에게 완전하고 영원한 축복 대신 일시적이고 현실적인 축복으로 유혹합니다. 그래서 하나님에게서 오는 영적 축복보다는 사람들의 감미로운 칭찬에서 오는 입술의 상급을 바라게 합니다.

이러한 참된 신앙의 두 가지 기본적인 원칙 앞에서 예수님은 구체적인 실례 세 가지를 들어 주셨습니다. 첫째는 구제, 둘째는 기도, 셋째는 금식입니다.

구제에 관해서는 마태복음 6장 2-4절 말씀에 나와 있는데, 하나님은 구제라는 신앙적 행위를 통해서 '나와 이웃'의 관계를 정립하고 계십니다. 기도에 관해서는 마태복음 6장 5-15절 말씀에 나오는데, 여기서는 '나와 하나님'과의 신앙적인 관계를 어떻게 맺어야 하는가를 말씀해 주십니다. 금식에 관한 것은 마태복음 6장 16-18절 말씀으로 자기 절제의 문제인데, '나와 나'의 관계에서 이루어지는 신앙적인 의에 대해서 말씀해 주십니다. 나와 나 자신, 나와 이웃, 나와 하나님, 이 세 가지 관계를 통해서 신앙은 형성되는데, 이러한 세 관계의 한 예로 들어 주신 것이 바로 구제와 기도와 금식이었습니다.

구제할 때 생색내지 마라

그 첫 번째 실례인 '구제'에 대해서 말씀을 나누겠습니다.

> 그러므로 구제할 때에 외식하는 자가 사람에게서 영광을 받으려고
> 회당과 거리에서 하는 것같이 너희 앞에 나팔을 불지 말라(마 6:2).

구약이나 신약에서나 구제는 이웃을 향한 하나님의 뜻이요, 명령입니다. 교회가 구제와 선교에 얼마나 관심이 깊은가에 따라 교인들의 신앙의 성숙도를 가늠할 수 있습니다.

하나님은 악인에게도 선인과 마찬가지로 햇빛과 비를 골고루 주십니다. 자비와 사랑의 하나님은 특별히 배고픈 자, 억눌린 자, 소외된 자들에게 관심이 많습니다. 그래서 자기 백성이 그들을 도와주기를 원하십니다. 그러나 오늘날 기독교의 비극 중 하나는 예수를 잘 믿는다면서 세상에 무관심하기 때문에 사회 참여 비신자들에게 구제를 그들의 전유물로 빼앗긴 것입니다. 오늘날 이 땅의 교회들은 가난한 자를 돕고, 억눌린 자를 위로하며, 소외된 자에게 관심을 가져야 할 책임이 있습니다. 하나님은 우리가 이웃을 도와줄 때 얼마나 기뻐하시는지 모릅니다.

레위기 19장 18절에 보면 하나님이 "네 이웃 사랑하기를 네 자신과 같이 사랑하라"고 하셨습니다. 예수님은 하나님을 사랑할 뿐만 아니라 네 이웃을 네 몸과 같이 사랑하라고 하셨습니다.

사도행전에 보면 초대교회 때 성령 받은 사람들은 전도했을 뿐 아니라 구제와 봉사에 전념했습니다. 특별히 구제할 때 생색을 내거나 자만심을 가져서는 안 됩니다. 왜냐하면 하나님이 내게 위탁하신 물질을 없는 사람에게 나누어 주는 것은 당연한 일이요, 단지 주인의 것을 우리가 대신 전달한 것에 불과하기 때문입니다.

먹고 입고 자고도 남는 돈은 하나님이 우리에게 땅 사라고 주신 돈이 아니라 가난한 자를 도우라고 주신 돈입니다. 요즘 땅 투기로 세상이 요란합니다. 하나님의 것을 가지고 인간들이 구획을 정해 놓고 내 것이요, 네 것이요 하며, 싸우고 마음대로 값을 먹이며 투기하는 것을 볼 수 있습니다. 하나님의 땅은 투기 대상이 되어서는 안 됩니다.

병원에 안 가도 될 만큼 우리에게 건강을 주심은 그 건강을 자랑하고 정욕을 위해서 쓰라고 주신 것이 아니라 병든 자를 도와주라고 주신 것입니다. 또 하나님이 우리에게 권력을 주심은 그 권력을 지배하고 착취하라고 주신 것이 아니라 좋은 일을 하라고 우리를 높은 위치에 세우신 것입니다. 하나님이 우리에게 돈과 건강과 권력을 주신 의미를 잘 깨달아야 합니다.

그런데 문제는 구제하는 태도입니다. 실제로 우리는 구제는 작게 하면서 나팔 불지 않습니까? 전달식을 한다며 사진 찍고, 심지어 신문과 잡지에도 알립니다. 빈 수레가 요란하듯 언제나 작은 구제를 한 사람이 큰일이나 한 것처럼 소리치고 다니는 것이 현실입니다. 신앙의 외식이란 바로 나팔 불어 자기를 선전하는 것입니다. 이러한 구제는 하나님이 기억하지 않으십니다. 진실한 신앙 행위란 언제나 그 자체에 이미 축복과 상급이 담겨 있습니다. 이것을 세상적인 것으로 더럽혀서는 안 됩니다. 2절에서 "진실로 너희에게 이르노니 그들은 자기 상을 이미 받았느니라"고 했습니다.

어떤 사람은 헌금하거나 구제할 때 꼭 자기가 확인하고 간섭하며 그 결과를 추궁하는 사람이 있습니다. 아주 불행한 사람입니다. 헌금이나 구제를 했으면 잊어버리십시오. 다만 하나님의 뜻대로 잘 쓰이도록 기도하십시오. 그 내역을 다 알아야 하고, 확인해야 하고, 영수증을 받아야 하고, 그 결과까지 책임져야 하는 사람은 자기가 하나님이 되려는 사람입니다. 또 구제와 헌금을 통해 다른 사람을 지배하려는 태도를 갖는 사람이 있습니다. 이것은 구제도 아니고 헌금도 아닙니다.

자신도 모르게 구제하라

그러면 참된 구제의 태도는 어떠해야 합니까?

> 너는 구제할 때에 오른손이 하는 것을 왼손이 모르게 하여 네 구제함을 은밀하게 하라 은밀한 중에 보시는 너의 아버지께서 갚으시리라(마 6:3-4).

어찌 오른손이 하는 것을 왼손이 모를 수가 있겠습니까? 이 말의 뜻은 구제할 때 다른 사람이 모르게 하는 것뿐만 아니라 자기 자신까지도 모르게 하라는 뜻입니다. 즉 도와줄 때 자기를 의식하거나 개입시켜서는 안 된다는 말입니다. 우리는 헌금할까 말까, 구제할까 말까를 자기하고 여러 번 의논하다가 막상 해야 할 즈음에는 자신을 굉장히 위대한 사람으로 만들어 놓습니다. 그래서 겉으로는 겸손한 척하지만 '남을 구제하는 너는 참 괜찮은 사람이야'라고 스스로 생각하며 자신을 교만하게 만듭니다. 자기가 구제한다는 것을 자기 자신에게 너무나 많이 설득했기 때문입니다. 이것은 구제가 아닙니다.

남을 도와준 것을 우리의 의식 속에서도 제거해 버려야 합니다. 예를 들면 어떤 사람이 와서 "작년에 도와주셔서 감사합니다"라고 인사해도 기억나지 않아야 한다는 말입니다. 또 다른 예로 "내가 이번에 너를 용서하면 세 번째 용서해 주는 것이야"라고 했다면 이는 다 용서하지 않았다는 뜻이 됩니다. 그 말은 "나는 네가 잘못한 것을 다 기억하고 있고, 두 번이나 용서해 준 것도 다 기억하고 있다. 그러니 내가 너를 봐주는 사람이다"라는 말입니다. 그것은 용서도, 사랑도 아니고 고도의 지배술입니다.

우리가 하나님 앞에서 행한 것이라면 잊어버려야 합니다. 하나님에게 영광을 돌렸다면 그것으로 끝나야 합니다. 그리고 언제나 새롭게 출발해야 합니다. '내'가 구제했다는 자아의식이 많은 사람은 영적으로 교만해집니다.

결론적으로 구제할 때 "이런 마음을 갖게 하신 이도 하나님이시요, 이런 행동을 하게 하신 이도 하나님이시니 내가 자랑할 것은 아무것도 없습니다. 오직 일을 이루신 하나님에게 영광을 돌려 드립니다"라고 고백할 수 있을 때 참된 구제가 이루어집니다.

하나님은 언제나 은밀하게 계시고, 은밀한 중에 보시는 분이며, 기억하고 계시는 분입니다. 우리가 잊어도 하나님은 기억하고 계시며, 우리의 속마음을 감찰하고 계십니다.

예수님을 보십시오. 그분은 하나님이셨으면서도 인간으로 오셨을 때는 목수의 아들로 말구유에 오셨습니다. 그 낮고 천한 곳에 오셔서 제자들의 발을 씻어 주시고, 버림 받은 창녀와 세리들을 만나 주시고, 세상에서 소외된 사람들을 만나 주신 분이 예수 그리스도입니다. 한 번도 자기를 과시하거나 자기의 힘을 표현해 본 일이 없으십니다. 그분이 가진 권능이 있다면 그것으로 사람들을 섬겼고, 그분이 가진 능력이 있다면 그것으로 병든 자를 고쳐 주셨으며, 그분이 가진 힘이 있다면 그것으로 배고픈 자들에게 먹을 것을 주셨습니다.

사도행전 20장 35절에 "주는 것이 받는 것보다 복이 있다"라는 말씀이 있습니다. 평생에 주는 사람이 되기를 바랍니다. 또 주고 나서 기억하지 않는 사람이 되기를 바랍니다. 그래서 하늘에서 오는 진정한 상급이 우리의 마음에 평화와 기쁨을 주고, 그날에 천국에 갔을 때 하나님에게 큰 상급을 받는 우리가 되어야 할 줄로 믿습니다.

2

은밀한 기도가
친밀함을 쌓는다

마태복음 6:5-8

예수님은 참된 신앙의 모습에 대한 원리를 다음과 같이 말씀하셨습니다.

> 사람에게 보이려고 그들 앞에서 너희 의를 행하지 않도록 주의하라 그리하지 아니하면 하늘에 계신 너희 아버지께 상을 받지 못하느니라(마 6:1).

예수님은 참된 신앙이란 무엇을 하든지 사람 앞에서가 아니라 하나님 앞에서 하는 것을 의미하며, 진정한 보상도 사람에게서가 아니라 하나님에게서 오는 것임을 말씀하셨습니다. 구제와 기도와 금식이라는 실제적인 신앙적 행위를 예로 들어서 이 원리를 적용하셨습니다. 특별히 구제는 사람에게 보이려 하지 말라고 하셨습니다. 즉 오른손이 하는 것을 왼손이 모르게 하라고 하셨습니다. 예수 믿는 사람이란 그가 착한 일을 했기 때문에 구원받고 하나님의 자녀가 된 것이 아니라 반대로 그가 구원받았기 때문에 착한 일을 하는 것입니다. 예수님은 두 번째 참된 신앙의 원리를 기도하는 신앙 행위에 적용하고 계십니다.

마음의 동기가 중요하다

어떤 사람이 예수를 잘 믿느냐 못 믿느냐 하는 것은 그가 오랜 신앙생활을 했느냐 안 했느냐, 그에게 기적과 능력이 있느냐 없느냐, 그가 환상을 보았느냐 안 보았느냐, 그가 병을 고치는 능력이 있느냐 없느냐에 달려 있지 않습니다. 그것들은 참된 신앙의 결과일 뿐입니다. 신앙생활에서 무엇보다 중요한 것은 마음의 동기입니다. 즉 겉으로 나타난 모습보다 내적인 동기와 그 모습이 어떠한지가 중요합니다. 특별히 기도에 있어서는 더욱 그러합니다. 근본적으로 모든 그리스도인은 기도라는 생명줄을 통하여 하나님에게 영적인 자양분을 공급받습니다. 기도가 없다면 신앙은 공기나 물, 태양의 공급이 없어 그대로 말라 죽는 식물처럼 될 것입니다.

우리의 신앙은 생각함으로 성장하는 것이 아니라 기도함으로 성장합니다. 이러한 의미에서 구제가 이웃에게 향하는 신앙의 의라고 한다면 기도는 하나님을 향하는 태도입니다. 그렇다면 우리가 기도할 때 누구에게 기도하느냐가 가장 중요합니다. 아무리 훌륭하고 좋은 기도를 드렸다 해도 그 대상이 다르다면 얼마나 다른 결과를 가져오겠습니까? 분명히 기도란 자기 자신에게 하거나 다른 사람에게 하는 것이 아닙니다. 기도의 대상은 하나님입니다. 그럼에도 불구하고 우리는 기도의 대상인 하나님보다는 기도하는 우리 자신이나 옆 사람을 의식하고 기도할 때가 많습니다. 이것을 가리켜 예수님은 '위선'이라고 말씀하셨습니다.

예수님은 기도할 때 잘못된 신앙적인 태도가 있는 두 그룹을 소개하셨습니다. 첫째는 외식하는 바리새인들의 기도요, 둘째는 우상을 섬기는 이방인들의 기도입니다. 먼저 첫 번째로 외식하는 바리새인들의 잘못된 기도를 살펴보겠습니다.

> 또 너희는 기도할 때에 외식하는 자와 같이 하지 말라 그들은 사람에게 보이려고 회당과 큰 거리 어귀에 서서 기도하기를 좋아하느니라 내가 진실로 너희에게 이르노니 그들은 자기 상을 이미 받았느니라(마 6:5).

여기서 외식하는 바리새인들의 기도란 어떤 것입니까? 하나님에게 기도하기를 무척 좋아하는 것처럼 보인다는 것입니다. 그래서 그들은 하루에 세 번씩 정해 놓고 기도했습니다. 그 전에도 얼마나 기도가 하고 싶었는지 성전으로 기도하러 가는 도중에 큰 길거리 어귀에 서서 기도할 정도였습니다. 그렇다면 바리새인들은 이 어려운 기도를 그렇게 좋아할 정도로 믿음이 있었다는 뜻입니까? 아닙니다. 그들의 기도는 기도의 대상인 하나님을 사랑하고 하나님에게 드리는 기도가 아니었습니다. 그들이 기도하기를 좋아했던 것은 기도하는 자기 자신이 너무나 거룩하게 보이고, 기도하는 자신이 너무나 위대하게 보였기 때문입니다. 즉 자기도취 속에서 기도했던 것입니다. 또 한 가지는 길모퉁이에 서서 기도했을 때 사람들이 자기를 보며 칭찬하고 존경의 눈초리를 보내는 것을 잊지 못했기 때문에 하루에 세 번씩 그처럼 기도했던 것입니다. 이 모습을 예수님은 자세히 설명해 주십니다.

> 두 사람이 기도하러 성전에 올라가니 하나는 바리새인이요 하나는 세리라 바리새인은 서서 따로 기도하여 이르되 하나님이여 나는 다른 사람들 곧 토색, 불의, 간음을 하는 자들과 같지 아니하고 이 세리와도 같지 아니함을 감사하나이다 나는 이레에 두 번씩 금식하고 또 소득의 십일조를 드리나이다 하고 세리는 멀리 서서 감히 눈을 들어 하늘을 쳐다보지도 못하고 다만 가슴을 치며 이르되 하나님이여 불쌍히 여기소서 나는 죄인이로소이다 하였느니라(눅 18:10-13).

사실 기도는 쉽지 않습니다. 영적으로 보면 마치 중노동처럼 어렵고 힘듭니다. 예수님도 땀이 피가 되는 것같이 기도하셨고 엘리야도 얼굴을 두 무릎 사이에 넣고 일곱 번씩이나 기도했습니다. 생각하거나 염려하기는 쉬어도 실제로 무릎 꿇고 하나님을 신뢰하며 기도하기란 어렵습니다. 우리는 여기서 종교적 형식의 탈을 쓴 바리새인들의 외식하는 기도의 모습을 발견합니다.

우리는 끊임없이 선한 것이 아니라 악한 것을 생각합니다. 그러면서도 교양이나 지성, 덕, 훈련으로 절제하며 그렇지 않은 것처럼 하고 있지 않습니까? 진짜 우리의 모습은 우리가 무엇을 생각하고 있느냐에서 나타납니다. 우리는 정말 하나님을 생각하고 있습니까? 그 뒤에 번쩍거리는 금을 생각하는 것은 아닙니까? 하나님 앞에서의 봉사와 헌신을 생각하고 있습니까, 아니면 그 뒤에 있는 명예와 칭찬을 기다리고 있습니까? 하나님은 우리가 겉으로는 어떤 모습으로 찬양했든, 어떤 모습으로 기도했든 우리 안에 품은 생각이 무엇인가를 보고 계십니다. 그리고 하나님이 보신 그것이 우리며 진정한 우리 신앙의 모습입니다.

어떤 사람이 눈물을 흘리고 경건하게 무릎 꿇고 금식하며 기도한다고 해서 거룩한 사람이라고 단정 지을 수는 없습니다. 반대로 추하고 더럽고 살인하고 강도 짓을 했다고 해서 죄인의 대표라고 정죄해서는 안 됩니다. 그 사람도 언젠가는 고개를 들지 못하고 가슴을 치면서 "하나님이여, 나를 불쌍히 여겨 주시옵소서. 나는 죄인입니다"라고 말할 수도 있기 때문입니다. 우리는 거룩하게 기도하면서도 죄를 지을 수 있고, 성경을 가르치고 선을 행하며 구제와 봉사를 하면서도 죄를 지을 수 있다는 사실을 알아야 합니다. 만일 우리가 행한 이 모든 선한 행위 속에 하나님에 대한 생각은 없고 자기 자신의 생각과 사람들의 칭찬과 존경을 의식했다면 그것은 위선이요, 교만일 것입니다.

또한 자기에 대한 아첨, 자기에 대해 경배하는 사람들도 있습니다. 그 사람들은 언제나 자만심과 아주 독특한 자존심을 가지고 다른 사람들을 깔보면서 살아갑니다. 이 부류에 속한 사람들이 바리새인들입니다. 그들은 너무나 자기를 좋아했던 사람들이요, 자기 신앙에 자기가 도취되었던 사람들이요, 자기 이상으로 하나님을 잘 믿는 사람이 없다고 자만했던 사람들입니다. 그래서 성경은 그들이 회당 어귀에서 기도하거나 큰 거리에 서서 기도할 때 사람에게 보이려 했다고 기록하고 있습니다.

기도는 하나님과의 진실한 대화다

두 번째 잘못된 기도를 마태복음 6장 7절에서 말씀하고 계십니다.

"또 기도할 때에 이방인과 같이 중언부언하지 말라 그들은 말을 많이 하여야 들으실 줄 생각하느니라."

여기서 이방인이란 우상 숭배를 하는 사람, 곧 세속적인 사람을 의미합니다. 세속적인 사람은 엄밀한 의미에서 무신론자라기보다는 우상 숭배자들입니다. 사실 그들은 과학이나 철학, 아니면 자기 자신을 신뢰하거나 또는 하나님이 아닌 다른 것을 신뢰하고 있습니다. 즉 무엇인가를 믿는 것입니다. 돈과 권력과 섹스가 그들의 우상일 수도 있고 잡귀신이나 자연신 등이 우상일 수도 있습니다. 이러한 우상에게 하는 기도는 의미 없는 기도의 반복입니다. 거기에는 기도하는 내용이 중요하지 않고, 기도하는 대상이 중요하지 않습니다. 다만 기도하는 자신이 중요합니다. 불교에서 염불하는 것, 가톨릭에서 반복하여 기도문 외우는 것도 다 비슷한 속성입니다.

오늘날 기독교에도 그와 비슷한 위험성 있는 기도문이 있습니다. 바로 아무 생각 없이 습관적으로 외우는 주기도문입니다. 안 하면 불안하고 하자니 별 의미 없는 기도라면 바로 우상을 숭배하는 이방인들의 중언부언 기도에 불과할 것입니다. 특별히 이방인들의 중언부언하는 기도는 질보다는 양이 중요합니다. 그들은 무슨 기도든 시간을 많이 끌고 많은 양의 기도를 하면 하나님이 들으신다고 생각합니다. 이러한 물량주의적 신앙 행위는 기도 속에도 나타나서 기복신앙적인 모습을 갖게 합니다.

참된 기도에 있어서 기도한다는 것 자체도 중요하지만 무엇을 기도하며 누구에게 기도하느냐가 더 중요합니다. 기도는 한마디를 해도 하나님과 관계있는 생명력 있는 대화를 해야 합니다. 하나님은 말을 많이 해야 들으시는 분도 아니고 화려한 언어로 감동하시는 분도 아닙니다. 그 기도에 진실이 담겨 있어야 합니다. 어떤 때는 할 말을 잃고 눈물만 뚝뚝 흘리면서 마음속으로 진실을 고백하며 기도할 수 있습니다. 그것도 훌륭한 기도입니다. 왜냐하면 그 기도가 하나님과의 진실한 대화일 수 있기 때문입니다.

참된 기도의 모습

그러면 참된 기도의 모습이란 어떤 것일까요?

너는 기도할 때에 네 골방에 들어가 문을 닫고 은밀한 중에 계신 네 아버지께 기도하라 은밀한 중에 보시는 네 아버지께서 갚으시리라 (마 6:6).

예수님은 참된 기도는 골방에 들어가 문을 닫고 하는 기도라고 말씀하셨습니다. 이 말은 골방에서만 기도하라는 뜻이 아닙니다. 사람을 의식하고 기도해서는 안 된다는 것을 의미합니다. 즉 사람에게 감동을 주기 위한 기도나 자기의 기도를 자랑하기 위한 기도가 아니라, 하나님을 향한 기도를 말합니다.

여기서 골방에 들어간다는 것은 나와 하나님만 있는 것을 뜻합니다. 짝기도, 공중기도, 통성기도, 산기도 등 무슨 기도를 하든지 기도할 때는 하나님만 생각하며 기도해야 하나님이 들으십니다. 또 골방에 들어갈 때 문을 닫으라고 하신 것은 사람들이 골방에 들어가 기도하면서도 자기가 골방에서 기도하는 모습을 남에게 보이고 싶어 하는 마음이 있기 때문입니다. 이 말씀은 이러한 유혹을 끊어 버리라는 뜻으로 하셨으며, 우리의 신앙적인 행위를 다른 사람에게 보이고 싶어 하는 간사한 마음을 지적하신 말씀입니다.

여기서 또 한 가지 우리가 기억할 것은 기도는 자기의 영적 과시가 될 수 없으며 자기 신앙의 훈장이 될 수 없다는 사실입니다. 즉 자기가 40일 금식 기도나 산기도, 철야 기도 했다는 것을 스스로 무엇을 이룬 것같이 자신을 설득하지 마십시오. 그 기도는 이미 그 자체로 그 시간에 끝난 것입니다.

그러므로 참된 기도란 사람들에게 보이려는 바리새인들의 외식하는 기도가 아니요, 뜻 없는 내용을 계속해서 반복하는 이방인들의 중언부언하는 기도도 아닙니다. 참된 기도란 하나님을 의식하며 하나님 앞에서 하는 기도요, 사람에게 보이지 않도록 골방에서 문을 닫고 하는 기도입니다. 특별히 은밀한 중에 보시는 네 아버지가 갚으시리라고 하셨는데, 이 말씀은 기도란 이미 응답된 것이라는 뜻임을 알 수 있습니다.

하나님을 향한 기도

예수님은 기도에 대한 결론을 내려 주셨습니다.

> 그러므로 그들을 본받지 말라 구하기 전에 너희에게 있어야 할 것을 하나님 너희 아버지께서 아시느니라(마 6:8).

산상설교 5-7장 말씀을 한마디로 요약하면 바로 이 말씀입니다. "너희는 천국 백성으로서 세상 사람과는 다르고 종교 전문가들과도 다르다. 그러므로 너희는 그들을 본받지 마라." 그렇습니다. 무엇이든 달라야 변화를 줍니다.

기도에 있어서도 달라야 할 부분이 있습니다. 첫째, 외식하는 기도나 중언부언하는 기도와 달라야 합니다. 둘째, 참된 기도란 하나님이 이미 다 알고 계신다는 확신에 기초해야 합니다. 8절에 보면 "구하기 전에 너희에게 있어야 할 것을 하나님 너희 아버지께서 아시느니라"고 하셨는데, 바로 이 믿음이 우리로 하여금 참된 기도를 하게 합니다. 하나님은 구하면 주시는 분이 아니라 구하기 전에 우리의 모든 필요를 아시는 분입니다. 여기에서 우리는 우리의 기도가 단순하게 주고받는 관계가 아니라 그 이상의 관계라는 것을 알게 됩니다. 은밀한 중에 우리의 기도를 들으시는 하나님을 찬양하십시오. 짧게 기도해도 응답하시고 길게 기도해도 응답하시는 하나님을 찬양하십시오.

기도란 자기 신앙의 자화상입니다. 기도를 잘하는 비결은 하나님을 생각하면서 기도하는 데 있습니다. 혹 서투르더라도 오늘부터 시작하십시오. 기도는 하나님과의 생명적인 관계요, 살아 있는 교제요, 사랑의 대화이기 때문에 기도 속에 하나님의 위로와 능력과 치료가 있습니다. 기도할 때 하나님을 향하는 믿음이 불처럼 일어나는 역사를 만들어 주십니다. 기도할 때 이웃을 향하여 용서의 손을 펴게 됩니다. 기도할 때 회개의 역사가 일어납니다. 그러므로 기도는 그리스도인의 가장 큰 특권입니다. 조심해야 할 것은 기도를 하면 할수록 자기 자신을 죽여야 한다는 것입니다. "너희는 그들을 본받지 말라"는 말씀은 곧 예수님만 본받으라는 말씀입니다. 그래서 그 다음 구절에 나오는 것이 예수님의 기도문인 것입니다.

3

아버지의 이름을
거룩히 하라

마태복음 6:9

예수님은 신앙의 참된 모습의 실례로 구제에 뒤이어 기도를 말씀해 주셨습니다. 참된 기도란 어떻게 하는 것입니까? 바로 사람 앞에서가 아니라 하나님 앞에서 하는 기도라고 했습니다. 즉 골방에서 문을 닫고 하는 기도입니다.

예수님은 기도를 열심히 하기는 하지만 잘못된 기도를 하는 사람들의 예를 두 가지 들어 주셨습니다. 첫째는, 외식하는 바리새인들의 기도이며 둘째는, 중언부언하는 이방인들의 기도였습니다. 그들은 자신의 기도하는 모습을 남에게 보이기를 좋아하고, 뜻 없는 기도라도 많이만 하면 하나님이 기뻐하셔서 자기의 목적이 이루어질 것이라고 생각하는 사람들이었습니다. 예수님은 이러한 기도를 본받지 말라고 하셨습니다. 왜냐하면 기도란 어떤 목적을 이루기 위한 수단이 아니고, 그보다 훨씬 높고 깊은 의미가 있기 때문입니다.

예수님이 6장 8절에서 말씀하신 그대로 하나님 아버지는 우리가 구하기 전에 우리에게 무엇이 필요한지를 이미 다 알고 계시다는 사실을 믿고 기도를 시작해야 합니다. 결론적으로 기도는 단순한 간구 이상으로 하나님과의 생명적인 관계요, 살아 있는 교제요, 사랑의 대화입니다.

예수님의 내면적인 삶을 보면 그분에게는 끊임없는 기도의 강이 흐르고 있었습니다. 무엇을 얻기 위해서가 아니라, 하나님과의 생동적이고 생명적인 관계를 갖기 위해서 새벽 미명에 혹은 밤이 맡도록 기도하셨습니다. 예수님은 언제나 대중 속에서 호흡하셨지만 그 속에 빠져 있지 않으시고 그들을 떠나 홀로 기도하러 산으로 가시곤 했습니다. 십자가를 지시기 전에는 겟세마네 동산에서 땀이 핏방울같이 되기까지 기도하셨습니다.

히브리서 5장 7절에 보면 자기를 죽음에서 능히 구원하실 이에게 심한 통곡과 눈물로 간구와 소원을 올렸다고 되어 있습니다. 예수님의 기도 방법은 항상 은밀히 행하는 기도였습니다.

기도할 때 진정 자유하게 된다

기도하는 사람에게는 어떤 일이 일어날까요?

첫째, 하나님을 생각하게 됩니다. 기도는 사람에게 하는 것이 아니라 하나님에게 하는 것이기 때문에 기도하는 사람은 언제나 하나님을 생각하게 됩니다. 그러므로 쉬지 말고 기도하라는 뜻은 쉬지 말고 하나님을 생각하라는 뜻입니다. 또한 우리가 하나님을 사랑해서 계속 그분을 생각하고 있다면 그것이 곧 기도입니다.

둘째, 천국을 생각하게 됩니다. 기도하는 사람은 그의 마음속에 세상을 생각하기보다는 천국을 생각하는 사람입니다. 그는 죽음을 삶의 새로운 한 형태로 이해하여 죽음 저편에 있는 천국을 삶과 연결해서 생각합니다. 그러므로 그의 삶 속에는 날마다 천국이 있고 하나님과 가까이 있기 때문에 세상의 많은 일을 심각하게 생각하지 않습니다. 그는 손해 보기 싫어하고 무엇이든 빼앗기지 않으려고 두 주먹 불끈 쥐고 악착같이 살아가는 세상 사람과는 다릅니다. 그는 손을 펴고 자유롭게 사는 완전한 자유인이요, 하늘의 능력을 소유하는 사람이요, 분열된 세계에서 평화의 사도로서 살고 있는 사람입니다. 또한 물질이 있지만 물질의 노예가 되지 않고, 높은 지위에 있지만 그 지위의 환상에 빠져 있지 않은 사람입니다.

기도를 배워야 한다

그러면 참된 기도란 어떤 내용의 기도를 의미합니까? 예수님은 6장 9절에서 "그러므로 너희는 이렇게 기도하라"고 그 내용을 밝히 말씀해 주셨습니다. 이 말씀 속에서 우리는 먼저 기도란 스스로 깨달아지는 것이 아니라 가르치고 배워야 한다는 사실을 발견합니다. 대부분의 사람이 기도하라고 했을 때 두려워하고 주저하는 것은 배우지 않았기 때문입니다. 그래서 예수님은 "너희는 이렇게 기도하라"고 가르쳐 주셨습니다.

말 잘하는 것과 기도 잘하는 것은 다릅니다. 어떤 사람은 기도를 잘하긴 하는데 평생 자기 생각대로 기도하는 사람이 있습니다. 또 선배들의 기도를 따라 하거나 목사님의 기도 형태를 따라서 적당히 자기 것으로 만들어 기도하는 사람도 있습니다. 그러나 참된 기도에는 순서와 원리가 있고 꼭 있어야 할 내용이 있습니다. 이제 예수님이 그 기도의 내용을 한 가지씩 설명해 주십니다.

우리는 누구나 덧셈, 뺄셈, 곱셈, 나눗셈을 할 능력이 있습니다. 이렇게 하려면 초등학교에 들어가서 구구단을 외워야 하고 원리와 공식을 배워야만 합니다. 또 이를 습득해야만 후에 차원 높은 미분, 적분까지 풀게 됩니다. 기도도 마찬가지입니다. 기도의 원리와 요점과 내용과 순서가 어떤 것인지 배워야 하고, 그 후에 성경을 읽으며 성령의 은혜로써 무한히 기도의 영역을 개척해 나가야 합니다.

기도의 대상

예수님이 기도를 가르쳐 주실 때 제일 먼저 가르쳐 주신 것은 기도의 대상입니다. 기도는 독백이나 푸념 또는 하소연이 아닙니다. 참된 기도에는 인격적이고 구체적인 분명한 대상이 있어야 합니다. 돌부처나 천지 신명 앞에서 드리는 기도나 냉수 한 그릇 떠 놓고 하는 기도와는 다릅니다. 예수님은 너희가 기도하는 대상은 "하늘에 계신 너희 아버지"라고 가르쳐 주셨습니다.

이 말씀은 첫째로, 하나님이 인격적인 분이심을 보여 주고 있습니다. 하나님은 어떤 개념이나 이상 또는 궁극적인 원리나 철학이 아닙니다. 그분은 실제로 우리를 만드시고 지으신 창조주시며 우리가 아버지라고 부를 수 있는 인격적인 대상이십니다. 실제란 느낄 수 있고 만질 수 있고 볼 수 있고 들을 수 있고 응답할 수 있는 것을 의미합니다. 그래서 요한일서 1장 1절에서 요한은 예수님을 가리켜 "우리가 들은 바요 눈으로 본 바요 자세히 보고 우리의 손으로 만진 바라"고 했습니다. 그러므로 신앙은 어떤 관념이 아니라 실제라는 것을 믿어야 합니다. 그렇지 않으면 위선자가 됩니다. 이 말은 하나님은 우리가 어느 곳에서 무엇을 하든지 보고 계시며 우리와 함께 동거하시는 분이라는 것을 믿어야 한다는 말입니다. 하나님에 대한 의식이 현실적으로 있어야 합니다.

그분은 말씀하고 들으시며, 보고 느끼시며, 우리가 슬플 때 위로해 주시는 분입니다. 우리가 병들었을 때 소망과 기적의 능력을 주시는 분이기도 하며, 동시에 우리가 잘못했을 때에는 채찍을 치시는 분이기도 합니다. 그러므로 우리가 하나님에게 나아갈 때는 실제이신 그분에게 나아가야 합니다.

둘째로, "하늘에 계신 우리 아버지여"라고 할 때 하나님이 하늘에 계시다는 것은 어느 곳에나 계신다는 능력의 하나님이라는 뜻입니다. 땅끝에 가도 거기 계시고, 하늘 끝에 가도 거기 계시며, 바다 끝에 가도 거기 계시는 공간을 초월하신 분입니다. 사람이 제일 숨기 좋은 곳이 자기 마음입니다. 그러나 우리 무의식의 가장 깊은 곳에도 하나님은 계십니다. 또한 하나님은 시간 제한을 받지 않으시는 영원하고 무한하신 분입니다. 우리의 과거 속으로 들어가시기도 하고 우리의 미래 속으로 이미 가 계신 분이기도 합니다. 그러므로 우리가 아무리 하나님을 거부한다고 해도 피할 길이 없고, 우리가 아무리 부끄러운 것이 있다 할지라도 숨길 수가 없습니다. "하늘에 계신"이란 뜻은 우리 하나님은 바로 이러한 능력의 분이시라는 뜻이므로 우리가 이를 믿고 기도해야 합니다.

셋째로, "하늘에 계신 우리 아버지여"라는 기도에서 '아버지'는 바로 우리의 아버지라는 뜻입니다. 우리의 아비는 원래 마귀였습니다. 그러나 예수 그리스도를 우리에게 보내 주심으로 말미암아 우리는 하나님을 아버지라고 부를 수 있게 되었습니다. 아무리 능력 있고 사랑이 많고 인격이 훌륭한 아버지가 있다 할지라도 그분이 나의 아버지가 아니면 나와 무슨 상관이 있겠습니까? 그러나 그분이 만일 나의 아버지라면 어떻습니까? 아프면 돌봐 주시고, 잠 못 들고 고민하면 같이 울어 주시고, 절망에 빠져 있을 때면 위로해 주시고 새 힘을 주실 것입니다.

예수님이 가르쳐 주신 기도를 보면 위대하고 능력이 많은 하나님이 바로 '나'의 아버지라고 하셨고, 동시에 '우리'라는 공동체 속에 계신다고 하셨습니다. 이제 그분은 나와 상관있는 분이시고 나의 문제에 구체적으로 관심을 가져 주는 분이심을 기억하십시오.

또 '우리'라는 말 속에서 한 가지 찾아야 할 진리는 기독교는 공동체라는 것입니다. 우리는 함께 더불어 살아가야 하는 존재입니다. 누가 잘 살고 못 살고, 누가 똑똑하고 미련하고, 누가 지식인이고 무식하다고 말할 수 없습니다. 우리는 다 함께 부름 받은 천국 백성입니다.

넷째로, "하늘에 계신 우리 아버지여"에서 아버지는 사랑과 용서의 아버지를 뜻합니다. 이 세상에서 가장 친근한 개념이 있다면 바로 나를 사랑하고 용서하시는 아버지, 곧 아빠입니다. 여기에서의 '아버지'도 나를 보호하고 사랑하고 격려하고 소망을 주는 '가장 좋은 아빠'를 의미합니다. 예를 들면 탕자의 아버지와 같은 분 말입니다. 그는 자기의 재산을 다 가지고 나가서 탕진하고 돌아올 때까지 그 아들을 잊지 못하여 대문 밖에서 날마다 문을 열어 놓고 기다렸습니다.

어떤 살인자를 향해 모든 사람이 다 손가락질한다고 해도 그의 어머니는 살인자 아들에게 손가락질하지 않습니다. 어떤 민족 반역자를 향하여 온 국민이 욕하고 손가락질을 해도 그의 아버지는 자기 아들에게 그렇게 할 수가 없습니다. 하나님이 바로 그런 분이십니다. 내가 잘못한 것이 없고 허물이 없다는 것이 아닙니다. 그럼에도 불구하고 그분은 나를 용서하시고 사랑하시고 기다려 주십니다.

구약의 하나님은 진노하시고 심판하시는 공의의 하나님이어서 많은 사람이 그분 앞에 가기를 두려워했습니다. 죄를 구속해 주는 하나님의 유일한 방법이었던 짐승의 피 외에는 인간이 가진 어떤 것으로도 하나님에게 나아갈 수가 없었던 것입니다. 그러나 예수 그리스도가 십자가에서 피를 흘리심으로 하나님의 공의 대신에 사랑으로, 심판 대신에 용서로 우리에게 찾아오셨습니다. 자기 아들 독생자 예수 그리스도를 죽이기까지 우리를 사랑하셨던 그 아버지의 사랑입니다. 그래서 하나님을 가장 잘 표현하는 방법 중 하나로 '아버지'라는 말을 쓰는 것입니다.

우리는 "하늘에 계신 우리 아버지여"라고 할 때 인격적이고 능력 있으신 하나님이 나와 상관 있는 나의 아버지시고, 그가 또한 나의 기도에 귀를 기울이고 계심을 믿고 기도를 시작해야 합니다. 이것은 어떤 내용으로 기도하든지 간에 마찬가지입니다.

하나님의 영광을 위한 기도

이렇게 하나님의 이름을 가르쳐 주신 예수님은 그 다음에 우리가 구해야 할 기도의 내용을 소개해 주십니다. 기도의 내용은 일곱 가지가 있는데 처음 세 가지는 하나님의 영광에 대한 기도요, 나중 네 가지는 인간의 필요에 대한 기도입니다. 그런데 여기서 결정적으로 기도의 순서에 주목해야 합니다. 인간의 필요에 대한 내용은 하나님의 영광에 대한 내용보다 가짓 수가 더 많지만, 우리가 먼저 해야 할 것은 인간의 필요에 대한 기도가 아니라 하나님의 영광에 대한 기도입니다.

그러나 우리의 기도를 다시 한번 생각해 볼 때 하나님의 영광을 구하는 기도를 실제로 얼마나 하고 있습니까? 많은 사람은 하나님에게 자기의 필요만을 요구할 뿐이지 하나님의 영광과 그의 나라를 생각하고 그분의 뜻이 이루어지기를 간절히 바라는 기도를 잘하지 못합니다. 여기에 기도의 위기가 있습니다.

먼저 예수님이 첫 번째로 말씀하신 하나님의 영광을 위한 기도를 집중적으로 생각해 보기로 합시다. 사람들은 하나님보다는 자기에게 관심이 더 많고 심지어는 하나님보다 자기가 더 중요하다고 생각합니다. 그래서 교회에 나오는 것도 자기를 위해서 나오는 것이고, 자기의 뜻을 이루기 위해서 하나님이 존재해야 한다고 생각합니다. 그러나 하나님은 우리의 필요 때문에 계시는 분이 아닙니다. 하나님에게 경배하고 난 다음의 결과로 우리의 필요가 이야기되어야 하고, 하나님에게 우리의 필요에 대한 응답을 받지 못한다고 해도 그 때문에 하나님을 믿지 않아서는 안 됩니다.

우리는 그의 피조물이요 그의 백성이요 그의 어린양입니다. 그러므로 참된 기도는 우리가 하나님의 이름을 높이고 그분의 거룩함을 찬양하고 이 땅에 그분의 뜻이 이루어지도록 간절히 기도하는 것입니다.

시편 46편 10절에 "너희는 가만히 있어 내가 하나님 됨을 알지어다"라고 했습니다. 하나님을 아는 지식이 이 세상에서 가장 고

상한 지식이며, 하나님을 생각하는 것보다 더 위대한 사상은 없습니다.

하나님에게 영광을 돌리기 위해서 예수님은 세 가지 기도를 우리에게 가르쳐 주셨습니다. 첫째는 그의 이름이 거룩히 여김을 받는 것이며, 둘째는 그의 나라가 임하는 것이며, 셋째는 그의 뜻이 이루어지는 것입니다. 그러므로 우리가 기도할 때 무슨 기도를 하든지 이 세 가지를 빠뜨려서는 안 됩니다. 언제든지 먼저 이 기도를 하고 다른 기도를 하십시오.

"하나님, 당신의 이름이 거룩해지기를 원합니다."

"아버지, 하나님의 나라가 오늘 여기에 임하게 하옵소서."

"주님, 제가 주님의 뜻을 알고 그 뜻대로 행하기를 원합니다."

참된 기도는 우리가 하나님의 이름을 높이고 그분의 거룩함을 찬양하고 이 땅에 그분의 뜻이 이루어지도록 간절히 기도하는 것입니다.

그 이름의 거룩함을 위하여

이제 "이름이 거룩히 여김을 받으시오며"에 대한 말씀을 묵상해 봅시다.

하나님은 원래 거룩하신 분입니다. 우리가 그의 거룩함을 인정하고, 그를 높이고, 그를 경배하는 것이 바로 예배입니다.

십계명 중 제3계명은 "너는 네 하나님 여호와의 이름을 망령되이 일컫지 말라"입니다. 그러나 오늘날 세상 사람들은 얼마나 많이 하나님의 이름을 더럽히고 망령되이 일컫는지 이루 말할 수 없습니다. 어떤 사람은 하나님의 이름 God을 거꾸로 읽는 사람도 있습니다. 또 하나님을 저주하며 하나님에게 주먹질하는 사람도 있습니다. 심지어는 살아계신 하나님이 없다고 말하기도 합니다. 물론 그들이 아무리 없다고 소리쳐 봐야 살아계신 하나님이 없어지는 것은 아니지만 말입니다.

그런데 세상 사람들이 하나님의 이름을 더럽히는 것보다 더 큰 문제는 하나님을 믿는 사람들이 하나님의 이름을 더럽히는 것입니다. 교회를 열심히 왔다 갔다 하는 사람이 술 마시고, 담배 피고, 도박하는 등 딴짓을 한다면 그는 하나님의 이름에 먹칠하는 것입니다. 하나님을 믿는다는 사람들이 위선적이고 이율배반적인 말과 행동을 할 때 세상 사람은 우리를 향하여 손가락질할 뿐만 아니라 하나님의 이름에 욕한 것입니다.

그러면 "거룩히 여김을 받으시오며"는 무슨 뜻입니까? 거룩하신 하나님을 우리가 더욱 거룩하게 할 수는 없습니다. 문제는 '나'입니다. 나를 통해서 하나님의 이름이 더럽혀지지 않고, 있는 그대로 거룩하게 되도록 내가 거룩한 삶을 살게 해 달라는 기도입니다. 우리는 위선적인 신앙, 위선적인 기도를 통해서 하나님의 거룩함을 더럽힐 수 있습니다. 이제 그분의 거룩함을 생각하며 그분의 거룩함을 선포합시다. 그분의 거룩함 속에는 순결과 능력과 위엄이 있습니다. 예수님은 자신의 삶을 이렇게 정리하셨습니다.

> 아버지께서 내게 하라고 주신 일을 내가 이루어 아버지를 이 세상에서 영화롭게 하였사오니 아버지여 창세 전에 내가 아버지와 함께 가졌던 영화로써 지금도 아버지와 함께 나를 영화롭게 하옵소서 세상 중에서 내게 주신 사람들에게 내가 아버지의 이름을 나타내었나이다(요 17:4-6).

우리가 교회에서 무슨 일을 했느냐보다 더 중요한 것은 하나님에게 영광을 돌렸느냐, 그분의 이름이 거룩하게 나타났느냐 하는 것입니다. 그러므로 그리스도인의 첫 번째 기도는 "나를 통하여 하나님이 거룩히 여겨지도록 도와주소서"라고 기도하는 것입니다. 그것이 또한 하나님의 영광을 생각하는 기도입니다. 그러면 하나님의 이름을 거룩하게 하기 위하여 구체적으로 어떻게 해야겠습니까? 우선 죄에서 떠나야 합니다. 하나님은 거룩하시기 때문에 죄가 우리 속에 있을 때 하나님의 거룩함을 느낄 수 없으며, 동시에 사람들이 우리를 통해서 하나님의 거룩함을 볼 수 없습니다.

> 여호와의 손이 짧아 구원하지 못하심도 아니요 귀가 둔하여 듣지 못하심도 아니라 오직 너희 죄악이 너희와 너희 하나님 사이를 갈

라 놓았고 너희 죄가 그의 얼굴을 가리어서 너희에게서 듣지 않으시게 함이니라(사 59:1-2).

죄악 된 생활에서 돌이키십시오. 담대하게 죄의 생각을 버리고 죄의 옷을 벗으십시오. 그때 우리의 언어에서, 얼굴에서, 행동에서, 하나님의 거룩함이 나타나기 시작할 것입니다.

두 번째, 그분의 이름을 찬양하십시오. 찬양은 천국의 음악입니다. 우리가 찬양할 때 죄가 떠나고, 질병이 떠나고, 마귀가 떠나며, 우리의 영혼이 독수리같이 창공을 향하여 비상하게 될 것입니다. 시편 103편에 위대한 말씀이 기록되어 있습니다.

> 내 영혼아 여호와를 송축하라 내 속에 있는 것들아 다 그의 거룩한 이름을 송축하라 내 영혼아 여호와를 송축하며 그의 모든 은택을 잊지 말지어다 그가 네 모든 죄악을 사하시며 네 모든 병을 고치시며 네 생명을 파멸에서 속량하시고 인자와 긍휼로 관을 씌우시며 좋은 것으로 네 소원을 만족하게 하사 네 청춘을 독수리같이 새롭게 하시는도다(시 103:1-5).

소리 높여 찬양하십시오. 소고 치며 춤을 추며 찬양하십시오. 시와 찬미와 신령한 노래로 박수 치며 찬양하십시오. 그때 우리는 하나님의 거룩함을 보게 될 것이며, 우리 안에 그분의 거룩함을 느끼게 될 것입니다.

　세 번째, 최선의 것을 하나님에게 드려야 합니다. 사실 우리가 누구를 얼마나 사랑하느냐는 무엇을 바치느냐로 결정됩니다. 예를 들면 사랑하는 이를 위해서 자기의 왕관도, 생명도, 지위도, 재물도, 명예도, 국가까지도 버리는 사람이 있습니다. 그렇습니다. 시시한 것을 드리는 것은 그 대상이 시시하기 때문이고 정말 값지고 좋은 것을 드릴 수밖에 없다면 그 대상은 그만한 가치가 있기 때문입니다. 그러므로 하나님에게 무엇을 드리느냐에 따라 신앙의 가치가 결정됩니다.

　어떤 그리스도인은 돈을 바쳐도, 시간을 바쳐도, 재능을 바쳐도 마음에 차지 않아서 자기 몸 전체를 다 바쳐 버리기도 합니다. 이런 분이 선교사입니다. 어떤 가족은 부모, 형제, 자식을 모두 다 드려 온 가족이 하나님의 사역자가 된 가정도 있습니다. 다른 것으로는 양이 차지 않으니까 산 제물로 자신을 드린 것입니다.

　우리의 시간의 시간을 드리십시오. 시간이 남아서가 아니라 없는 시간을 쪼개서 봉사하십시오. 헌금할 때도 돈이 넉넉해서가 아니라 적은 중에도 쪼개어 최선의 것을 드리십시오. 이는 꼭 교회에만 적용되는 것이 아닙니다. 어디에서든 누구에게든 마찬가지입니다. 하나님을 향한 나의 최선은 나의 몸과 마음을 드리는 것입니다. 최선을 바치는 사람에게 하나님의 거룩함이 나타납니다.

여호와의 이름에 합당한 영광을 그에게 돌릴지어다(시 96:8).

마지막으로, 전도함으로 그분의 이름을 거룩하게 하십시오. 우리가 전도하면 하나님의 거룩함을 경험할 것입니다. 영광스러운 그의 이름의 능력이 우리에게 나타날 것입니다. 하나님의 이름을 소리 높여 선포하십시오. 그 이름 앞에 귀신이 떨며 나가고, 그 이름 앞에 죄인들이 무릎 꿇고 항복할 것이며, 그 이름 앞에 모든 질병이 떠나고 놀라운 기적과 능력이 나타날 것입니다. 하나님의 이름의 거룩함이 임할 것입니다! 아멘.

4

기도의 우선순위를
바로 하라

마태복음 6:10

예수님은 제자들에게 참된 기도가 어떤 것인가를 말씀해 주시며 "너희는 이렇게 기도하라"고 가르쳐 주셨습니다. 그 기도에서 예수님은 우리가 먼저 기도해야 할 부분은 인간의 필요에 대한 간구가 아니라 하늘에 계신 아버지를 생각하고 그분에게 경배드리는 것이라고 말씀하셨습니다.

사실 인간이 가질 수 있는 가장 위대한 생각은 하나님에 대한 생각입니다. 그러나 일반적으로 많은 사람은 하나님에 대해 무지하거나 천박한 지식을 가지고 있습니다. 그저 착한 사람에게는 상 주시고, 죄지은 사람에게는 천벌을 내리시는 정도의 아주 단순하고 유치한 하나님에 대한 지식 말입니다. 심지어 하나님을 믿는다고 자처하는 사람들도 실제로 영광스러운 하나님에 대한 묵상과 경배를 드리지 못하고 하나님을 믿는 자신에게 더 관심과 신경을 씁니다. 그래서 '내가 어떻게 믿느냐' 하는 부분, 즉 '나'에 대한 관심은 크지만 믿음의 대상인 '하나님'에 대해서는 관심이 별로 없습니다. 이것은 곧 하나님이 위대한 것이 아니라 하나님을 믿는 자기 자신이 더 위대하다는 뜻입니다.

여러분, '하나님'이라고 말할 때 무슨 생각이 떠오릅니까? 혹시 막연하고 깜깜하지 않습니까? 창조과학 회원들은 창조의 하나님이라고 떠오를 것이고, 최근 죽을병에 걸렸다가 살아난 사람은 치료의 하나님이라고 느낄 것이며, 요즘 하나님에게 채찍을 맞은 사람은 진노의 하나님이라고 생각할 것입니다. 이렇게 사람은 자기가 경험한 부분에서만 하나님을 이해하고 있을 뿐 하나님에 대한 지식이 빈약합니다. 그저 하나님 이름만 불러 보는 것으로 만족하고, 하나님을 믿는다는 그것만으로 신앙이 있다고 생각하고, 하나님을 인정했다는 것만으로 자신이 굉장히 위대하다고 생각해 버립니다. 또한 수없이 교회를 들락날락하고 찬송을 부르고 성경 공부를 하면서도 하나님을 집중적으로 생각하지 못합니다.

그러나 만약에 우리가 마음속 깊은 곳에서 집중하여 하나님을 묵상한다면 우리 영혼에 굉장히 큰 충격이 일어남을 발견할 것입니다. 그래서 예수님은 우리에게 너희가 기도할 때 먼저 하나님을 생각하라고 말씀하십니다.

주기도문에서 예수님은 하나님에 대해 어떻게 기도해야 하는가를 세 가지로 말씀해 주셨습니다. 첫째, 그의 이름이 거룩하게 되도록 기도하는 것입니다. 둘째, 그의 나라가 임하도록 기도하는 것입니다. 셋째, 그의 뜻이 하늘에서 이루어진 것같이 땅에서도 이루어지게 기도하는 것입니다. 예수님은 이렇게 기도함으로써 우리가 하나님을 집중적으로 생각하고 그분을 경배할 수 있다고 말씀해 주셨습니다.

많은 사람이 하나님의 이름 부르기를 좋아하고, 하나님에 대해 말하거나 설교하기를 좋아하지만 실제로 하나님을 모시는 것은 원하지 않습니다. 이 말은 하나님을 인정은 하지만 그분의 통치와 지배는 받지 않으려 한다는 말입니다. 그 이유는 우리가 너무나 더럽기 때문입니다. 더러운 생각, 죄 된 생각을 계속하고 있는 한 하나님을 묵상하고 경배할 수 없습니다. 죄는 사람을 비참하게 만들고 그 비참함을 보면서 절망하기 때문에 죄가 있으면 하나님 대신 상처투성이고 비참한 자기 자신만 보게 됩니다.

그러나 비록 우리가 죄에 빠져 있다 할지라도 또는 불완전해도 예수님의 말씀처럼 우리의 시선을 하나님에게 돌리기만 하면 하나님의 거룩한 영광과 엄청난 능력이 우리에게 부어지기 시작합니다. 그래서 예수님이 가르쳐 주신 첫 번째 기도가 하나님의 이름의 거룩함을 보게 하는 것이며, 그 거룩함에 관심을 갖게 하는 것이며, 또 그 엄청난 거룩함이 우리에게 임하도록 하는 것입니다. 거룩함의 힘은 실로 엄청나며 기적을 일으킵니다.

하나님 나라가 내게 임하도록

이제 하나님을 향한 경배의 두 번째 기도인 "나라가 임하시오며"에 대해서 생각해 봅시다. 이 말은 쉽게 말하면 "하나님 나라가 내게 오게 해 주십시오"라는 말입니다. 예수님의 기도의 핵심은 하나님 나라입니다. 그 나라가 지금 여기에 임하도록 기도하는 것입니다.

예수님이 이 세상에 오셔서 첫 번째로 선포하신 말씀은 마태복음 4장 17절의 "회개하라. 천국이 가까이 왔느니라"였습니다. 곧 천국 복음을 선포하시고 하나님 나라에 대해서 가르치신 것입니다. 사실 예수님의 기도대로 하나님 나라가 정말 여기에 임하고, 구체적으로 나에게 임하고, 오늘 우리 시대에 임한다면 우리의 모든 문제는 다 해결되는 것이 아니겠습니까? 그 당시 모든 사람은 새로운 메시아, 새로운 사회를 기다려 왔습니다. 즉 구약의 약속이 성취되기를 대망했습니다. 그런데 예수님이 세상에 오셔서 바로 그 나라가 지금 이 땅에 임했다고 말씀하신 것입니다.

그러면 하나님 나라란 무엇입니까? 첫째, 세상이 아니고 하나님에게 속한 나라입니다. 인간을 중심으로 한 세상은 미움과 분노와 투쟁의 원리, 곧 약육강식으로 움직이고 있지만 하나님 나라는 사랑과 용서의 원리 아래 서로 섬김과 봉사, 협력과 헌신으로 이루어집니다.

둘째, 하나님의 통치가 있는 곳, 곧 천국입니다. 천국이란 어떤 지명이 아니라 하나님의 영향력과 통치가 있는 곳입니다. 장소의 개념이 아니라 통치의 개념입니다.

요즘 천국 이야기가 유행하고 있습니다. 요한계시록보다 더 자세한 내용의 책들이 많이 나와 있는데, 위험한 책들입니다. 우리는 성경에 기록되어 있는 데까지만 믿어야 합니다. 성경에 나타나는 귀신보다 더 자세하게 귀신에 대해서 전공하는 사람도 있는데 그도 위험합니다. 천국의 이러한 통치 개념 때문에 예수님이 하나님의 아들로서 이 세상을 구원하기 위해 세상에 오셨을 때 하나님 나라가 임했다고 말씀하신 것입니다. 또한 이러한 의미에서 예수님은 제자들에게 천국을 비유로 말씀하셨고, 가는 곳마다 천국 복음을 가르치셨습니다. 이것은 지상에서의 예수님의 통치를 의미합니다. 곧 어느 곳이든 예수님이 계신 곳이 천국입니다.

셋째, 로마서 14장 17절에 보면 "하나님의 나라는 먹는 것과 마시는 것이 아니요 오직 성령 안에 있는 의와 평강과 희락이라"고 했습니다.

천국은 예수님 때문에 이미 이루어졌습니다. 이는 우리가 구원받은 것을 의미합니다. 마태복음 12장 28절에도 "그러나 내가 하나님의 성령을 힘입어 귀신을 쫓아내는 것이면 하나님의 나라가 이미 너희에게 임하였느니라"고 했습니다.

천국은 예수님 때문에 이미 이뤄졌습니다. 이것은 우리가 구원받은 것을 의미합니다. 우리가 성화되는 것을 의미합니다. 누가복음 17장 20-21절에 "바리새인들이 하나님의 나라가 어느 때에 임하나이까 묻거늘 예수께서 대답하여 이르시되 하나님의 나라는 볼 수 있게 임하는 것이 아니요 또 여기 있다 저기 있다고도 못하리니 하나님의 나라는 너희 안에 있느니라"고 했습니다. 우리 안에 지금 천국이 임해 있습니다. 얼마나 놀라운 사실입니까? 그러나 많은 사람은 천국을 죽으면 가는 곳으로만 생각합니다. 물론 죽으면 우리는 완전한 천국에 갑니다. 그러나 하나님 나라는 그리스도와 함께 이미 지상에 왔고, 그리스도가 지배하고 있는 곳이 지금 천국이 이루어지는 곳입니다. 천국은 예수님이 다시 오시는 날 완전하게 이루어질 것입니다.

내 마음의 천국

예수님을 모신 마음이 천국이요, 예수님을 모신 가정과 사회가 천국입니다. 그러나 이것은 단순히 예수를 안다, 예수를 믿었다, 예수를 모셨다는 뜻이 아닙니다. 우리가 예수님을 우리의 왕으로 모시고, 그분의 통치를 받기로 결정하고, 그분이 명령하는 대로 지켜 행할 때 천국이 우리에게 임하고 느껴지기 시작하는 것입니다.

천국이 자기 안에 있는데도 현재적인 천국을 맛보지 못하는 사람이 많습니다. 예수는 믿고 있지만 예수님의 통치를 받고 있지 않을 때 세상과의 갈등 속에서 계속 힘들게 살게 되는 것입니다.

우리는 교회에서 모이는 모든 모임에서 천국을 경험해야 합니다. 우리 모두 부족하고 갈등이 있고 실수가 많은 사람 아닙니까? 그러나 이런 사람들이 모여 말씀 중심으로 기도하고 서로 사랑할 때 새로운 하나님의 세계가 우리 안에서 하나 하나 경험되는 것입니다. 얼마나 놀랍습니까? 사도 바울은 감옥에 있으면서도 천국을 경험했습니다. 환경이 중요하지 않습니다. 조직이 중요하지 않습니다. 예수님이 통치하고 지배하신다면 그것이 천국입니다.

제가 좋아하는 찬송 중에 찬송가 495장(새찬송가 438장)이 있습니다.

"높은 산이 거친 들이 초막이나 궁궐이나 내 주 예수 모신 곳이 그 어디나 하늘나라."

어떤 사람이 예수를 믿게 되었습니다. 그는 술, 담배를 끊고 집에 일찍 들어오기 시작했습니다. 그 가정에는 예전에 볼 수 없었던 웃음꽃이 피었고 화기애애한 분위기가 되었습니다. 이것이야말로 지금 천국이 그 가정에 경험되고 있는 것 아니겠습니까?

이와 같이 한 가정에 예수님이 들어오실 때 많은 역사가 일어납니다. 원수를 사랑하게 되고, 복수의 마음이 사라지고, 결혼을 소중히 여기게 되고, 언어의 신실함을 갖게 되고, 간음과 살인을 하지 않게 되며, 하나님의 영광을 위해서 살고 싶은 거룩한 욕망으로 가득 차게 됩니다.

천국을 연습하지 않은 사람이 멋대로 살다가 겨우 예수 믿고 천국에 가면 얼마나 충격을 받겠습니까? 아마 문화적 충격이 생길 것입니다. 그러니까 지금부터 천국 생활을 조금씩 경험하는 것이 좋습니다. 예를 들면 무엇이든 남에게 베풀어 보고, 손해 좀 보고도 기뻐할 줄 알며, 용서할 줄도 알아야 합니다. 그래야 우리가 천국 갔을 때 그곳의 생활에 당황하지 않고 쉽게 익숙해지지 않겠습니까?

또한 우리가 예수 그리스도를 구주로 믿고 구원을 받았다 할지라도 현재적으로 천국을 누리지 못하고 괴로워하고 있다면 얼마나 큰 불행입니까? 그렇게 오래 예수를 믿고도 마음의 평화가 없고 그 마음에 천국이 없다면 얼마나 큰 모순입니까? 우리가 지금 어떤 형편에 있다 할지라도 우리에게 주님의 통치가 이루어지도록 기도하지 않으시겠습니까?

"주님, 나는 예수를 믿고 구원을 받았다고 하면서도 나의 생각, 나의 고집, 나의 방법대로 살아왔기 때문에 깊은 갈등과 고민 속에 빠져 있습니다. 지금 나에게 오시어 나를 지배하고 통치해 주셔서 천국이 내 마음에, 내 가정에, 오늘 내가 사는 이 세계에 있게 해 주시옵소서. 주님, 나는 나 자신의 왕좌에서 내려와 주님에게 순종하겠나이다. 주님, 나는 용서할 수 없는 미워하는 사람이 있습니다. 이 문제를 통치해 주시고 간섭하여 주시옵소서. 나는 할 수가 없습니다. 인도하여 주시옵소서."

우리가 진심으로 이렇게 기도하는 순간에 주님의 통치가 바로 우리를 지배하게 될 것입니다. 그리고 이때 우리 안에 평화가 임하기 시작할 것입니다. 바로 이것이 현재적인 천국입니다.

예수님 오실 날을 소망하며

다음으로 예수님이 이 땅에 다시 오셔서 완전한 구원이 이루어지도록 기도해야 합니다. 세상은 아직도 공중 권세 잡은 사탄의 세력이 제한적으로 활동하고 있습니다. 구원은 십자가에서 이루어졌지만 아직 다 완성된 것은 아닙니다. 주님이 다시 오셔서 심판하실 것이며 그때 완전한 천국이 실현될 것입니다. 우리는 다시 오실 주님을 기다리며 날마다 그날을 그리워해야 합니다. 그리고 계시록의 기도처럼 "아멘, 주 예수여. 오시옵소서"라고 기도해야 합니다.

천국을 늘 생각하는 사람은 죽음이 결코 두렵지 않습니다. 죽음은 천국을 여는 문이기 때문입니다. 우리는 잠을 자기 전에 입었던 옷을 벗습니다. 이와 같이 어느 날 우리는 육신의 옷을 벗게 될 것인데 그것이 죽음입니다.

천국을 사는 사람은 "사망아, 너의 승리가 어디 있느냐. 사망아, 네가 쏘는 것이 어디 있느냐"라고 합니다. 천국과 현실은 하나입니다. 집에 가면 제 방 옆에 아이들 방이 있습니다. 제가 이 방 저 방을 왔다 갔다 하듯이 늘 천국을 생각하는 사람은 천국과 현실을 왔다 갔다 하며 삽니다. 그럴 때 비로소 세상에 대해 자유하게 되고 세상 문제에 대해서 아웅다웅하지 않게 됩니다. 세상의 모든 것을 초월하게 되므로 영원하지 않은 것에 가치를 부여하지 않습니다. 우리가 세상에서 힘들고 어려울 때, 자꾸 천국을 기억해야 합니다. 하나님 나라가 오기를 기도하십시오. 주님이 구름 타고 오실 것을 기대하고 기다리십시오. 이것이 바로 "나라가 임하시오며"라는 기도입니다.

하나님의 뜻을 위해 사는 인생

하나님을 향한 경배의 세 번째 기도는 "뜻이 하늘에서 이루어진 것같이 땅에서도 이루어지이다"입니다. 하나님의 거룩함을 추구하면 하나님 나라가 임하게 되고 하나님 나라를 구하면 하나님의 뜻이 이루어집니다. 그리스도인의 최고의 소망은 하나님의 뜻대로 사는 일입니다. 엉터리 그리스도인은 사람의 뜻과 하나님의 뜻을 혼동하여 마음대로 오용해 버렸기 때문에 하나님의 바른 뜻을 잃어버리게 됩니다.

세 번째 기도는 진정한 하나님의 뜻이 오늘 여기에 이루어지기를 바라는 기도입니다.

그러면 문제는 하나님의 뜻이 과연 무엇인가 하는 것입니다.

> 하나님이 우리를 구원하사 거룩하신 소명으로 부르심은 우리의 행위대로 하심이 아니요 오직 자기의 뜻과 영원 전부터 그리스도 예수 안에서 우리에게 주신 은혜대로 하심이라(딤후 1:9).

천국에서 이루어질 하나님의 뜻은 하나입니다. 그것은 인간을 구원하시려는 하나님의 계획입니다. 에베소서 1장 11절에서 "모든 일을 그의 뜻의 결정대로 일하시는 이의 계획을 따라 우리가 예정을 입어 그 안에서 기업이 되었으니"라고 했습니다.

인간을 향한 하나님의 뜻은 구원인데, 그 때문에 하나님은 예수님을 세상에 보내셨고, 그 때문에 예수님은 십자가에 못 박혀 죽으셨습니다. 예수님도 직접 "내가 세상에 온 것은 그분의 뜻을 이루려 함이라"고 말씀하셨습니다. 하나님의 뜻에 대해 혼동하지 마십시오. 하나님의 뜻은 전 세계의 지옥 가는 영혼들을 구원하는 것입니다. 이것이 하나님의 예정이요 섭리며, 이보다 더 위대한 뜻은 없습니다.

하나님의 뜻은 구원인데, 쉽게 말하면 무엇이겠습니까? 바로 전도이며 나아가 세계 선교입니다. 우리가 밤 깊도록 동산 안에 주님과 함께 있고 싶지만 세상에 나아가야 하는 이유도 바로 이 목적 때문입니다. 예수 믿는 사람이 죽으면 불쌍하다고 생각하지 마십시오. 불쌍한 건 우리입니다. 왜냐하면 죽은 사람은 이미 하나님 곁에 가 있지만 아직도 우리는 죄 많은 세상에서 갈등을 느끼고 몸부림치며 더 살아야 하기 때문입니다.

그러면 우리는 왜 삽니까? 바로 하나님의 뜻을 위해서입니다. 왜 공부합니까? 왜 일합니까? 왜 결혼합니까? 모두 하나님의 뜻인 구원을 이루기 위해서입니다.

돌아온 탕자를 위하여 아버지는 밤마다 문을 열어 놓고 기다렸습니다. 그리고 그가 돌아왔을 때 온몸에서 냄새나는 그를 껴안아 주고, 새 옷을 입혀 주고, 양을 잡고 큰 잔치를 베풀었습니다. 이것이 하나님의 마음입니다. 교회에 이러한 하나님의 마음이 있어야 합니다.

교회는 전도하기 위한 하나님의 전위대요, 선교의 교두보입니다. 선교사님을 보내서 교회도 없고 예수 믿을 길이 없는 곳, 성경이 번역되지 않은 곳에 예수를 전하여 그곳 사람들을 천국 가게 하는 것이 우리의 사명입니다. 만일 교회가 전도와 세계 선교를 잊어버린다면 교회는 풍랑 만난 배와 같이 갈 곳을 잃고 방황하는 신세가 되어 어느 순간 파선하고 말 것입니다. 주님이 우리를 축복하셔서 교회를 주시고, 훈련된 성도들을 모이게 하시는 이유도 우리가 예수 안 믿는 자를 구원하고, 가난한 자를 돕고, 세계에 나가서 하나님의 복음을 전하게 하기 위함임을 기억해야 합니다. 계획을 세워 전도하십시오. 전도하려는 사람의 이름을 부르며 주님의 뜻이 이 사람에게 이루어지도록 먼저 기도해야 합니다.

지금까지 예수님은 참된 기도란 하나님에게 경배하며 하나님의 영광을 바라보는 일이라고 말씀하시면서 세 가지 기도를 가르쳐 주셨습니다.

"이름이 거룩히 여김을 받으시오며."

"나라가 임하시오며."

"뜻이 하늘에서 이루어진 것같이 땅에서도 이루어지이다."

하나님을 깊이 묵상할 수 있기 바랍니다. 예수님의 일생은 한마디로 하나님에 대한 깊은 묵상이었습니다. 성경은 여호와를 계속 기억하고 기뻐하고 송축하고 생각하라고 했습니다. 시편에 기록된 말씀들을 보십시오.

너희는 가만히 있어 내가 하나님 됨을 알지어다(시 46:10).

온 땅이여 여호와께 즐거운 찬송을 부를지어다 기쁨으로 여호와를 섬기며 노래하면서 그의 앞에 나아갈지어다(시 100:1-2).

내 영혼아 여호와를 송축하라 내 속에 있는 것들아 다 그의 거룩한 이름을 송축하라 내 영혼아 여호와를 송축하며 그의 모든 은택을 잊지 말지어다(시 103:1-2).

5

일용할 양식이
영을 강건케 한다

마태복음 6:11

참된 기도는 사람의 필요와 간구에서 시작되는 것이 아니라 하나님에게 드리는 경배에서 시작되는 것임을 예수님이 가르쳐 주신 기도에서 배웠습니다. 그 기도는 첫째, 하나님의 이름이 거룩하게 되는 것이며, 둘째 그의 나라가 임하도록 기도하는 것이며, 셋째 그의 뜻이 하늘에서 이루어진 것같이 땅에서도 이루어지도록 간절히 사모하는 것입니다. 즉 하나님의 이름의 거룩함, 하나님의 나라, 하나님의 뜻을 깊이 묵상하며 사모하는 것이 참된 성도의 기도입니다. 만일 우리의 기도 속에 하나님에 대한 이러한 세 가지 주제가 빠져 있다면 이방인의 기도는 될 수 있을지 몰라도 참된 그리스도인의 기도는 아닙니다. 그리스도인은 평생 동안 하나님에 대한 이 세 가지 주제를 깊이 묵상하고 그대로 실천하는 사람입니다.

우리 자신을 위한 기도

만일 우리가 땅의 문제만 생각한다면 우리는 땅의 사람이 될 것입니다. 그러나 하늘의 문제를 생각한다면 우리는 하늘의 사람이 될 것입니다. 예수님은 이러한 근본적인 기도의 원리를 가르쳐 주신 다음에 우리 자신을 위한 기도는 어떤 것인가를 가르쳐 주고 계십니다.

첫째, "오늘 우리에게 일용할 양식을 주시옵고"인데, 이는 우리의 육신을 위한 기도입니다.

둘째, "우리가 우리에게 죄지은 자를 사하여 준 것같이 우리 죄를 사하여 주시옵고"입니다. 이것은 우리의 영혼을 위한 기도입니다. 빵이 육신을 위한 양식이라고 한다면 용서는 영혼을 위한 양식입니다.

셋째, "우리를 시험에 들게 하지 마시옵고"인데, 이것은 세상에서 우리가 어떻게 살아가느냐 하는 기도입니다.

넷째, "다만 악에서 구하시옵소서"입니다. 바로 사탄과 죄에서 해방되는 기도입니다.

사람들은 일반적으로 자기에게 무엇이 중요한지 잘 모르는 채 살아갑니다. 별로 필요하지 않고 중요하지 않은 것들을 굉장히 중요하게 여기며, 안 해도 되는 것을 꼭 해야 하는 것처럼 착각하여 돈과 시간과 정열을 소비합니다. 대부분의 사람, 특히 현자일수록 늙어서 죽게 될 때 인생은 허무하고 무상하다고 말합니다. 왜 그런 말을 한다고 생각합니까? 바로 헛된 것을 위해서 너무나 열심히 살아왔기 때문입니다.

돈, 쾌락, 학문 등이 자기 인생의 행복인 줄 알고, 또 그렇게 살면 후회 없을 것이라고 생각하고 살아왔는데 막상 그렇게 살고 보니까 아무것도 아니라는 것입니다. 그러나 정말 진리와 영원한 것을 위해 아낌없이 살아온 사람들은 죽을 때 감사와 기쁨, 그리고 찬송 속에서 조용히 숨을 거둡니다. 결코 그는 인생이 허무하다고 말하지 않습니다. 그는 세상적으로나 학식적으로 보면 아무것도 아닌 사람일지도 모릅니다. 그러나 그는 다만 한 가지, 주님의 뜻대로 살다가 죽는 사람일 것입니다. 사도 바울은 다음과 같이 말했습니다.

나는 선한 싸움을 싸우고 나의 달려갈 길을 마치고 믿음을 지켰으니 이제 후로는 나를 위하여 의의 면류관이 예비되었으므로(딤후 4:7-8).

일용할 양식

그러면 실제로 우리가 자신을 위해 기도할 때 해야 할 첫 번째 기도 제목인 "오늘 우리에게 일용할 양식을 주시옵고"에 대해 생각해 보겠습니다. 이 기도는 우리의 육신을 위한 기도입니다. 하나님은 우리에게 육신을 주셨습니다. 그러므로 육신은 그 자체가 나쁜 것이 아닙니다. 죄로 말미암아 육신의 지배를 받아 육체를 잘못 사용하는 것이 나쁩니다.

그런데 초대교회에는 이 육체가 악하다고 생각하는 부류가 있었습니다. 그들은 신약 성경에 많은 영향을 주었던 영지주의자들입니다. 그들은 육체는 악한 것이고 영은 좋은 것이라고 생각했습니다. 오늘날도 기독교 안에서 이러한 잘못된 이원론적 생각으로 육신은 경멸하고 영만이 선하고 착한 것이라고 주장하는 사람들이 있습니다. 그들은 육신을 학대하는 금욕주의 생활을 하고 있습니다. 잘못된 행동입니다. 하나님은 우리에게 영을 주신 것처럼 육체도 주셨습니다. 하나님의 말씀에 따라 영으로 거듭난 사람에게는 육체라는 것이 얼마나 귀하고 소중한 것인지 모릅니다.

사도 바울은 우리의 몸은 하나님이 거하시는 성전이라고 말했습니다. 육체를 절대로 학대해서는 안 되고 더럽다고 말해서도 안 됩니다. 그래서 예수님은 우리에게 너희의 육신이 살기에 필요한 모든 것을 구하라고 하신 것입니다. 여기서 일용할 양식이란 무엇입니까? 이 양식에 대해서는 여러 사람이 여러 가지로 해석하고 있습니다. 초대 교부들(터틀리안, 어거스틴, 키프리안 등)은 참된 양식이란 하나님의 말씀과 성만찬의 음식이라고 거룩하게 해석했습니다. 이에 대해 칼뱅은 교부들의 생각이 지나친 것이라고 했고 루터는 음식, 건강한 몸, 좋은 날씨, 집, 가정, 좋은 정부, 평화 같은 것이라고 했습니다. 그러나 한마디로 일용할 양식은 지상에서 우리가 살기 위해 필요한 모든 것을 의미합니다.

사도 바울은 빌립보서 4장 19절에서 "나의 하나님이 그리스도 예수 안에서 영광 가운데 그 풍성한 대로 너희 모든 쓸 것을 채우시리라"고 했습니다. 하나님은 그를 신뢰하는 사람에게는 반드시 그 영광 가운데서 풍성한 대로 모든 필요한 것을 채워 주십니다. 바로 이러한 확신이 오늘날 우리 그리스도인에게 필요합니다.

일용할 양식에 관해서는 출애굽기 16장 말씀에 나오는 만나를 생각하면 이해가 쉽습니다. 이스라엘 백성이 애굽에서 나와 하나님이 지시하신 젖과 꿀이 흐르는 가나안 땅에 가기 위해 순례의 길을 떠났습니다. 이것이 인생입니다. 우리가 죄에서부터 나와서 천국까지 가기 위한 순례의 길이 우리의 신앙생활입니다. 이 순례의 길을 성경에서는 40년 광야 생활로 비교했습니다. 우리는 천국에 갈 때까지 광야에서 40년 동안 사는 것과 같은 삶을 살면서 갑니다.

이 광야는 농사를 지어서 먹고살 수 있는 곳이 아니고 황무지입니다. 우리가 이 세상에 살면서 얼마나 많은 세월을 먹는 것과 입는 것과 자는 것 때문에 소비하고 투쟁합니까? 즉 먹고 입고 자는 것 때문에 고난을 겪는 곳이 바로 광야입니다. 하나님은 이 광야 생활을 40년 동안 겪게 하시고 나서 이스라엘 백성을 가나안 땅에 들어가게 하셨습니다. 그러면 우리의 문제는 이 광야에서 어떻게 살아가느냐 하는 것입니다.

이것에 대한 해답이 만나입니다. 하나님이 광야에서 방황하고 근심하는 이스라엘 백성에게 하늘의 양식을 주겠다고 하셨는데, 그것이 만나였습니다.

그 때에 여호와께서 모세에게 이르시되 보라 내가 너희를 위하여 하늘에서 양식을 비같이 내리리니 백성이 나가서 일용할 것을 날마다 거둘 것이라(출 16:4).

　이것이 일용할 양식이요 만나입니다. 7절에는 "아침에는 너희가 여호와의 영광을 보리니"라고 했습니다. 그런데 하나님이 만나를 주실 때 요구 조건이 하나 있었습니다. 그것은 순종과 믿음이었습니다. 4절을 보면 "이같이 하여 그들이 내 율법을 준행하나 아니하나 내가 시험하리라"고 기록되어 있습니다. 하나님은 또한 만나만 먹어서 싫증난다고 원망하는 그들에게 저녁에는 메추라기를 보내서 고기를 먹게 해 주셨습니다.

　저녁에는 메추라기가 와서 진에 덮이고 아침에는 이슬이 진 주위에 있더니 그 이슬이 마른 후에 광야 지면에 작고 둥글며 서리같이 가는 것이 있는지라 이스라엘 자손이 보고 그것이 무엇인지 알지 못하여 서로 이르되 이것이 무엇이냐 하니 모세가 그들에게 이르되 이는 여호와께서 너희에게 주어 먹게 하신 양식이라(출 16:13-15).

　만나라는 뜻은 바로 "이것이 무엇이냐"(What is it?)라는 말입니다. 또 18절에 보면 "많이 거둔 자도 남음이 없고 적게 거둔 자도 부족함이 없이 각 사람은 먹을 만큼만 거두었더라"고 했습니다. 여기에서 우리는 일용할 양식에 대한 예수님의 견해를 알게 됩니다.

일용할 양식은 하나님이 주신다

첫째, 일용할 양식이란 사람이 주는 것이거나 사람의 노력의 대가로 얻는 것이 아니라 하나님이 주신다는 뜻입니다. 여러분, 왜 일합니까? 먹고 살기 위해서입니까? 그렇다면 정말 불쌍한 사람입니다. 왜냐하면 거기에 생명이 걸려 있다고 생각하니까 싫어도 해야 하고, 부정까지도 해 가며 매달려 살아야 하기 때문입니다. 그러나 그리스도인은 절대로 먹고살기 위해서 직장에 다니는 것이 아닙니다. 노동은 그보다 더 신성한 의미가 있습니다. 우리가 직장을 그만두게 되어도 세 끼니는 먹고삽니다. 먹는 것은 하나님이 해 주십니다.

예수님은 너희가 무엇을 먹을까 무엇을 마실까 무엇을 입을까 염려하지 말라고 하셨습니다. 또한 "이는 다 이방인들이 구하는 것이라 너희는 먼저 그의 나라와 그의 의를 구하라 그리하면 이 모든 것을 너희에게 더하시리라"고 하셨습니다. 이 말씀과 같이 일용할 양식이 하나님으로부터 온다는 사실을 믿을 때 의식주뿐 아니라 물질 생활도 시험받지 않고 승리하게 될 것입니다.

둘째, 일용할 양식이란 어제의 양식도 아니요 내일의 양식도 아니요 오늘을 위한 양식이라는 뜻입니다. 마태복음 6장 34절에 "그러므로 내일 일을 위하여 염려하지 말라 내일 일은 내일이 염려할 것이요 한 날의 괴로움은 그날로 족하니라"고 했습니다. 그리스도인의 삶은 자기가 자기의 삶을 책임지는 것이 아니라 하나님이 책임겨 주심을 믿고 사는 삶입니다.

구약의 만나는 하루분이었다는 사실을 꼭 기억해야 합니다. 모세는 출애굽기 16장 19절에서 "아무든지 아침까지 그것을 남겨 두지 말라"고 했습니다. 사람들이 게으르거나 욕심이 생겨서 이틀분의 만나를 거두었을 때 거기에 벌레가 생기고 썩어서 냄새가 났다고 했습니다(출 16:20). 이는 내일 양식은 너희의 것이 아니라는 뜻입니다.

하나님은 안식일에는 일을 하지 못하게 하셨습니다. 그래서 모세는 백성에게 안식일 전날에는 이틀분을 준비하라고 했습니다. 사람들이 그의 명대로 만나를 다음 날까지 간수했을 때 냄새도 나지 않고 벌레도 생기지 않았습니다. 그러나 이 말을 믿지 않고 내일 또 만나가 내릴 것이라 생각하고 이틀분을 거두지 않은 사람들은 안식일에 굶고 말았습니다.

이것이 만나입니다. 오늘 우리는 이 원리를 믿고 이대로 우리의 삶에 적용해야 합니다. 우리의 삶은 하나님에게 있고 양식도 하나님의 은혜입니다. 구약에서는 이슬을 내려서 양식을 먹게 해 주셨지만 신약에서는 우리가 노동하여 먹게 하십니다. 사람들은 자기가 힘쓰고 노력해서 돈을 번다고 생각하는데 그것은 착각입니다. 하나님을 의지하고 신뢰하며 그분을 섬길 때 모든 것이 형통하게 되며, 그것이 하나님에게 영광 돌리는 것임을 믿어야 합니다. 또한 그것이 그리스도인의 육신의 삶의 원리입니다. 이것을 모르면 죽을 때 허무합니다.

광야라는 환경을 보십시오. 결코 좋은 환경이 아닙니다. 그러나 하나님은 아침에는 만나를, 저녁에는 고기를 주셔서 40년 동안 살게 하셨습니다. 그 하나님은 지금도 그렇게 하십니다.

그러나 만나는 영원하지 않습니다. 여호수아 5장 12절에 보면, 이스라엘 백성이 약속대로 광야 40년 생활을 마치고 가나안 땅에 들어가서 자기들의 노력의 대가로 수고해서 얻은 볶은 곡식을 먹기 시작했을 때 만나가 그쳤습니다. 마찬가지로 우리가 천국에 가면 세상에서의 만나는 그칠 것입니다. 왜냐하면 우리는 그곳에서 천국의 양식을 먹게 되기 때문입니다.

하나님의 영광을 위해 구하라

그러면 구체적으로 일용할 양식을 어떻게 우리의 삶에 적용해야 하는지 생각해 보겠습니다. 첫 번째로, 일용할 양식을 위해서 우리는 기도해야 합니다. 왜냐하면 예수님이 그렇게 하라고 하셨기 때문입니다.

그런데 여기서 우리에게 하나의 갈등이 생기게 되는 것은 "구하기 전에 너희에게 있어야 할 것을 하나님 너희 아버지께서 아시느니라"고 하신 마태복음 6장 8절 말씀 때문입니다. 그러나 모순된 것 같은 이 말씀 속에는 다음과 같은 의미가 있습니다. 하나님이 우리의 사정을 모르거나 잊어버려서 구하라고 하신 것이 아닙니다. 하나님은 우리가 배고픈 것도, 병든 것도, 필요한 것도 모두 알고 계시지만 우리가 약속을 믿고 구할 때 얻게 되는 하나님과의 관계를 원하시는 것입니다.

한 예로 어떤 사람이 은행에 1억 원의 돈을 예금해 놓았다고 합시다. 그렇다고 그가 배부릅니까? 배부르려면 그는 은행에 가서 필요한 돈을 청구해야 합니다. 그때 은행에서는 왜 돈을 찾느냐, 왜 쓸데없이 돈을 쓰느냐고 간섭하지 않습니다. 우리가 요구하면 은행은 다만 주게 되어 있습니다. 이 관계가 바로 하나님과 우리의 관계입니다. 하나님은 우리의 믿음과 순종을 요구하십니다. 기도라는 순종과 믿음을 통해서 우리는 하나님에게 나아가 그분이 우리에게 베풀어 주시는 일용할 양식을 누립니다.

두 번째로, 일용할 양식에서 생각할 것은 하나님은 우리에게 필요한 양식을 구하라고 하셨지 사치품을 구하라고 하신 것이 아니라는 점입니다. 그것은 "하나님, 내게 반지가 하나 있는데 하나 더 주십시오"라든지 "하나님, 내게 금목걸이가 있는데 하나 가지고는 만족할 수 없으니 다섯 개만 더 주십시오"라는 기도는 안 된다는 뜻입니다. 동시에 이 말씀은 내일을 위한 것을 요구하는 것이 아니라 오늘의 양식을 구하는 것을 의미합니다. 즉 내일 것은 내일 또 주실 것이라는 하나님에 대한 확신과 신뢰를 뜻합니다. 내일 주신다는 약속을 믿지 않는 불신앙으로 인간은 하나님 없이 미래에 대한 보장을 자기 스스로 해결하려고 합니다.

하나님의 영광을 위한 것이 아닌 이상 내일의 모든 것은 다 허무합니다. 하나님은 우리의 탐욕을 채워 주시거나 교만을 만족시켜 주시지 않습니다. 시편 37편 23절의 말씀처럼 사람의 걸음을 정하시고 그 길을 기뻐하십니다. 의인을 지켜 주시고 참된 그리스도인을 보호해 주실 것입니다. 우리는 잠언에 나오는 기도를 진정으로 드릴 수 있어야 합니다.

나를 가난하게도 마옵시고 부하게도 마옵시고 오직 필요한 양식으로 나를 먹이시옵소서 혹 내가 배불러서 하나님을 모른다 여호와가 누구냐 할까 하오며 혹 내가 가난하여 도둑질하고 내 하나님의 이름을 욕되게 할까 두려워함이니이다(잠 30:8-9).

시편 기자는 시편 37편 25절에서 "내가 어려서부터 늙기까지 의인이 버림을 당하거나 그의 자손이 걸식함을 보지 못하였도다"라고 했습니다. 유명한 고아의 아버지 조지 뮐러는 구십 평생을 살면서 오만 번의 기도를 응답받았다고 했고, 이천 명이 넘는 고아들을 한 끼도 거르지 않고 먹이시는 하나님의 기적을 보았다고 간증했습니다.

세 번째로, "일용할 양식을 주시옵고"라는 말씀은 하나님을 모르는 사람에게 주신 말씀이 아니라 하나님을 신뢰하고 그리스도를 신실하게 따르는 자들에게 주신 말씀입니다. 그러면 어떤 이는 방글라데시나 에티오피아의 기막힌 기근, 지금도 아사 직전에 빠져 있는 사람들에 대해서 이 말씀은 어떤 의미가 있는지 질문할 것입니다. 분명한 사실은 정말 하나님을 신뢰하고 그리스도를 따르는 사람은 광야에서든, 가나안에서든 지켜 주셨다는 것입니다.

하나님을 잘 믿고 섬기는 나라는 망하는 법이 없습니다. 동시에 아무리 하나님을 잘 믿은 나라라 할지라도 하나님을 버리고 나면 어려움을 겪게 됩니다. 저는 우리나라가 이처럼 큰 축복을 받게 된 이유 중 하나는 누가 뭐라고 해도 이 땅의 신실한 그리스도인과 교회의 부흥에 있다고 믿고 있습니다. 또한 이 나라에 세계의 선교사적 사명이 있기 때문이라고 봅니다. 만약 우리가 이 거룩한 사명을 잃어버린다면 하나님이 우리나라에 축복을 주셔야 할 아무런 이유도 없게 됩니다.

네 번째로, 하나님이 입히시고 먹이신다면 우리가 꼭 그렇게 힘써서 일할 필요가 무엇인가에 대한 질문입니다. 특별히 예수님이 곧 다시 오실 것이라고 강조했던 데살로니가후서 3장에서 사도 바울은 다음과 같이 대답했습니다.

우리가 너희와 함께 있을 때에도 너희에게 명하기를 누구든지 일하기 싫어하거든 먹지도 말게 하라 하였더니 우리가 들은즉 너희 가운데 게으르게 행하여 도무지 일하지 아니하고 일을 만들기만 하는 자들이 있다 하니 이런 자들에게 우리가 명하고 주 예수 그리스도 안에서 권하기를 조용히 일하여 자기 양식을 먹으라 하노라(살후 3:10-12).

아마 초대교회에도 "예수만 전하면 되지" 하면서 직업이 없던 사람이 있었던 모양입니다. 교회는 할 일 없는 사람이 모인 곳이 아닙니다. 어떤 직업이든 가지십시오. 자기가 먹을 것이 있다고 노는 것은 하나님의 뜻이 아닙니다. 우리는 기독교인의 직업 윤리관에 대해서 이런 결론을 갖게 됩니다. 돈을 받는 것만큼만 일한다는 것은 그리스도인의 자세가 아닙니다. 그리스도인은 어떤 직장에서든지 수입과 상관없이 최선을 다하여 열심히 일함으로써 모든 사람이 하나님의 영광을 보게 해야 합니다. 또한 그렇게 함으로 우리가 영적으로나 육적으로 건강하게 살 수 있다고 성경은 말해 주고 있습니다. 이것이 일용할 양식의 진정한 의미입니다.

개미는 두령도 없고 감독자도 없고 통치자도 없으되(잠 6:7).

감사는 하나님에게

마지막으로 하나님이 일용할 양식을 약속대로 주셨을 때 우리는 어떻게 해야 하는가에 대한 것입니다. 자기의 기술로 벌었든, 재주가 있어서 벌었든, 인기가 있어서 벌었든, 누가 벌어서 주었든 그 양식은 하나님이 주신 것이므로 감사는 하나님에게 해야 합니다. 우리에게 건강과 일터와 재능을 주신 것을 감사해야 합니다. 감사는 믿음의 표현입니다.

배부르다고 만족할 것이 아니라 특별히 가난하고 억눌린 사람에 대해서 불쌍히 여겨야 합니다. 일용할 양식이 없어서 굶주린 영혼을 기억하고 기도하며 그들을 도와야 합니다. 이것은 하나님의 명령이기도 합니다.

> 우리가 세상에 아무것도 가지고 온 것이 없으매 또한 아무것도 가지고 가지 못하리니 우리가 먹을 것과 입을 것이 있은즉 족한 줄로 알 것이니라 부하려 하는 자들은 시험과 올무와 여러 가지 어리석고 해로운 욕심에 떨어지나니 곧 사람으로 파멸과 멸망에 빠지게 하는 것이라 돈을 사랑함이 일만 악의 뿌리가 되나니 이것을 탐내는 자들은 미혹을 받아 믿음에서 떠나 많은 근심으로써 자기를 찔렀도다(딤전 6:7-10).

6

우리는 모두
죄사함을 받았다

마태복음 6:12

주님이 제자들에게 가르쳐 주신 기도의 네 번째 주제는 용서입니다. 예수님이 제자들에게 참된 기도가 어떤 것인가를 말씀해 주고 계십니다. 참된 성도의 기도란 어떤 것입니까? 첫 번째로, 하나님에 대해서 깊이 묵상하는 것이라고 했습니다. 이것은 그분의 이름의 거룩함을 찬송하며, 하나님 나라의 임재를 간구하며, 그분의 뜻이 하늘에서처럼 이 땅 위에 임하도록 간구하는 일입니다. 참된 제자는 하나님에 대한 이 세 가지를 끊임없이 묵상하고 삶에 적용해야 합니다.

참된 기도란 두 번째로, 우리 자신을 위해 네 가지 주제를 가지고 기도하는 일입니다. 그 첫째는 일용할 양식을 달라는 기도요, 둘째는 이웃을 용서하게 해 달라는 기도요, 셋째는 세상의 유혹을 이기게 해 달라는 기도요, 넷째는 악을 이기게 해 달라는 기도입니다.

용서가 없으면 사랑도 없다

용서에 대한 우리의 기도를 한번 생각해 봅시다.

우리가 우리에게 죄 지은 자를 사하여 준 것같이 우리 죄를 사하여
주시옵고(마 6:12).

이 기도는 "하나님, 내가 다른 사람을 용서했으니까 하나님도
내 죄를 용서해 주십시오"라는 기도가 아닙니다. 만약 그런 뜻으
로 기도한다면 그 기도는 우리가 감당하기 매우 어려운 기도일 것
입니다.

이 말씀 속에는 중요한 두 가지 내용이 포함되어 있습니다. 하나
는 "하나님, 우리 죄를 용서하여 주시옵소서"라는 뜻이요, 다른 하
나는 "하나님, 내가 다른 사람도 용서할 수 있도록 십자가의 마음
을 주옵소서"라는 뜻입니다. 즉 이 기도는 "하나님, 내가 하나님의
십자가의 사랑과 용서를 깨닫게 해 주시옵소서. 그리고 그 사랑으
로 내 이웃의 죄도 용서할 수 있는 마음을 주시옵소서"라는 내용
의 기도입니다.

많은 사람이 주기도문 내용 중에서 이 말씀이 제일 해석하기 어
렵고 실천하기도 어렵다고 합니다. 그러나 예수님이 베드로에게
용서에 대해서 가르치실 때 사용하셨던 예화를 생각해 보면 이 말
씀의 뜻이 아주 쉽고 분명하게 나타납니다.

마태복음 18장 21절 이하에 나타난 베드로와 예수님의 대화는
"주여, 형제가 내게 죄를 범하면 몇 번이나 용서하여 주리이까. 일
곱 번까지 하오리이까"라는 베드로의 질문으로부터 시작합니다.

이때 예수님은 베드로에게 "네게 이르노니 일곱 번뿐 아니라 일곱 번을 일흔 번까지라도 할지니라"고 대답하셨습니다. 여기서 우리는 인간의 용서의 한계가 일곱 번이라고 한다면 하나님의 용서는 일곱 번을 일흔 번까지라는 사실을 발견하게 됩니다. 일곱 번을 일흔 번까지라는 것은 한계가 없다는 말입니다. 곧 베드로는 일곱 번이라고 한계를 지었습니다만 하나님은 한계가 없다고 대답하신 것입니다.

용서는 하나님의 인간적인 사랑의 표현입니다. 하나님의 용서의 자리에서 우리는 하나님의 사랑을 발견합니다. 용서 없는 사랑이 없고 사랑 없는 용서가 없습니다. 즉 우리가 누구를 사랑한다는 말은 용서한다는 것을 전제하고 있는 것입니다. 형제의 과실과 허물을 용서하지 않는 사랑은 자기 기만일 뿐입니다.

그러나 우리가 다 같이 경험하는 것은, 그처럼 큰 용서와 사랑을 받고 눈물을 흘리며 감격하지만 실제로 우리가 다른 사람을 용서하고 사랑하는 것이 얼마나 어렵고 힘든가 하는 것입니다. 이론상으로는 다 용서가 됩니다. 의지로도 용서가 됩니다. 믿음으로도 거부하지 않습니다. 그러나 우리 내면의 깊은 곳에는 용서를 거부하는 죄성이 있는 것을 발견하게 됩니다. 용서하고 싶지 않은 마음이 우리 영혼의 깊은 곳에 있다는 말입니다. 그래서 오늘은 용서하고 내일은 찡그리고, 다음 날 또 회개하고 용서하지만 그 다음 날에 또 찡그리는 것이 우리의 솔직한 모습입니다.

예수님은 베드로와의 대화 끝에 예화를 하나 들어 주셨습니다.

어떤 임금에게 일만 달란트 빚진 종이 있었습니다. 그런데 이 종이 그 빚을 도저히 갚을 수가 없게 되자 주인은 그에게 너의 몸과 처와 자식과 소유를 모두 팔아 빚을 갚으라고 명했습니다. 이때 종은 엎드려 절하며 기다려 달라고 빌었고, 주인은 그가 불쌍해서 빚을 모두 탕감해 주었습니다. 일만 달란트 빚을 탕감받은 이 종은 하늘을 날 것같이 기뻤을 것입니다.

그런데 그가 나가다가 자기에게 백 데나리온 빚진 동관을 만나게 되었습니다. 일만 달란트와 백 데나리온은 하늘과 땅 차이입니다. 그는 일백 데나리온 빚진 동관을 보자마자 내 빚을 갚으라고 소리 질렀습니다. 그 동관은 빚을 갚을 수 없기에 불쌍히 여겨 달라고 하소연 했지만 그는 무자비하게 동관의 멱살을 잡고 빚을 갚을 때까지 감옥에 집어 넣었습니다. 이를 보던 동료 동관들이 그 사실을 보고 가슴이 아파서 주인에게 다 얘기했고, 이 소식을 들은 주인은 종을 불러다가 다음과 같이 말했습니다.

악한 종아 네가 빌기에 내가 네 빚을 전부 탕감하여 주었거늘 내가 너를 불쌍히 여김과 같이 너도 네 동료를 불쌍히 여김이 마땅하지 아니하냐(마 18:32-33).

결국 주인은 노하여 그 빚을 다 갚도록 그를 옥졸들에게 넘기고 다시 감옥에 집어넣었다는 이야기입니다. 이 이야기를 통해 예수님은 우리에게 "네가 정말 하나님의 엄청난 은혜를 입었다면, 네가 정말 예수 그리스도로 말미암아 죄 사함을 받았다면 다른 사람을 용서하는 것이 마땅하지 않느냐?"고 말씀해 주고 계십니다. 우리가 겉으로는 용서하고, 고개 숙여 주고, 그 사람의 발도 닦아 줄 수 있습니다. 그러나 중심에서부터 십자가의 사랑과 용서를 가지고 한 형제를 이해하고 감싸는 것은 정말 어려운 일이라는 것을 실감합니다.

예수님은 다음과 같이 결론을 내려 주셨는데 무서운 말씀입니다.

너희가 각각 마음으로부터 형제를 용서하지 아니하면 나의 하늘 아버지께서도 너희에게 이와 같이 하시리라(마 18:35).

하나님에게 죄의 빚을 진 우리

성경에는 죄를 설명하는 여러 가지 단어가 있습니다.

첫째는, 우리가 잘 아는 하마르티아(hamartia)라는 단어입니다. 이것은 과녁에서 빗나갔다는 말입니다. 즉 진리에서 벗어난 것이 죄인입니다.

둘째는, 파라바시스(parabasis)라는 단어를 쓰는데, 짚고 넘어간다는 뜻입니다. 즉 죄를 지으면 안 되는 금이 있는데 그 금을 넘어서는 것이 죄라고 성경은 말하고 있습니다.

셋째는, 파라프토마(paraptoma)라는 단어를 쓰기도 하는데, 떨어지다, 미끄러지다라는 뜻이 있습니다. 진리에 서 있지 못하고 악에 떨어진 상태, 즉 악에게로 미끄러진 상태를 의미하는 말입니다.

넷째는, 아노미아(anomia)입니다. 이것은 불법을 행한다는 뜻입니다. 알면서도 의도적으로 악을 행하고 불법을 행하는 것을 죄라고 말했습니다.

다섯째는, 오페일레마(opheilema)라는 단어입니다. 이 단어가 12절의 말씀 중 죄라는 말에서 쓰는 단어입니다. 이것은 마땅히 지불해야 할 것을 지불하지 않은 상태입니다. 즉 의무를 완성하지 못하고 빚진 상태로 있는 것입니다.

인간은 하나님 앞에서 죄의 빚을 진 자입니다. 그렇기 때문에 우리가 하나님으로부터 구원받았다는 것은 엄청난 빚을 탕감받았다는 것을 의미합니다. 여기서 우리가 하나님 앞에 어떤 빚을 탕감받았는지 좀 더 살펴보겠습니다. 이것이 바로 용서의 근거가 됩니다.

태초에 인간은 에덴동산에서 하나님과 더불어 교제하며 사는 축복받은 존재였습니다. 그러나 하나님의 사랑과 축복의 명령을 어기고 스스로 선악과를 따 먹음으로 죄를 짓게 되었고, 결국에는 사탄의 종이 되고 말았습니다. 죄란 하나님의 명령에 불순종하고 하나님을 떠난 상태를 말합니다. 하나님의 명령에 불순종한 교만한 인간은 더 이상 하나님의 사랑과 보호와 은혜를 입을 수가 없게 되었습니다. 죄의 결과는 사망입니다. 죄를 짓게 된 인간에게는 모든 악과 불행 그리고 죽음과 질병이 생기기 시작했습니다. 죽음의 그늘에 앉은 백성이 된 것입니다.

어떤 자식이 나쁜 친구의 유혹에 빠져 부모를 배신하고 멀리 가출했습니다. 그 부모는 진실로 자식을 사랑했기에 눈물을 흘리며 식사도 못 하고, 잠도 못 이루며 살아갑니다. 부모가 아무리 돈이 많아도 떠나 버린 그 자식에게 밥 한 끼 따뜻이 먹일 수가 없고, 옷을 사 주고 싶어도 사 줄 수가 없는 것입니다.

마찬가지로 인간이 스스로 하나님을 배신하고 떠났기 때문에 하나님이 그처럼 우리를 사랑하시고, 기다리시고, 도와주시고, 감싸주시기를 원하지만 하시지 못하는 것입니다. 그런데 인간은 얼마나 교만합니까? 자기 스스로 거부해 놓고 하나님이 자기를 버렸다고 말합니다. 자기가 죄를 지어 놓고도 하나님이 자기를 죄짓게 만들었다고 오히려 달려들고 있습니다. 인간을 만들려면 똑똑히 만들지 왜 죄짓게 만들었느냐고 덤비는 것입니다. 이것이 인간의 죄입니다. 그러나 하나님은 인간이 수없이 죄를 지었음에도 불구하고 사랑을 포기하지 않으셨습니다. 용서하기로 결정하셨습니다.

인간의 죄의 문제

죄의 그늘에 앉은 인간에게는 끊임없이 우상 숭배, 살인, 간음, 도둑질, 부도덕, 거짓말, 탐욕, 질병, 고통, 슬픔 등이 뒤따라왔습니다. 이것이 곧 인류의 역사입니다. 인류까지 갈 것도 없이 우리 자신을 생각해 봅시다. 인간의 속성 자체가 죄를 짓는 것이기에 그저 틈만 나면 죄를 지으려고 합니다. 그래서 칼뱅은 "인간의 마음은 악의 제조공장"이라는 유명한 말을 했습니다.

끊임없이 생각하는 것이 악한 생각이요 끊임없이 행동하는 것이 악한 행동입니다. 겉으로는 안 나타날지 모르지만 속에서는 탐욕과 시기와 질투와 간음과 음란한 생각들이 끊임없이 인간의 영혼을 지배하고 있습니다. 나이가 들면서 좀 고상해지면 좋겠는데 세월이 흐를수록 인간의 영혼은 더 비천해집니다. 안 짓는 척하면서 기술적으로 죄짓고, 나쁜 짓만 골라서 하는 것이 나이든 사람의 모습입니다.

죄지은 인간은 스스로 지옥을 만들어 지옥의 삶을 살고 있습니다. 이것이 사탄이 지배하는 죄의 결과입니다. 죄란 인간의 본질적인 문제입니다.

인생에서 최고의 복음이란 죄의 문제를 해결하는 것입니다. 죄로부터의 해방이란 죽음과 질병과 모든 고통에서의 해방을 의미합니다. 어떤 사람이 우리에게 죄를 지었다면 우리는 그를 용서해 줄 수도 있습니다. 또 어떤 사람이 국가에 잘못했으면 국가의 법이 그를 다스립니다. 그런데 인간은 하나님 앞에 죄를 지었으므로 반드시 하나님이 용서해 주셔야 합니다. 어떤 사람이 도덕적으로나 인격적으로 아무리 깨끗하게 살아왔다 할지라도, 또 그가 법 없이도 사는 사람이라 할지라도 인류나 국가의 법 앞에서는 죄를 안 지었지만 하나님 앞에서는 죄를 지은 자라는 겁니다.

사람들은 죄를 말할 때 흔히 들키면 죄고 안 들키면 죄가 아니라고 생각합니다. 그래서 교도소엔 들킨 죄인들이 가득하고 여기엔 안 들킨 죄인들이 점잖게 앉아 있는 것입니다. 어쨌든 죄인인 모든 인간의 죄 문제를 해결하고자 하신 하나님의 계획은 그의 독생자 예수 그리스도를 세상에 보내어 죽게 하시는 것이었습니다. 이것이 십자가 사건이고 하나님의 용서입니다. 용서란 하나님의 사랑의 표현입니다.

용서는 우리의 사명

용서는 성경의 주제입니다. 용서와 사랑을 모르는 사람은 예수를 모르는 사람이고 성경을 전혀 이해하지 못하는 사람입니다. 용서는 하나님이 인간에게 베풀어 준 최고의 선물이요, 일만 달란트 빚진 종의 빚을 탕감해 준 주인의 마음과 같은 것입니다. 성경은 예수님이 십자가에 죽으심으로 하나님의 용서가 이루어졌다는 사실을 선언하고 있습니다.

우리가 아직 죄인 되었을 때에 그리스도께서 우리를 위하여 죽으심으로 하나님께서 우리에 대한 자기의 사랑을 확증하셨느니라(롬 5:8).

그러므로 이제 그리스도 예수 안에 있는 자에게는 결코 정죄함이 없나니 이는 그리스도 예수 안에 있는 생명의 성령의 법이 죄와 사망의 법에서 너를 해방하였음이라(롬 8:1-2).

누가 능히 하나님께서 택하신 자들을 고발하리요 의롭다 하신 이는 하나님이시니 누가 정죄하리요(롬 8:33-34).

이것이 바로 죄로부터 구원받아 자유하게 되고 의롭게 된 상태를 말합니다. 요한복음 8장에 보면 간음하다 현장에서 붙잡힌 한 여자를 예수님이 용서해 주신 사건이 있습니다. 그때 예수님과 여자의 대화를 보십시오.

"너를 고소하던 그들이 어디 있느냐."

"주여, 다 떠났습니다."

"나도 너를 정죄하지 아니하노니 가서 다시는 죄를 범하지 말라."

그렇습니다. 우리는 용서받은 죄인이요 구원받은 죄인입니다. 그렇다면 문제는 그러한 우리가 해야 할 최고의 사명은 무엇인가 하는 것입니다. 그것은 자기에게 죄지은 자를 똑같이 용서하고 사랑하는 것입니다. 정말 우리가 하나님으로부터 구원, 곧 죄 사함과 용서를 받았다는 확신이 있다면 이웃의 사소한 허물과 과실을 쉽게 용서할 수 있어야 합니다.

이제 왜 우리가 이웃을 용서해야 하는지 다시 정리해 보면 첫째로, 그것은 하나님의 명령이기 때문입니다. 자격 없는 우리를 조건 없이, 값없이 용서해 주신 하나님은 "너희가 이웃을 용서했으면 좋겠다"가 아니라 "일곱 번을 일흔 번까지라도 용서하라"고 말씀하셨습니다.

우리가 용서해야 하는 또 하나의 이유는 우리가 용서할 때 하나님의 자녀라고 확신할 수 있기 때문입니다. 하나님의 용서와 우리의 용서는 실제로 비교할 수 없지만 우리가 이웃의 허물과 죄를 용서하기 시작할 때 드디어 하나님의 실제를 느끼게 됩니다. 용서하지 못하는 사람은 그가 어떤 영웅적인 믿음의 행동을 했다 하더라도 결코 하나님을 안다고 말할 수 없습니다. 원수를 사랑하고 그의 죄와 허물을 용서할 때 비로소 십자가의 참뜻을 깨닫게 될 것입니다.

마지막으로 용서는 우리 자신을 위해서도 꼭 해야 합니다. 용서하지 못할 때 우리는 미움이라는 감정의 노예가 됩니다. 그렇게 되면 아무리 성경을 읽고 기도해도 마음의 평화가 없게 되고 결국에는 육체적, 정신적인 질병까지 얻게 됩니다.

용서는 우리를 건강하게 합니다. 우리에게 평안을 줍니다. 이러한 의미에서 예수님은 우리에게 용서하라고 말씀하신 것입니다. 예수님이 하신 말씀을 보십시오.

서로 친절하게 하며 불쌍히 여기며 서로 용서하기를 하나님이 그리스도 안에서 너희를 용서하심과 같이 하라(엡 4:32).

예수님처럼 용서하라

결론적으로 우리가 용서할 때 기억할 일은 첫째, 우리가 용서하지 못한 형제를 하나님이 용서하셨다는 사실입니다. 하나님이 용서하셨다면 우리가 사랑하고 용서하지 못할 이유가 없습니다.

둘째, 용서할 때는 성령의 도우심을 바라며 적극적으로 기도해야 합니다. 이것은 자기 자신과의 싸움입니다. 예수님은 마태복음 16장 24절에서 "누구든지 나를 따라오려거든 자기를 부인하고 자기 십자가를 지고 나를 따를 것이니라"고 하셨습니다. 자기의 자존심과 싸워야 하며 감정과 싸워야 합니다. 자기를 하나님의 말씀에 굴복시켜야 합니다.

셋째, 용서는 십자가에 달리신 예수를 바라볼 때 가능합니다. 자기를 죽이는 자를 위해 기도하며 용서하시는 예수님을 바라보십시오. 인류의 죄를 용서하기 위해 피를 흘리시는 예수님을 바라보십시오.

넷째, 타인을 용서하기 전에 먼저 자신이 용서받은 죄인임을 기억하십시오. 그러면 용서하고 나서 자만하지 않게 됩니다. 용서 후에 겸손하고 오직 감사할 때 하나님은 계속해서 우리에게 용서의 능력을 주실 것입니다.

7

모든 악에서
구원받아야 한다

마태복음 6:13

예수님이 우리 자신을 위한 기도에서 마지막으로 말씀하신 것은 "우리를 시험에 들게 하지 마시옵고 다만 악에서 구하시옵소서" 입니다. 우리 자신을 위한 기도에서 예수님은 첫째로 우리의 육신을 위해서는 일용할 양식을 구하라고 하셨고, 둘째로 우리의 영혼을 위해서는 용서를 구하라고 하셨습니다. 그리고 셋째로 우리가 천국에 갈 때까지 악한 이 세상에서 악에 물들지 않도록 두 가지를 기도하라고 말씀해 주셨습니다. 바로 '시험에 들게 하지 말라' 는 기도와 '악에서 구해 달라'는 기도입니다. 이것은 한마디로 보호입니다.

우리가 성경을 통해 알 수 있는 것은 이 세상은 유토피아가 아니고, 공중 권세를 잡은 사탄의 어두운 세력으로 가득 차 있다는 것입니다. 다시 말하면 겉으로는 에덴동산처럼 화려한 것 같지만 내면적으로는 소돔과 고모라입니다. 그런데 우리는 이러한 악한 세상의 죄의 구조 속에서 악한 사람들과 더불어 살아야 하기 때문에 어려움이 있고 갈등이 있습니다. 예수님이 오늘 가르쳐 주신 기도는 이러한 현실에 비추어 볼 때 아주 절실하며 실제적인 기도임을 알 수 있습니다.

시험으로 가득 찬 세상

먼저 '시험에 들게 하지 마시옵고'에 대해 생각해 보겠습니다. 누가복음 22장 40절을 보면, 예수님은 제자들과 함께 겟세마네 동산에 올라가서 기도하실 때 제자들에게 '유혹에 빠지지 않게 기도하라'고 하셨습니다. 이 세상은 마치 유혹과 시험의 지뢰밭과도 같아서 상상할 수 없는 온갖 시험이 우리를 기다리고 있습니다. 만약 우리가 영안을 열어서 이러한 유혹을 다 볼 수 있다면 정말 몸서리치지 않을 수 없을 것입니다.

시험에는 육신의 시험과 마음의 시험과 영적인 시험이 있습니다. 즉 외적인 시험과 내적인 시험이 있는 것입니다. 그런데 여기서 한 가지 정리하고 지나가야 할 문제가 있습니다. 그것은 하나님이 우리를 시험하신다는 사실입니다. 성경에 보면 또 그러한 시험과 시련은 우리에게 유익하다고 합니다. 하나님은 시험을 통해 우리에게 시련을 주시고 고난과 역경을 주십니다. 그런데 하나님이 우리를 시험하시는데 우리가 시험에 들게 하지 말게 해달라고 기도한다면 모순이라는 생각이 들지 않습니까? 그래서 이 기도와 하나님의 뜻은 어떤 관계가 있는지를 먼저 생각해 봐야 합니다.

내 형제들아 너희가 여러 가지 시험을 당하거든 온전히 기쁘게 여기라 이는 너희 믿음의 시련이 인내를 만들어 내는 줄 너희가 앎이라(약 1:2-3).

시련 없이 자란 신앙은 연약하다

여기서 말하는 시험(trial)이란 죄에 빠지게 하는 유혹이 아니라 연단이요 시련입니다. 우리의 믿음이 성장하기 위해서는 시련이 필요합니다. 그리스도인은 온실에서 자란 꽃이 아니라 모든 풍상을 겪고 자라난 소나무와 같습니다. 그리스도인이 당하는 시련은 환경적으로 오는 것이든, 인간관계에서 오는 것이든 우리의 믿음을 새롭고 강하게 만들어 줍니다.

하나님이 시련을 주시는 예를 아브라함에게서 찾아볼 수 있습니다. 하나님은 그의 외아들 이삭을 죽이라고 명령하셨습니다. '네 믿음을 시험해 보겠다'는 것입니다. 또 욥에게 시련을 허락하셨습니다. 하나님은 마귀에게 "그의 생명만 건드리지 말고 모든 시련을 그에게 주어 보아라. 그래도 그는 나를 배신하지 않을 것이다" 라고 하시며 제한적인 시련을 욥에게 허락하셨습니다.

> 시험을 참는 자는 복이 있나니 이는 시련을 견디어 낸 자가 주께서 자기를 사랑하는 자들에게 약속하신 생명의 면류관을 얻을 것이기 때문이라(약 1:12).

시련 없이 자란 신앙은 연약합니다. 때로는 우리가 잘했든 잘못했든, 원하든 원하지 않든 여러 관계 속에서 시련과 고통을 통과하게 됩니다. 어떤 사람은 병을 통해서, 어떤 사람은 사업 부도를 통해서, 또 어떤 사람은 상상할 수 없는 환경적인 어려움을 통해서 시험을 받기도 합니다.

우리가 물건을 살 때 KS 마크가 있으면 안심하고 삽니다. 이 마크는 국가가 인정한 기관에서 상품의 품질을 보증하는 표시입니다. 그러나 KS 마크를 얻기 위해서는 실제로 시험을 거쳐야 하고, 합격돼야 비로소 그 마크를 붙일 수 있습니다.

하나님은 아브라함을 시험(test)하셔서 믿음의 조상으로 만들어 주셨습니다. 시험을 받게 한 후 보증을 해주신 것입니다. 이 시험은 우리에게 유익합니다. 그래서 성경에서는 시험을 만날 때 기뻐하라고 했고 시련 속에 있을 때 감사하라고 했습니다. 하나님은 모든 시련을 통해 우리의 신앙을 성장시켜 주시고, 시련을 통해 더욱 천국을 바라보게 하십니다.

욕심이 죄를 낳는다

그러면 여기서 시험에 들게 하지 마시라는 기도는 무엇입니까? 바로 우리의 믿음을 연단시켜 주는 시련이나 시험을 뜻하는 것이 아니라 우리를 죄에 떨어뜨리게 하는 유혹(temptation)을 말합니다. 이 유혹은 죄가 도사리는 함정입니다. 육신의 정욕과 안목의 정욕과 이생의 자랑으로 인해 죄에 빠지게 되는 유혹을 의미합니다.

사람이 시험을 받을 때에 내가 하나님께 시험을 받는다 하지 말지니 하나님은 악에게 시험을 받지도 아니하시고 친히 아무도 시험하지 아니하시느니라(약 1:13).

하나님은 우리의 믿음을 연단시키기 위하여 시험(test)하시고 시련(trial)도 주시지만, 우리를 골탕먹이기 위하여 죄에 빠지도록 유혹(temptation)의 덫을 놓는 분은 아니십니다. 그러면 사람이 죄에 빠지는 유혹을 받는 이유는 무엇입니까?

오직 각 사람이 시험을 받는 것은 자기 욕심에 끌려 미혹됨이니 욕심이 잉태한즉 죄를 낳고 죄가 장성한즉 사망을 낳느니라(약 1:14-15).

그렇습니다. 우리가 시험에 빠지게 되는 가장 중요한 근거는 욕심 때문입니다. 인간을 지배하는 탐욕, 그것은 인간을 유혹과 죄에 빠지게 하는 가장 무서운 원인입니다. 여기서 우리는 예수님이 말씀하신 "시험에 들게 하지 마시옵고"의 참뜻을 발견할 수 있습니다. 그것은 죄에 빠지게 하는 사탄의 모든 유혹에서 벗어나게 해 달라는 기도이고, 한 걸음 더 나아가 유혹의 근원인 욕심에서 해방되게 해 달라는 기도입니다. 사람이 욕심에서 벗어난다면 얼마나 자유롭겠습니까? 세상의 욕심에 대해 초연하고 자유한 사람은 참 멋있습니다.

왜 부부 싸움을 합니까? 남편이나 아내에게 어떤 욕심이 있기 때문입니다. 말하자면 남편을 자기 욕심을 채워 주는 대상으로 보거나 아내를 자신이 성공하는 데 필요한 도구로 보기 때문입니다. 왜 자녀와의 관계가 복잡할까요? 자녀를 한 인격으로 대하는 순수함이 없어서입니다. 왜 교회에서 말이 많을까요? 봉사나 헌신이 없어서가 아니고 사심이 개입되어 있기 때문입니다. 정말 사심 없이 돕는 사람에게는 문제가 일어나지 않습니다. 잘되어도 문제가 없고 못되어도 문제가 없습니다. 그러나 사심과 욕심이 있게 되면 잘되어도 문제고 못되어도 문제가 됩니다.

그러므로 '시험에 들게 하지 마시옵고'의 뜻은 '욕심을 갖지 않게 해 주시고, 사심을 제거해 주시고, 나의 의견이나 생각만을 내세우지 않게 해 주시고'라는 말로 바꿀 수 있습니다. '시험에 들게 하지 마시옵고'에서 하나 더 생각해 보면 그 기도는 '감당할 만한 시련을 주시옵소서'라는 기도입니다.

사람이 감당할 시험밖에는 너희가 당한 것이 없나니 오직 하나님은 미쁘사 너희가 감당하지 못할 시험 당함을 허락하지 아니하시고 시험 당할 즈음에 또한 피할 길을 내사 너희로 능히 감당하게 하시느니라(고전 10:13).

세상의 세 가지 유혹

그러면 사람들이 잘 받는 유혹은 무엇입니까? 세 가지 방식이 있는데, 인류 최초의 조상인 아담이 받았던 유혹의 모습이며 그 방식은 지금도 변함이 없습니다. 또 예수님도 광야에서 40일간 금식하신 후에 사탄에게 같은 방법으로 시험을 받으셨습니다. 이러한 유혹의 모습이 요한일서에 잘 나타나 있습니다.

> 이는 세상에 있는 모든 것이 육신의 정욕과 안목의 정욕과 이생의 자랑이니 다 아버지께로부터 온 것이 아니요 세상으로부터 온 것이라(요일 2:16).

첫째, 무엇을 먹을까 무엇을 마실까 무엇을 입을까 하는 육신의 문제로 오는 유혹입니다. 또한 정욕과 쾌락으로 오는 유혹도 있습니다. 이 문제에 대해 예수님은 마태복음 6장 33절에서 "너희는 먼저 그의 나라와 그의 의를 구하라 그리하면 이 모든 것을 너희에게 더하시리라"고 말씀하셨습니다. 하나님이 입히시고 먹이신다는 확신이 없을 때 우리는 세상 물질의 유혹을 받게 됩니다.

둘째, 안목의 정욕입니다. 이것은 정신적으로 오는 유혹인데 우리의 눈을 만족시켜 주는 모든 것들입니다. 스스로 자기 눈을 높여 온 사람은 무엇으로도 그 수준을 만족시킬 수가 없습니다.

셋째, 이생의 자랑입니다. 이것은 교만과 명예욕 그리고 자기 자랑입니다. 즉 자기만이 최고이고 자기 판단만이 옳다는 생각에 빠지는 유혹입니다.

혼자서는 악에서 벗어날 수 없다

예수님은 우리를 이 세상에서 보호하시기 위하여 또 하나의 기도를 가르쳐 주셨습니다. 바로 '악에서 구해 달라'는 기도입니다. 시험에 들게 하지 마시라는 기도가 소극적인 기도라면 이 기도는 본질적으로 더 적극적인 기도입니다.

여기서 악이라고 말할 때는 두 가지 의미로 볼 수 있습니다. 하나는 악한 사탄의 영향력과 지배를 받고 있는 악한 무리로부터 우리를 구해 달라는 뜻입니다. 지상에는 공중 권세를 잡은 사탄이 우는 사자처럼 집어삼키려고 합니다. 사탄은 십자가에서 영원히 패배했으나 주님이 다시 오실 때까지 마지막으로 발악하는 것입니다. 그러나 사탄의 운명은 저주와 심판입니다. 성경은 우리에게 마귀의 궤계를 능히 대적하기 위하여 하나님의 전신 갑주를 입으라고 했습니다. 사탄은 예수 이름으로 대적하고 물리쳐야 합니다.

악에서 구원해 달라는 또 한 가지 의미는 악한 자들에게서 구원해 달라는 뜻입니다. 우리 주위에는 하나님의 백성을 유혹하여 죄를 짓게 하는 자들이 많습니다. 그들은 하나님의 말씀을 의심하게 하는 질문을 던짐으로 의심을 갖도록 유혹하며, 주일에 교회 못 가도록 골프나 다른 모임으로 유혹하기도 합니다. 또한 신앙을 비판적으로 말함으로써 비판 의식을 갖게 하고, 모든 것을 부정적으로 생각하게 함으로써 신앙에서 떠나도록 유혹합니다. 그러므로 주위에 신앙을 좀먹는 사람들이 있다면 가급적 피하는 것이 좋습니다.

그러나 사탄에게서 벗어나는 것, 또 악한 친구들과 악한 세력과 악한 조직에서 벗어나는 것은 우리의 힘으로는 안 됩니다. 깡패 조직에서 살다가 빠져나온 사람의 간증을 들어 보면 얼마나 무서운 대가를 치렀는지 모릅니다. 어떤 경우에는 손이나 발이 잘리기도 하고, 눈 하나를 잃기도 합니다. 그들은 처음에 악한 친구를 사귀는 것은 자기 자유였다고 합니다. 그러나 빠져나오는 것은 자유로이 안 되었다고 합니다.

닭에게 왜 모이를 줍니까? 바로 잡아먹기 위함입니다. 돼지도 마찬가지입니다. 그렇습니다. 악한 세력 역시 우리에게 돈을 주고, 성공도 주고, 명예도 주지만 그 목적은 잡아먹기 위해서입니다. 우리의 영혼을 파괴하고 우리를 사탄의 자식으로 만들려고 늪으로 계속 끌고 가는 것입니다. 악에서 헤어나는 것은 자기 힘으로는 불가능합니다. 그래서 예수님은 이러한 악한 사탄 속으로 빠지지 않기 위하여 기도하라고 하신 것입니다. 이러한 악한 사탄과 악한 자들에 대해서 시편 기자는 얼마나 강력하게 하나님에게 기도하고 호소하는지 모릅니다.

여호와여 나의 대적이 어찌 그리 많은지요 일어나 나를 치는 자가 많으니이다(시 3:1).

여호와여 일어나소서 나의 하나님이여 나를 구원하소서 주께서 나의 모든 원수의 뺨을 치시며 악인의 이를 꺾으셨나이다(시 3:7).

이방 나라들을 책망하시고 악인을 멸하시며 그들의 이름을 영원히 지우셨나이다(시 9:5).

여호와여 나와 다투는 자와 다투시고 나와 싸우는 자와 싸우소서 (시 35:1).

그들이 까닭 없이 나를 잡으려고 그들의 그물을 웅덩이에 숨기며 까닭 없이 내 생명을 해하려고 함정을 팠사오니 멸망이 순식간에 그에게 닥치게 하시며 그가 숨긴 그물에 자기가 잡히게 하시며 멸망 중에 떨어지게 하소서(시 35:7-8).

영적으로 깊은 믿음에 들어간 사람들은 이러한 말씀들이 얼마나 실제적이고 심각한 기도인가를 알 수 있을 것입니다.

일용할 양식으로 늘 하나님에게 감사합니까? 형제를 용서함으로 하나님의 구원의 감격 속에서 기뻐합니까? 그렇다면 우리는 악한 세상에서 도피하지 말고 그 속에 살면서 시험에 들지 않도록 날마다 기도해야 합니다. 만약 주위에 정말로 악한 친구가 있거든 둘 중 하나를 택하십시오. 그 친구를 적극적으로 전도하든지, 잠깐 떨어져 있든지 해야 합니다. 왜냐하면 붙어 있는 동안에는 우리가 악에 말려들어 갈 수밖에 없기 때문입니다.

악으로부터 승리하는 비결

그러면 시험에 들지 않고 악에서 구원받기 위해서 우리가 해야 할 일은 무엇입니까? 첫째, 악의 세력인 사탄을 과소평가하거나 과대평가하지 마십시오. 사탄은 없다거나 죄란 심리학적인 한 현상에 불과하다고 말하면 안 됩니다.

마귀의 속성은 숨기는 것입니다. 그는 거짓말쟁이요 살인자요 파괴자입니다. 그것이 바로 디아볼로스(diaboloas), 곧 사탄이라는 단어의 뜻입니다. 마귀는 자기가 존재하지 않는다고 믿게 하면서 존재하는 영물입니다. 우리는 마귀의 존재를 인정해야 합니다.

마귀는 우리의 영역 깊은 곳까지 들어옵니다. IQ가 가장 낮은 마귀는 드러나게 나타나는 마귀라고 합니다. 진짜 마귀는 인본주의자(humanist) 속에 아주 고상하고 그럴듯하게 들어옵니다. 모든 것이 다 옳게 선을 이야기합니다. 인본주의와 기독교는 99%가 같습니다. 그러나 마지막에 마귀는 하나님을 부인하고 보혈과 십자가를 부인하면서 하나님보다 더 중요한 것은 인간이라고 합니다. 인간화를 말하고 인간의 해방을 말합니다. 그러나 그 속에는 하나님이 없습니다. 이것이 제일 무서운 차원 높은 마귀입니다. 인간의 복지와 선을 위해서 말하기 때문에 가장 무섭습니다. 우리는 마귀가 얼마나 교묘하게 우리의 영과 마음과 지성과 삶에 들어오는지 알아야 합니다.

그렇다고 마귀를 너무 과대평가하지도 마십시오. 왜냐하면 예수님이 사탄과 싸워 이기셨기 때문입니다. 십자가에서 예수님은 마귀의 모든 세력을 꺾으셨습니다. 그러므로 예수 이름으로 나가는 자에게는 승리가 있습니다. 예수 이름을 부르는 자에게는 구원이 있습니다. 예수 이름으로 마귀를 물리쳐야 합니다. 마귀를 대적하여 꾸짖고 저주하고 추방하십시오.

둘째, 시험에 들지 않고 악을 이기는 방법은 기도입니다. 예수님이 베드로에게 "시험에 들지 않게 깨어 기도하라. 마음에는 원이로되 육신이 약하도다"라고 말씀하신 적이 있습니다. 또 예수님은 제자들에게 귀신을 쫓는 능력을 주셨습니다. 그런데 귀신이 들려 물불을 가리지 않고 뛰어드는 어린아이를 위해 제자들이 열심히 귀신을 쫓는데 안 나갔습니다. 결국 예수님이 귀신을 쫓아 주셨는데 그때 제자들이 자기들은 왜 안 되느냐고 물었습니다. 예수님은 기도 외에는 이런 능력이 안 나간다고 대답해 주셨습니다. 말씀과 능력은 기도가 뒷받침되어야 효력이 나타납니다.

사탄은 아무도 무서워하지 않습니다. 그러나 연약한 성도일지라도 그가 무릎 꿇고 기도할 때 제일 두려워하고 무서워합니다. 기도 외에는 길이 없습니다.

셋째, 시험에 빠지지 않고 악에서 승리하는 비결은 무엇보다도 깨끗한 삶입니다. 죄가 없다면 결코 두려움이나 정죄함이 없습니다. 성경을 읽고 기도를 아무리 해도 그 생활이 깨끗하지 못하면 사탄은 공격해 옵니다. 사탄은 우리의 약점을 누구보다 잘 알고 있습니다. 우리가 무슨 죄를 지었는지 주위 사람은 몰라도 사탄은 알고 있습니다. 바로 자기가 죄짓게 했기 때문입니다. 음란한 생각을 집어넣었고, 거짓말을 하게 만들어 놓았고, 질투하게끔 만들었고, 화내고 게으르게 만들었던 장본인이 바로 사탄 자신이기 때문에 제일 잘 아는 것입니다. 우리는 마귀에게 책잡힐 일을 해서는 안 됩니다. 마귀의 모든 유혹에서 이겼을 때 마귀를 쫓는 능력이 생깁니다.

돈 셈이 빠른 분이 있습니다. 유독 욕심이 많고 소유욕이 강한 사람이 있습니다. 성격이 못된 사람도, 음란에 약한 사람도 있습니다. 사탄이 그 약점을 알고 공격하지 못하도록 생활을 깨끗이 해야 합니다.

실제적인 문제로는 특별히 시험에 빠질 환경을 피해야 합니다. 유혹받을 장소에 가지 마십시오. 그곳에 가서 "시험에 들게 하지 마시옵소서"라고 기도하는 것은 미련한 짓입니다. 또 유혹받을 사람을 만나지 마십시오. 인간은 별 수 없이 약한 존재입니다. 성자가 따로 없다는 사실을 기억하십시오. 그러므로 어디서든 예수님을 생각할 수 있는 환경을 만들어야 합니다. 예를 들면 말씀이나 찬송을 어디서든 끊임없이 듣는 것입니다. 시편 1편에 보면 복 있는 자는 죄인의 길에 서지 않는다고 했습니다.

> 복 있는 사람은 악인들의 꾀를 따르지 아니하며 죄인들의 길에 서지 아니하며 오만한 자들의 자리에 앉지 아니하고 오직 여호와의 율법을 즐거워하여 그의 율법을 주야로 묵상하는도다(시 1:1-2).

넷째, 악에 빠지지 않기 위해서는 자기를 부인하고, 분명한 목표가 있어야 합니다. 시험은 목표가 분명하지 않을 때 찾아옵니다. 푯대가 분명하지 않은 사람은 흔들릴 수밖에 없습니다. 우리 인간은 죄인이라는 사실을 꼭 기억하십시오. 인간은 믿을 만한 존재가 못 됩니다. 변함없는 하나님밖에는 믿을 분이 없습니다. 인간은 은혜 받았다가도 금방 또 딴짓을 합니다. 일주일 후에 어떤 모습으로 돌아올지 모릅니다. 그러므로 실수를 인정하고, 연약함과 부족함을 인정하고, 겸손하게 자기를 부인하고 분명한 목표를 가지고 나아갈 때 시험에 빠지지 않게 됩니다. 그때 우리는 악에서 승리할 것입니다.

8

나라와 권세와 영광을
하나님에게 돌려라

마태복음 6:13

마태복음 6장을 통해 우리는 참된 신앙이 어떤 것인가를 배우고 있습니다. 1절을 보면 참된 신앙이란 사람 앞에서 행하는 것이 아니라 하나님 앞에서 행하는 것이고 그 상급도 하나님에게서 오는 것이라고 했습니다. 예수님은 이 원리를 구제, 기도, 금식의 세 가지 영역에서 적용했습니다.

참된 기도를 위해 예수님은 우리에게 주기도문을 가르쳐 주셨습니다. 다시 정리해 보면, 우리가 기도할 때 제일 먼저 생각해야 할 것은 하나님이고 또 그의 이름의 거룩함을 묵상하는 것이라고 했습니다. 두 번째는 하나님 나라가 임하도록 기도하는 것이었고, 세 번째는 하나님의 뜻이 이 땅에 이루어지도록 기도하는 것이었습니다.

이렇게 하나님에 대해서 기도하고 난 다음에 우리 자신을 위해서 기도해야 할 것은 육신을 위해서는 일용할 양식을 구하는 것과 영혼을 위해서는 이웃을 용서할 수 있도록 기도하는 것이었습니다. 또 우리가 유혹과 악이 많은 이 세상을 살아가기 위해서는 유혹에 빠지지 않도록 기도해야 한다고 가르쳐 주셨습니다.

기도의 주제는 하나님

이제 이러한 기도를 다 마친 후에 어떻게 끝낼 것인지 살펴보겠습니다. 이 부분을 보통 '송영'이라고 부릅니다. 13절을 다시 보겠습니다.

"나라와 권세와 영광이 아버지께 영원히 있사옵나이다 아멘."

여기서 중요한 사실은 우리가 기도를 시작할 때도 '하늘에 계신 우리 아버지여'라고 했는데, 끝맺음에도 '아버지께 영원히 있사옵나이다'라고 하는 것입니다. 이 말은 곧 기도란 시작도 하나님이요 끝도 하나님이란 뜻입니다.

보통 사람은 기도의 주제가 자기 자신입니다. 그래서 하나님의 뜻을 이루어 달라기보다는 자기의 뜻을 좀 이루어 달라고 기도합니다. 예를 들면 "주님, 내게 이런 계획이 있습니다. 여기에 사인을 좀 해 주십시오. 이것을 위해 금식하겠습니다. 철야하겠습니다. 40일 작정 기도하겠습니다. 그러니 꼭 이루어 주십시오"라고 매달리는 것입니다. 그러나 기도는 철저하게 시작도 끝도 하나님에 대한 관심이어야 합니다.

신앙이란 무엇입니까? 바로 하나님에 대한 관심입니다. 그런데 많은 사람이 신앙은 '나를 위해서' 있는 거라고 생각합니다. 내가 외로우니까, 내가 고통스러우니까, 내가 병들었으니까, 내가 불안하니까 필요하다고 합니다. 그러나 참된 신앙은 하나님 중심의 신앙입니다. 하나님은 결코 어떤 이론이나 철학의 대상이 아닙니다.

그분은 우주의 근본이시며 우리를 실제로 지으신 분입니다. 그러므로 어느 누구도 하나님을 모르고서는 과학을 알 수 없고, 인체의 신비를 알 수 없고, 예술을 알 수 없습니다. 하나님은 과학의 주인이시요 우리 인체의 주인이시며 대자연의 주인이시기 때문입니다. 신앙이란 바로 하나님을 깨닫고 그분 앞에 나가는 것입니다. 그래서 우리 기도의 끝은 그분의 나라와 권세와 영광이 오직 하나님이신 그분에게 영원히 있다는 감격의 고백을 드리는 것입니다.

성경에서 하나님 나라와 권세와 영광에 대해 많이 기록한 것을 볼 수 있습니다. 특별히 시편은 온통 그러한 찬양으로 가득 차 있습니다.

> 여호와여 위대하심과 권능과 영광과 승리와 위엄이 다 주께 속하였사오니 천지에 있는 것이 다 주의 것이로소이다 여호와여 주권도 주께 속하였사오니 주는 높으사 만물의 머리이심이니이다(대상 29:11).

> 내 입이 여호와의 영예를 말하며 모든 육체가 그의 거룩하신 이름을 영원히 송축할지로다(시 145:21).

> 홀로 기이한 일들을 행하시는 여호와 하나님 곧 이스라엘의 하나님을 찬송하며 그 영화로운 이름을 영원히 찬송할지어다 온 땅에 그

의 영광이 충만할지어다 아멘 아멘(시 72:18-19).

여기서 잠깐 저 자신을 돌이켜 보겠습니다. 제가 처음 성경을 볼 때는 톨스토이 식으로 읽었습니다. 다시 말하면 성경 속에 있는 휴머니즘을 자극하고 고무하고 격려하는 글에 눈물을 흘리며 감동했던 것입니다. 다음에는 춘원 이광수 식으로 성경을 보았습니다. "오른편 뺨을 치면 왼편 뺨을 내놓아라. 친구를 위하여 목숨을 버리면 이에서 더 큰 사랑이 없느니라. 받고자 하면 줄 것이요"라는 글에 굉장히 감동받았습니다. 그 후 성장하는 과정에서 예수 그리스도와 십자가를 체험하고 구원의 확신을 깨닫기 시작했습니다. 그러고 나서 성경을 보니까 성경에 보혈, 십자가란 말씀이 어찌나 많았는지 모릅니다. 예전에는 그렇게 눈에 띄지 않던 것이 그제야 새롭게 깨달아지기 시작했습니다.

부활하신 주님이 제 가슴속에 임하시기 시작한 후 저는 성령 체험을 했습니다. 그러고 나서 성경, 특별히 신약을 보니까 성령에 대해서 또 그렇게 많이 쓰여 있는지 몰랐습니다. 창세기를 보니까 성령이 천지를 창조하실 때도 함께 역사하셨다는 것이 눈에 들어왔습니다. 저는 성령을 체험하고 나서 귀신, 마귀를 경험했습니다. 성령이 역사하시는 곳에는 마귀가 떠나고 귀신들이 드러나고 악령이 떠난다는 사실을 체험하게 되었습니다. 그리고 성경을 읽으니까 성경에 귀신에 대한 말씀이 가득했습니다. 특별히 마가복음은 귀신 이야기로 꽉 차 있었습니다. 마귀가 울며 통곡하고 떠나는 이야기, 마귀가 인간을 사로잡는 이야기들 말입니다. 놀랍게도 악령이 떠나는 사건 속에서 저는 하나님의 권능에 대해서 눈이 뜨였고, 그분의 능력을 찬양하게 된 것입니다.

하나님 이름의 거룩함, 하나님의 나라, 하나님의 영광, 하나님의 위엄, 하나님의 능력 등을 찬양하기 시작했을 때 하나님이 가깝게 느껴졌습니다. 하나님이 제 안에 임재하시는 어떤 힘을 체험하게 된 것입니다. 이 체험을 통해 저는 신약 저자들의 고백 속에 있었던 하나님의 영광에 대한 기록을 새롭게 보게 되었습니다. 특별히 계시록에는 하나님 나라의 비밀을 기록하고 있지만 말씀 도중 틈틈이 하나님의 권능에 감격해서 글을 더 이상 쓰지 못하고 감탄과 찬미와 영광을 올려 드리는 것을 보게 됩니다.

이는 만물이 주에게서 나오고 주로 말미암고 주에게로 돌아감이라 그에게 영광이 세세에 있을지어다 아멘(롬 11:36).

그에게 영광이 세세무궁토록 있을지어다 아멘(딤후 4:18).

그에게 영광과 능력이 세세토록 있기를 원하노라 아멘(계 1:6).

우리 주 하나님이여 영광과 존귀와 권능을 받으시는 것이 합당하오니 주께서 만물을 지으신지라 만물이 주의 뜻대로 있었고 또 지으심을 받았나이다(계 4:11).

보좌에 앉으신 이와 어린양에게 찬송과 존귀와 영광과 권능을 세세토록 돌릴지어다(계 5:13).

할렐루야 구원과 영광과 능력이 우리 하나님께 있도다(계 19:1).

신구약을 통해 발견하는 것은 하나님의 임재에 대한 경배입니다. 하나님의 임재를 느낄 때 오는 충격과 감동, 경외감은 곧 하나님의 나라와 권세와 영광에 대한 발견입니다. 진정한 하나님의 발견에서 진정한 자신을 발견할 수 있습니다. 이제부터 하나님의 나라와 권세와 영광을 하나씩 생각해 보겠습니다.

하나님의 나라

첫째, '하나님의 나라'입니다. 하나님의 나라는 성경의 전 주제입니다.

성경은 계속해서 우리에게 너희는 하나님의 백성이고 하나님은 너희의 아버지라고 강조하고 있습니다. 그리스도인은 이 세상에서 살고 있지만 결코 여기가 영원한 고향이 아니라는 사실을 잘 알고 있는 사람입니다. 예수님은 영원한 고향인 천국을 우리에게 주기 위해 오셨고, 천국을 위해 십자가에 못 박혀 돌아가셨고, 우리를 천국으로 인도하기 위해서 다시 오실 것입니다.

> 내 아버지 집에 거할 곳이 많도다 그렇지 않으면 너희에게 일렀으리라 내가 너희를 위하여 거처를 예비하러 가노니 가서 너희를 위하여 거처를 예비하면 내가 다시 와서 너희를 내게로 영접하여 나 있는 곳에 너희도 있게 하리라(요 14:2-3).

예수님은 천국의 주인이십니다. 그 이름을 믿는 자에게는 하나님의 나라를 주셨습니다. 우리의 삶은 사망에서 생명으로 옮겨졌고 지옥에서 천국으로 바뀌었습니다. 이러한 하나님의 나라를 믿고 확신하며 찬양하는 것이 기도의 끝입니다.

하나님의 권세

둘째, '하나님의 권세'입니다. 이 권세라는 말은 권능이라고 이해하면 더 쉽습니다. 그것은 하나님의 나라를 통치하는 힘(power)을 의미합니다. 사람이 세상을 살아가는 데는 건강, 돈, 지식 등의 힘이 필요합니다. 마찬가지로 하나님의 나라를 통치할 만한 하나님의 능력, 힘, 바로 그것이 권세입니다. 우주를 창조하셨을 뿐만 아니라 통치하고 섭리하시는 권세, 사망을 초월하시는 그 능력을 우리는 찬양해야 합니다. 그런데 하나님은 이 능력을 예수님에게 주셨습니다.

> 예수께서 나아와 말씀하여 이르시되 하늘과 땅의 모든 권세를 내게 주셨으니 그러므로 너희는 가서 모든 민족을 제자로 삼아 아버지와 아들과 성령의 이름으로 세례를 베풀고 내가 너희에게 분부한 모든 것을 가르쳐 지키게 하라 볼지어다 내가 세상 끝날까지 너희와 항상 함께 있으리라 하시니라(마 28:18-20).

예수님은 하늘의 권능을 그대로 소유하신 분이었습니다. 앉은뱅이를 일으키시고, 소경을 눈뜨게 하시고, 풍랑을 잠잠하게 하시고, 귀신을 쫓아내셨습니다. 무엇보다 죄를 용서해 주시는 권능이 그분에게 있었습니다. 그런데 더 놀라운 사실은 하늘의 권능을 모든 믿는 자들에게 주셨다는 것입니다. 뿐만 아니라 하나님은 우리에게 용서하는 능력도, 원수를 사랑하는 능력도, 자기를 헌신할 수 있는 믿음과 능력도 주셨습니다. 그래서 우리는 "하나님, 당신의 나라에 권세와 권능이 있음을 찬양합니다"라고 기도해야 합니다.

> 믿는 자들에게는 이런 표적이 따르리니 곧 그들이 내 이름으로 귀신을 쫓아내며 새 방언을 말하며 뱀을 집어 올리며 무슨 독을 마

실지라도 해를 받지 아니하며 병든 사람에게 손을 얹은즉 나으리
라(막 16:17-18).

하나님의 영광

셋째, '하나님의 영광'입니다. 영광이란 무엇입니까? 우리는 영광
을 받아 본 적도, 그 속에 거해 본 적도 없기 때문에 영광이란 말이
잘 이해되지 않습니다. 그러나 영광은 하나님 속성의 본질입니다.
인간에게는 영광스러운 경험보다 비참한 경험이 더 많습니다. 그
러나 오늘 우리 그리스도인에게는 하나님의 영광을 볼 수 있는 특
권을 주셨습니다. 시편 113편 4절에 "여호와는 모든 나라보다 높
으시며 그의 영광은 하늘보다 높으시도다"라고 했고, 시편 138편
5절에는 "여호와의 영광이 크심이니이다"라고 했습니다.

여러분, 꽃 한 송이를 보면서, 우리나라의 기막힌 가을 하늘을
보면서, 익어 가는 감을 보면서 하나님의 영광이 충만한 것을 느낍
니까? 하박국에 보면 물이 바다를 덮음같이 여호와의 영광을 인정
하는 것이 세상에 가득하리라고 했습니다. 그렇습니다. 그것이 신
앙입니다. 호흡하면서 살아 있다는 사실 앞에서, 온 우주 만물을
보면서 인간의 신비한 모습을 보면서, 자기 자신을 보면서 우리는
하나님의 영광을 보아야 합니다. 이사야 6장 3절에도 "거룩하다
거룩하다 거룩하다 만군의 여호와여 그의 영광이 온 땅에 충만하

도다"라고 했습니다. 그리고 이사야 42장 8절에 보면 하나님은 이 영광을 다른 우상에게 주지 않겠다고 말씀하셨습니다. "나는 여호와이니 이는 내 이름이라 나는 내 영광을 다른 자에게, 내 찬송을 우상에게 주지 아니하리라."

그러나 많은 사람은 영광을 우상에 바치고 있습니다. 로마서 1장 23절에 보면 인간은 하나님의 영광을 썩어질 사람과 짐승과 버러지 형상의 우상으로 바꾸어 버렸다고 했습니다. 그러나 하나님의 영광의 광채가 예수님에게 나타났다는 놀라운 말씀이 있습니다. 하나님의 영광을 완전히 옷 입으신 분이 바로 예수 그리스도입니다.

이는 하나님의 영광의 광채시요 그 본체의 형상이시라 그의 능력의 말씀으로 만물을 붙드시며 죄를 정결하게 하는 일을 하시고 높은 곳에 계신 지극히 크신 이의 우편에 앉으셨느니라(히 1:3).

말씀이 육신이 되어 우리 가운데 거하시매 우리가 그의 영광을 보니 아버지의 독생자의 영광이요 은혜와 진리가 충만하더라(요 1:14).

하나님의 영광은 예수 그리스도에게 나타났고, 하나님은 예수 그리스도의 삶과 죽음과 부활과 승천을 통해서 나타난 그 영광을 예수 그리스도를 믿는 자에게도 주겠다고 말씀하셨습니다. 그 영광은 모든 성도의 참된 소망이기도 합니다.

우리는 예수 그리스도를 믿음으로 말미암아 구원을 받았습니다. 이것은 칭의(Justification)입니다. 믿음으로 의롭다 함을 받은 사람은 성령으로 말미암아 거룩하게 됩니다. 이것을 성화(Sanctification)라고 합니다. 성화 후에는 그리스도인의 영광스러운 미래가 기다리는데, 종말에 하나님은 우리를 영화롭고 찬란하게 맞이해 주실 것입니다. 이것이 영화(Glorification)입니다.

고린도후서 3장 18절의 "주의 영광을 보매 그와 같은 형상으로 변화하여 영광에서 영광에 이르니"라는 말씀을 상상해 보십시오. 지금 우리는 육의 몸을 입고 있으므로 때로는 거짓말도 하고 다른 사람을 미워하기도 하고 시기와 질투를 하기도 합니다. 그러나 주님을 바라보고 있으면 어느 날 우리는 영광스럽게 예수님처럼 변하고 말 것입니다. 그날에는 영광에서 영광으로, 상상할 수 없는 세계 속에 들어가게 될 것입니다. 참된 기도란 바로 이 하나님의 나라를 바라보며, 하나님의 능력과 하나님의 영광을 생각하는 것입니다.

아멘…

마지막으로 '아멘'입니다. 아멘은 '확인', '기원', '충성', '헌신'이라는 네 가지 뜻이 있습니다. 요한계시록 3장 14절에 "아멘이시요"라는 말이 있는데 예수님이 바로 아멘이십니다. 우리가 죽을 때 마지막 순간에 하는 말이 아멘이 될 수 있기를 바랍니다.

이제 주님이 가르쳐 주신 기도를 다시 한번 정리해 보겠습니다. 첫째, 기도는 겸손히 배워야 합니다. 예수님이 너희는 이렇게 기도하라고 하셨기 때문입니다. 그러므로 기도는 예수님이 가르쳐 주신 대로 해야 하고 그것을 배울 겸손이 우리에게 있어야 합니다.

둘째, 기도는 하늘에 계신 우리 아버지의 이름을 부름으로 시작합니다. 하늘에 계시다는 뜻은 우주에 충만하다는 뜻이고, 곧 그 말은 안 계신 곳이 없다는 말입니다. 그러므로 기도할 때 하나님을 속이려고 하지 마십시오. 하나님은 우리를 속속들이 다 알고 계십니다. 이를 믿고 기도해야 합니다. 또 하나님은 나와 상관없는 분이 아니라 나의 아버지십니다. 주기도문에 '나'라는 단어를 쓰지 않고 '우리'라는 단어를 계속 쓴 것은 하나님은 우리를 개인으로 부르기도 하시지만 '우리'라는 그리스도인의 살아 있는 공동체에 함께하시기 때문입니다. 나아가 하나님은 분노하고 진노하고 벌 주시는 하나님이 아니라 용서하고 사랑하시는 하나님입니다.

셋째, 기도란 하나님을 묵상하는 것입니다. 하나님의 거룩한 이름, 하나님의 나라, 하나님의 뜻을 묵상하는 것이 기도입니다.

넷째, 기도는 우리의 필요를 구하는 것입니다. 일용할 양식을 위해, 이웃의 용서를 위해, 시험에 들지 않도록, 그리고 악에서 구원해 달라고 기도해야 합니다.

다섯째, 기도란 하나님의 나라와 권세와 영광을 선포하며 노래하는 것입니다.

여섯째, 기도란 '아멘'입니다.

초대교회 성도들은 하루에 세 번씩 꼭 주기도문을 외웠다고 합니다. 우리도 하루에 세 번씩 주님이 가르쳐 주신 기도의 주제를 묵상할 수 있기 바랍니다. 그러나 이 기도가 염불이 되지 않기를 바랍니다. 또 모임이 끝날 때 장식품으로 쓰이지 않기를 바랍니다. 참된 기도란 하나님을 찬양하는 것으로 시작해서 찬양하는 것으로 끝나는 것입니다.

이사야 말씀에 보면 우리 인생은 하나님의 영광을 위해서 만들어졌습니다. 그러므로 우리 인생의 시작도 찬양이요 끝도 찬양인 복된 인생이 되기를 바랍니다.

내 이름으로 불려지는 모든 자 곧 내가 내 영광을 위하여 창조한 자를 오게 하라 그를 내가 지었고 그를 내가 만들었느니라(사 43:7).

그런즉 너희가 먹든지 마시든지 무엇을 하든지 다 하나님의 영광을 위하여 하라(고전 10:31).

예수님은 천국의 주인이십니다. 그 이름을 믿는 자에게는 하나님의 나라를 주셨습니다. 우리의 삶은 사망에서 생명으로 옮겨졌고 지옥에서 천국으로 바뀌었습니다. 이러한 하나님의 나라를 믿고 확신하며 찬양하는 것이 기도의 끝입니다.

2부

그리스도를 닮지 못하게 하는 것들

마태복음 6:16-34

우리가 참신앙을 가지려고 할 때 첫 번째 장애물은 재물입니다.
재물은 우리의 신앙을 파괴하는 가장 큰 세력입니다.
두 번째는 염려입니다.
재물과 미래와 안전에 대한 염려가 우리의 신앙을 파괴합니다.
세 번째는 남을 비판하는 태도입니다.
이는 남의 약점을 들춰내는 신앙적인 자기 의입니다.

9

육의 금식이
영을 배부르게 한다

마태복음 6:16-18

예수님은 참된 신앙은 사람 앞에서 하는 것이 아니라 하나님 앞에서 하는 것이므로 사람 앞에 자기 의를 보이려는 태도를 주의하라고 말씀하셨습니다. 그러나 우리의 실제는 보이는 사람과 만나고 또 하나님이 아닌 사람에게 행하게 되므로 사람을 의식하기가 매우 쉽습니다. 바로 이것이 위기입니다.

또한 참된 신앙은 그 보상이 사람에게서 오는 것이 아니라 하나님에게서 오는 것임을 믿는 것이라고 했습니다. 즉 사람에게서 오는 어떤 칭찬이나 보상을 기대하는 것이 아니라 하나님이 은밀한 중에 보시고 다 응답하신다는 것을 믿는 것입니다. 예수님은 이 원리를 신앙적인 우리의 행위 속에 적용시켜 주셨습니다.

첫째, 구제는 우리와 이웃과의 관계에서의 신앙적인 행위입니다. 여기에서 우리가 다시 기억해야 할 것은 "오른손이 하는 것을 왼손이 모르게 하라", "이웃에게 나팔 불지 마라", "네 자신에게도 이야기하지 마라", "사람에게 모든 신앙적인 행위가 노출되지 않도록 주의하라"는 말씀입니다.

둘째, 진정한 기도는 우리와 하나님과의 관계에서 하나님에게로 향하는 우리의 고백이요 사랑의 대화입니다. 하나님은 우리가 무엇이 필요한지 이미 다 알고 계시지만 우리는 그 관계를 위하여 나아가 기도해야 하는 것입니다. 그리고 기도할 때 사람에게 보이려고 하지 말고 골방에 들어가서 문을 닫고 은밀하게 하라고 하셨습니다.

나를 바라보는 시간

셋째, 우리 자신의 문제에 대해서는 어떻게 할 것인가에 대해 예수님은 금식이라는 신앙적인 모습을 실례로 들어 적용시켜 주셨습니다. 금식이란 말 그대로 음식을 먹지 않는 것입니다. 먹지 않으면 어떻습니까? 당연히 배가 고픕니다. 40일 금식한 사람에게 사람들은 무엇인가를 기대하며 끝난 후의 소감이 어떠한가를 물었습니다. 그런데 그 사람은 "하나님의 음성을 들었다. 무슨 환상을 보았다"고 말한 것이 아니라 이제야 배고픈 자의 심정을 이해하게 되었다고 말했습니다. 얼마나 귀한 깨달음입니까? 이는 굉장히 실제적인 깨달음입니다.

금식하면 배가 고프고 기운이 없고 일을 잘 할 수 없는 것은 우리의 육체에서 일어나는 현상입니다. 그러나 육체에만 이런 현상이 일어나는 것이 아니라 영적인 부분에서도 변화가 일어납니다. 왜냐하면 영과 육은 분리할 수 없고 언제나 동시적이기 때문입니다. 이는 마치 물과 그릇과도 같이 떼어 놓을 수 없는 관계입니다. 물은 반드시 담을 그릇이 있어야 존재하듯이 우리의 영도 육체가 있어야만 존재합니다.

그러므로 우리 육체에서 일어나는 많은 문제는 실제적으로 영적인 것과 상관이 있어서 육신이 아프면 영적으로 약해지고 또 영이 좋지 않으면 육신에 증세가 나타나게 됩니다.

금식을 해 본 분들은 다 느꼈겠지만 금식을 하면 인생의 의미를 다시 생각하게 됩니다. 좋은 옷 입는 것, 화장하는 것, 화려한 사치품을 갖는 것, 인간관계의 모든 문제가 의미 없고 시시해집니다. 다만 자기가 배가 고픈 만큼 왜 기도를 하는가에 대해 집중하게 되고 하나님을 생각하게 됩니다. 금식은 자신을 바라보게 하는 놀라운 방법입니다. 뿐만 아니라 금식을 하면 우리가 얼마나 먹는 일에 노예가 되어 있었나 하는 것을 깨닫게 됩니다. 저는 가정에서 온 가족이 금식을 해 본 경험이 있는데 그때 느낀 것은 24시간이 참으로 길다는 것입니다. 특별히 여자들의 삶 가운데 일어나서 아침 준비하고 먹고 설거지하고, 조금 쉰 후 점심 준비하고 먹고 설거지하고, 조금 쉬었다가 저녁 준비하고 먹고 설거지하는 일들이 얼마나 많은 시간을 차지하는지 모릅니다. 또한 반찬을 걱정하며 메뉴를 짜는 것으로 아내들의 머리는 가득 차 있습니다. 어찌 보면 온통 먹는 것이 우리 인생의 주제인 것 같습니다. 실제로 우리가 먹는 데서부터 자유하다면 굉장히 놀라운 일이 생기며 인생의 참된 의미를 발견하게 될 것입니다.

그런데 어떤 사람은 금식을 아주 불필요하다거나 율법적이라는 말들을 합니다. 또 반대로 어떤 사람은 하루 먹고, 뜻대로 안 되면 하루 금식하고, 또 하루 먹고 하는 금식 병에 걸린 사람도 있습니다. 또 듣기에는 40일 금식을 하다가 죽은 사람도 있답니다. 이는 모두 금식의 본뜻을 모르고 금식을 무기로 삼는 잘못된 행동입니다. 금식의 의미를 진정으로 아는 것은 우리의 영적 생활과 육적 생활에 참으로 중요합니다. 그래서 예수님은 금식에 대해 말씀해 주셨고 또 구체적인 방법까지 가르쳐 주셨습니다.

예수님도 40일간이나 금식하셨습니다. 그러나 그분은 내가 40일간 금식했다고 자랑하신 적이 한 번도 없습니다. 이것이 중요합니다. 우리가 깊은 신앙생활을 하는 것은 중요하나 그것을 다른 사람에게 과시하지 않는 것이 더욱 중요합니다.

본문을 통해서 예수님은 어떻게 금식하는 것이 좋은가 하는 방법을 가르쳐 주고 계십니다. 그러나 우리는 그 방법을 논하기 전에 먼저 금식이 무엇인가에 대해 알아보아야 합니다. 왜냐하면 금식의 원리와 이유를 알아야만 그 방법이 의미 있기 때문입니다.

죄를 슬퍼하고 회개하는 시간

성경에 나타난 금식에 대해 살펴보면 첫 번째로, 구약에서는 죄를 슬퍼하고 회개할 때 반드시 금식을 했습니다. 히브리인들은 대속죄일에는 전국적으로 금식을 선포하고 국가적 위기를 만났을 때도 금식을 했습니다.

이것은 대단한 일입니다. 우리도 부정과 부패가 발견되었을 때 시위하거나 토론하지 말고 금식해야 합니다. 또 구약에서는 선지자들의 말씀을 듣고 금식했습니다. 선지자 중 별난 선지자였던 요나의 설교를 듣고도 백성이 회개하며 재를 뿌리고 금식했습니다. 또 요엘 말씀을 보면 하나님이 타락한 백성에게 회개를 촉구하기 위하여 금식하라는 명령을 직접 하신 일이 있습니다.

여호와의 말씀에 너희는 이제라도 금식하고 울며 애통하고 마음을 다하여 내게로 돌아오라 하셨나니 너희는 옷을 찢지 말고 마음을 찢고 너희 하나님 여호와께로 돌아올지어다(욜 2:12-13).

우리가 겸허히 금식하고 회개할 때 하나님이 역사하십니다. 이러한 금식의 축복이 지금도 많은 성도의 삶 속에서 나타나는 것을 봅니다. 특별히 회개해야 하는 줄 알면서도 회개가 되지 않을 때, 나쁜 것을 고쳐야 하는 줄 알면서도 못 고칠 때, 마음이 강퍅해질 때 금식해야 합니다. 이론이나 의지로, 또 마음으로 되지 않습니다. 더 나아가 진정한 그리스도인이라면 자기 문제뿐만 아니라 다른 사람에게 문제가 생겼을 때 그 사람의 죄를 자기의 죄로 알고 대신 회개하고 금식해야 합니다. 나라가 어려움을 겪을 때 회개하고 금식하는 것이 그리스도인의 할 일입니다.

하나님에게 긍휼과 자비를 구하는 시간

두 번째로, 금식은 하나님에게 긍휼과 자비를 요구하는 시간입니다. 금식이란 자기가 굶으면서 얼마나 잘 견디느냐를 보여 주자는 것이 아닙니다. 자기가 가진 문제가 너무나 심각해서 밥을 먹을 수가 없다는, 하나님 앞에서의 겸손한 태도입니다.

금식은 단식 투쟁이 아닙니다. 단식 투쟁은 어떤 정치적 목적을 이루기 위해서 혹은 다른 사람에게 압력을 주기 위해서 하는 방법입니다. 그런 의미에서 본다면 간디의 금식 운동도 문제가 있습니다. 사람을 비폭력으로 설득하는 방법이기는 합니다만 하나님과 관계가 없기 때문입니다. 진정한 금식은 자기 자신의 영적인 만족을 위해서 하는 것도 아니고, 다른 사람을 위협하고 압력을 주기 위한 것도 아니고, 자기 자신이 하나님 앞에 겸손히 나아가기 위해 하는 것입니다.

모세를 보십시오. 그는 시내 산에 올라가서 40일 동안 하나님과 동행했습니다. 하나님을 만나는 동안 전혀 음식을 먹을 수가 없었습니다. 하나님의 음성을 듣는 동안 세상적인 것과 같이할 수 없었던 것입니다. 그는 오직 자기 백성을 위하여 하나님의 자비와 긍휼을 바라고 있었을 뿐입니다.

왕후 에스더는 자기 조국이 위기에 빠졌을 때, 자기 민족이 모두 학살을 당할지도 모르는 심각한 위기 앞에서 모르드개에게 다음과 같이 말합니다.

당신은 가서 수산에 있는 유다인을 다 모으고 나를 위하여 금식하되 밤낮 삼 일을 먹지도 말고 마시지도 마소서 나도 나의 시녀와 더불어 이렇게 금식한 후에 규례를 어기고 왕에게 나아가리니 죽으면 죽으리이다(에 4:16).

그렇습니다. 금식은 은혜를 구하기 위해 하나님에게 나아가는 겸손의 태도입니다. 특별한 일을 위해서 금식할 때 하나님이 참 빨리 역사하시는 것을 볼 수 있습니다. 세상에서 제일 뜻대로 안 되는 것이 자식 문제인데 자식에게 문제가 생겼을 때 금식하십시오. 부부 관계에 위기가 왔을 때, 이제는 이혼할 수밖에 없는 상태에 이르렀을 때 금식하며 하나님에게 나아가 보십시오. 불치병에 걸렸을 때 하나님의 자비와 긍휼을 기다리며 금식하며 기도해 보십시오. "주님, 나를 도와주시옵소서. 주님, 이 문제가 너무나 심각해서 내가 잠을 잘 수가 없으며 밥을 먹을 수가 없나이다. 주님, 나를 불쌍히 여겨 주시옵소서." 이처럼 금식할 때 하나님은 환경을 바꾸어 주시고, 우리의 마음도 바꾸어 주십니다. 더 놀라운 일은 날씨까지도 바꾸어 주신다는 것입니다.

나 자신을 위해 하는 금식

세 번째로, 금식은 나 자신을 위해서 하는 것입니다. 즉 나를 연단시키는 방법입니다. 적절한 금식은 우리의 육체와 영혼에 유익이 있습니다. 그러나 의무적이거나 과도한 금식은 해롭습니다. 금식은 자기의 영적 유익을 위해 하나님 앞에 나아가는 겸손한 태도이기 때문에 신앙의 도구나 의의 도구로 써서는 안 됩니다. 시편 기자의 고백을 들어 보십시오.

> 나는 그들이 병들었을 때에 굵은 베옷을 입으며 금식하여 내 영혼을 괴롭게 하였더니 내 기도가 내 품으로 돌아왔도다(시 35:13).

내 기도가 내 품으로 돌아왔다는 말은 기도가 응답되었다는 뜻입니다. 이 말씀을 보면 금식은 자기의 육체와 영혼을 괴롭히는 것입니다. 그러나 이렇게 함으로써 많은 역사가 일어납니다. 뿐만 아니라 금식을 하면 다른 사람의 배고픔과 고통, 연약함에 대해 눈을 뜨게 됩니다. 그래서 방글라데시의 기아에 허덕이는 수많은 영혼, 에티오피아의 난민, 베트남 난민의 고통을 다시 생각하게 됩니다. 이것은 우리가 병들면 병든 사람이 이해되고 경제적으로 어려움을 당하면 같은 입장의 다른 사람들이 이해되는 것과 같습니다. 바로 이것이 금식의 더 높은 차원의 깨달음입니다.

우리가 신앙생활을 할 때 너무 편안하면 신앙생활을 잘 못 합니다. 무엇인가 좀 불편해야 더욱 영적인 상태가 됩니다. 금식은 자기를 괴롭히는 것입니다. 그래서 금식을 하면 인간의 본능적 죄인

탐욕, 곧 남보다 더 잘살고 싶고 더 성공하고 싶고 무엇이든지 더 잘하고 싶은 데서 벗어날 수 있습니다. 사도 바울은 다음과 같이 이야기합니다.

> 이기기를 다투는 자마다 모든 일에 절제하나니 그들은 썩을 승리자의 관을 얻고자 하되 우리는 썩지 아니할 것을 얻고자 하노라(고전 9:25).

성령의 아홉 가지 열매 중 절제의 열매가 있습니다. 신앙은 절제할 수 있어야 합니다. 삶도 절제할 수 있어야 합니다. 절제를 위해 금식해 보기를 권면합니다. 그러나 아무도 모르게 조용히, 지혜롭게, 자신의 유익을 위하여 하십시오. 그러면 자기 훈련에 도움이 되고, 습관의 노예에서 해방되며, 물질의 소유욕에서 해방될 것입니다. 또 금식이 끝나고 나면 밥 한 그릇이 얼마나 소중하고 고마운 것인지 깨닫게 될 것입니다.

전도와 선교의 의미로 하는 금식

네 번째로, 금식에는 전도와 선교의 의미가 있습니다. 사도행전 13장 2-3절에 보면 "주를 섬겨 금식할 때에 성령이 이르시되 내가 불러 시키는 일을 위하여 바나바와 사울을 따로 세우라 하시니 이에 금식하며 기도하고 두 사람에게 안수하여 보내니라"고 했습니다. 선교는 기도요 금식입니다. 우리가 선교사를 파송할 때마다 금식하며 기도해서 사람을 결정하고 또 선교비를 보낸다면 우리는 그를 잊지 않을 것입니다. 흔히 돈만 있으면 선교사가 보내지는 줄 아는데 이는 잘못된 생각입니다. OMF라는 선교 단체가 있는데 그 단체의 마크가 기도하는 두 손입니다.

이방인 고넬료는 경건한 사람이었습니다. 금식하며 기도하는 중에 환상을 보게 되었고, 베드로를 만나게 되었고, 예수를 믿어 온 가족이 세례 받고 구원받게 되었습니다. 전도에도 금식기도가 필요합니다. 기도하지 않는다면 영적인 열매는 없을 것입니다.

이상이 성경에서 보는 참된 금식인데 이러한 금식을 잘못 사용한 예가 이사야 58장에 있습니다. 3절에 보면 그들이 금식을 하였는데 왜 하나님이 응답해 주시지 않느냐고 항의하는 부분이 나옵니다.

"우리가 금식하되 어찌하여 주께서 보지 아니하시오며 우리가 마음을 괴롭게 하되 어찌하여 주께서 알아주지 아니하시나이까."

여기에 대해 하나님은 응답하지 않는 이유를 다음과 같이 대답하셨습니다. 첫째, 그들은 금식하면서 오락을 찾았다고 하였습니다. 밥은 굶었지만 다른 오락을 즐겼다는 것입니다. 둘째, 금식하면서 밑에서 일하는 사람들에게 강제 노동을 시켰다는 것입니다. 셋째, 금식하면서 계속 다투고 주먹질했다는 것입니다. 하나님은 "이런 금식이 무슨 소용이 있으며 내가 어찌 기뻐하겠느냐? 이런 금식은 의미가 없다"고 하신 것입니다. 이러한 금식은 결국 자기 학대요 자기 과신에 불과합니다.

하나님이 기뻐하시는 금식

그러면 하나님이 기뻐하시는 금식은 과연 어떤 것입니까? 이사야 58장 6절을 보면 첫 번째로, "내가 기뻐하는 금식은 흉악의 결박을 풀어 주며 멍에의 줄을 끌러 주며 압제당하는 자를 자유하게 하며 모든 멍에를 꺾는 것이 아니겠느냐"고 하셨습니다. 아랫사람들을 학대해서 벌어들인 돈으로 좋은 일을 한다고 하지 마십시오. 나쁜 방법으로 돈 벌어서 좋은 일을 하는 것, 전시 효과를 노리는 것을 하나님은 기뻐하지 않으십니다. 말씀과 같이 압박의 사슬에서 풀어 주고, 멍에의 줄을 끌러 주고, 압제당하는 자를 자유하게 하며, 모든 멍에를 꺾는 것을 하나님은 기뻐하십니다.

두 번째로, "주린 자에게 네 양식을 나누어 주며 유리하는 빈민을 집에 들이며 헐벗은 자를 보면 입히며"(사 58:7)라고 하셨습니다. 하나님은 금식하면서 가난한 자에게 봉사하는 것이 진정한 금식이라고 하셨습니다. 우리는 지금 너무나 많은 축복을 누리고 있습니다. 가난한 자를 돌보고 헐벗은 자를 입히고 압제당한 자를 도와주는 것이 진정한 금식입니다.

세 번째로, "네 골육을 피하여 스스로 숨지 아니하는 것이 아니겠느냐"(사 58:7)라고 하셨습니다. 귀찮은 친척을 잘 돌보는 것이 또한 금식의 참된 의미라는 것입니다.

이제 본문으로 돌아가 봅시다. 예수님은 금식할 때 우리가 유의해야 할 두 가지를 가르쳐 주셨습니다. 첫째는, 슬픈 기색을 띄지 말라고 하셨습니다. 유대인은 일주일에 두 번 월요일과 목요일에 금식했는데, 특별히 그 날은 장날이기 때문에 사람들이 많이 모였습니다. 그들은 자기의 금식하는 모습을 보여 주기 위해서, 얼마나 자신이 많이 기도하고 경건한 사람인가를 보여 주기 위해서, 자기가 얼마나 위대한 하나님의 사람인가를 보여 주기 위해서 그날을 이용했던 것입니다.

그들은 일부러 머리를 풀어 헤쳤습니다. 그리고 얼굴을 창백하게 보이는 화장을 하고 해어진 옷을 입고 땅에 옷을 질질 끌면서 "오! 하나님" 하면서 돌아다녔습니다. 가장 금식을 잘하는 것처럼 회칠했던 것입니다. 그 당시에 그런 사람들이 많았기 때문에 예수님은 그들을 향하여 "사람에게 보이려고 금식하지 마라", "슬픈 기색을 띄지 마라", "정말 창백해지면 사람 앞에 나타나지 마라"고 말씀하신 것입니다.

금식하는 과정보다 더 중요한 것은 마음입니다. 금식하려고 마음먹었을 때 은밀한 중에 보시는 하나님이 이미 다 보신 것입니다. 또 보시고 다 갚아 준다고 말씀해 주셨습니다. 그 응답의 말씀이 이사야서에 있습니다.

그리하면 네 빛이 새벽같이 비칠 것이며 네 치유가 급속할 것이며 네 공의가 네 앞에 행하고 여호와의 영광이 네 뒤에 호위하리니 네가 부를 때에는 나 여호와가 응답하겠고 네가 부르짖을 때에는 내가 여기 있다 하리라(사 58:8-9).

둘째는, 금식할 때 머리를 곱게 빗고 얼굴을 깨끗이 닦으라고 하셨습니다. 곧 자연스럽게 하고 티를 내지 말라고 하셨습니다. 사람들이 금식하는지 안 하는지 모르게 하고, 그 이상의 쇼를 하지 말라는 것입니다. 사실 그렇습니다. 자신을 숨기면 하나님이 나타납니다. 자기 행위를 감추면 하나님의 의와 거룩함이 나타납니다. 자기가 죽을 때 예수님이 살아납니다. 예수님은 "아무든지 나를 따라오려거든 자기를 부인하고 날마다 제 십자가를 지고 나를 따를 것이니라"고 말씀하셨습니다.

마지막으로 금식이란 단순히 먹고 마시는 것을 절제하는 것만을 의미하지 않습니다. 우리 삶 전체의 성결과 거룩함과 절제를 요구합니다. 중독은 어떤 것이든 모두 끊어야 합니다. 알코올 중독, 담배 중독, 도박 중독 등이 문제입니다. 그리스도인이라면 그것이 주님의 뜻이라고 할 때 안 할 수 있는 결단이 있어야 합니다.

금식 병에 걸리지 마십시오. 예수님이 가르쳐 주신 방법대로 금식을 하십시오. 그때 우리는 물질과 욕심으로부터 자유할 것입니다.

10

보물이 있는 곳에
마음이 있다

마태복음 6:19-24

이제까지 예수님은 우리에게 참된 신앙이 어떤 것인가를 실제적으로 구제와 기도와 금식의 예를 들어서 가르쳐 주셨습니다. 참된 신앙이란 어떤 경우에도 사람 앞에서가 아니고 하나님 앞에서 행하는 것이며 사람이 아니라 하나님에게 상급 받는 것을 믿는 것이라고 했습니다. 사실 이러한 신앙을 갖는 것은 쉬운 일이 아닙니다. 왜냐하면 여러 가지 시험과 장애가 따르기 때문입니다. 하나님에 대한 생각보다는 사람의 반응과 기대가 자신을 지배하게 되고, 또 보상이 하나님에게서 온다는 것을 알면서도 사람들이 자기를 인정해 주지 않고 칭찬해 주지 않으면 섭섭하므로 결국 사람을 의식하게 되고, 사람의 칭찬 소리에 귀가 얇아지고, 사람에게 인정받기를 좋아하는 입장으로 변해 가는 것입니다. 겉으로는 안 그런 척하면서 말입니다.

그래서 예수님은 오늘 우리에게 참된 신앙을 갖는 데 방해되는 요소 세 가지를 말씀해 주셨습니다. 그것은 첫째로 물질의 문제요, 둘째로 염려의 문제요, 셋째로 남을 비판하는 문제입니다. 만일 우리가 세상을 사는 동안 이 세 가지 문제에서 해방될 수 있다면 우리는 분명히 자유롭고 겸손한 신앙인이 될 수 있을 것입니다.

우리의 눈을 멀게 하는 돈

그 첫 번째로 우리의 신앙을 좀먹고 있는 물질의 문제를 생각해 보겠습니다. 여기서 예수님은 우리 그리스도인이 물질에 대해 어떤 태도를 취해야 하는지 가르쳐 주고 계십니다.

> 너희를 위하여 보물을 땅에 쌓아 두지 말라 거기는 좀과 동록이 해하며 도둑이 구멍을 뚫고 도둑질하느니라 오직 너희를 위하여 보물을 하늘에 쌓아 두라 거기는 좀이나 동록이 해하지 못하며 도둑이 구멍을 뚫지도 못하고 도둑질도 못하느니라(마 6:19-20).

그러고 나서 마태복음 6장 21절에 "네 보물 있는 그곳에는 네 마음도 있느니라"고 하셨습니다. 그렇습니다. 신앙의 가장 큰 장애물은 물질주의적인 이기심입니다. 우리 주위에 물질의 유혹 때문에, 물질에 눈이 어두워서 패가망신한 사람이 얼마나 많습니까? 또 우리 자신은 얼마나 물질의 시험 때문에 염려하며, 괴로워하며, 고민하고 있습니까?

사도 바울은 젊은 목회자인 디모데에게 다음과 같이 말했습니다.

> 돈을 사랑함이 일만 악의 뿌리가 되나니 이것을 탐내는 자들은 미혹을 받아 믿음에서 떠나 많은 근심으로써 자기를 찔렀도다(딤전 6:10).

누가복음 16장 14절에 보면 "바리새인들은 돈을 좋아하는 자들이라"는 말씀이 있습니다. 잘못된 신앙은 언제나 금전숭배 사상과 연결되어 있는 것을 봅니다. 사람들은 자기 안에 참하나님이 없으면 하나님 대신에 세상에서 능력 있는 것을 그 자리에 세워 놓습니다. 사탄의 종교인 통일교 역시 금전 만능의 이기적인 집단 아닙니까? 그들은 성령의 능력 대신에 돈의 능력으로 학계와 재계와 정계를 정복하려 하고 있습니다.

여호수아서에서는 전리품을 훔친 아간 때문에 아이전투에서 패전한 것을 볼 수 있습니다. 사도행전을 보면 아나니아와 삽비라가 돈의 탐욕 때문에 성령을 속이다가 즉사한 사건이 나옵니다. 디모데후서 4장 10절에 보면 바울이 "데마가 세상을 사랑했기 때문에 자기를 버리고 떠나갔다"고 말하며 슬퍼하는 모습이 나옵니다. 기독교 공동체 속에 있었던 데마는 바울을 따라다니며 전도했던 사람입니다. 그처럼 주님을 사랑했던 그가 세상을 더 사랑한 까닭에 바울 곁을 떠나 버렸던 것입니다. 이 같은 물질의 유혹은 우리를 영적인 것에 눈을 멀게 하고 신앙에서 떠나도록 자극합니다.

돈은 축복도 될 수 있고, 저주도 될 수 있다

그러나 사실 재물이나 돈 자체가 나쁜 것은 아닙니다. 성경 어느 곳을 보아도 재물이나 보화가 나쁘다고 말하거나 정죄한 곳은 없습니다. 문제는 그 물질을 사용하는 사람에게 있습니다. 예수님은 한마디로 "너희를 위하여 보물을 땅에 쌓아 두지 말라"며 그 문제의 정확한 답변을 해 주고 계십니다. 이 말씀 역시 보물을 갖지 말라거나 보물을 갖는 것이 죄라거나, 또 보물에 관심을 갖지 말라는 뜻이 아닙니다. 보물이 땅을 위한 것이냐 하늘을 위한 것이냐 하는 재물관에 대한 문제입니다.

재물은 우리에게 필요합니다. 가난하게 사는 것이 덕은 아닙니다. 가난하게 살면서 게으른 것보다는 부자가 되어서 하나님의 일을 많이 할 수 있다면 얼마나 좋겠습니까? 그러나 무엇을 위해서 돈을 벌고, 무엇을 위해서 돈을 쓰느냐에 대한 분명한 목표와 방향이 우리에게 있어야 합니다. 만약 그렇지 못하다면 그 돈은 저주가 되고 맙니다.

19절의 말씀 가운데 보물의 의미를 좀 더 깊이 해석할 필요가 있습니다. 그것은 단순히 물질이나 돈만을 의미하지 않습니다. 돈을 포함해서 자기가 가장 소중하게 생각하는 모든 것을 의미합니다. 그 보물은 지식일 수 있습니다. 지위나 명예나 자존심일 수도 있습니다. 또 그 보물은 신앙적인 행위나 업적일 수도 있습니다. 즉 자기는 기독교 집안에서 태어나서 전도도 많이 했고, 봉사도 많이 했고, 다른 신앙적인 일도 굉장히 많이 했다고 드러내는 것도 보물일 수 있다는 것입니다.

여기서 예수님은 우리가 무엇을 위해 그 보물을 쓰려고 하느냐에 관심이 있으십니다. 마태복음 19장 16절 이하에 예수님이 한 부자 청년을 만나는 기사가 나옵니다. 그 대화를 보겠습니다.

청년 : 선생님이여, 내가 무슨 선한 일을 하여야 영생을 얻으리이까?

예수님 : 어찌하여 선한 일을 내게 묻느냐. 선한 이는 오직 한 분이시니라. 네가 생명에 들어가려면 계명들을 지키라.

청년 : 어느 계명이오니이까?

예수님 : 살인하지 말라, 간음하지 말라, 도둑질하지 말라, 거짓 증언하지 말라, 네 부모를 공경하라, 네 이웃을 네 자신과 같이 사랑하라 하신 것이니라.

청년 : (신이 나서) 이 모든 것을 내가 지키었사온대 아직도 무엇이 부족하니이까?

예수님 : 네가 온전하고자 할진대 가서 네 소유를 팔아 가난한 자들에게 주라. 그리하면 하늘에서 보화가 네게 있으리라. 그리고 와서 나를 따르라.

그러자 그렇게 의기양양하던 청년의 얼굴이 갑자기 흙빛으로 변하고 말았습니다. 소유를 팔아서 가난한 자들에게 주라고 하시니 당황하기 시작한 것입니다. 성경에는 "그 청년이 재물이 많으므로 이 말씀을 듣고 근심하며 가니라"고 했습니다.

그러나 오늘날 예수 믿는 모든 사람에게 예수님이 그렇게 말씀하시는 것은 아닙니다. 그 당시 청년의 보물은 재물이었기 때문에 그렇게 말씀하신 것입니다. 그 청년은 도덕적으로, 윤리적으로, 신앙적으로 흠잡을 데 없는 완벽한 사람이었으나 보물을 자기를 위하여 땅에 쌓아 두는 데 문제가 있었습니다. 결국 그 보물 때문에 그는 예수를 떠나고 맙니다.

아브라함의 큰 보물은 이삭이었습니다. 어떤 사람은 건강이 우상인 사람도 있습니다. 먹는 것, 집, 사업이 우상인 사람도 있습니다. 사람마다 다 다르지만 그 청년에게는 재물이 많은 것이 우상이었습니다. 그래서 예수님이 그 점을 지적하신 것입니다. 우리에게도 신앙의 걸림돌이 되는 우상이 무엇인가 있을 것입니다. 그것이 결국 우리의 신앙에 큰 장애물이 되어서 우리가 결정적인 헌신과 결단을 하지 못하게 하는 이유가 됩니다. 소돔과 고모라를 하나님이 유황불로 심판하실 때 롯의 아내는 재물에 미련이 있어 뒤돌아보다가 결국 소금기둥이 되고 말았던 것을 기억해 보십시오.

돈 때문에 평생 고생한 사람이 또 한 사람 있는데, 누가복음 19장에 나오는 삭개오입니다. 그는 키도 작고 외모가 볼품없는 사람이었습니다. 돈을 무섭게 추구하는 사람을 보면 깊은 콤플렉스가 있습니다. 삭개오도 자기가 돈을 가져야만 행세할 수 있다는 결론에 다다랐기 때문에 아주 악착같이 돈을 긁어모았습니다. 나라를 팔아먹는 것에 대한 죄책감도 별로 없이 지독하게 세금을 거둬들이고, 부정부패를 대수롭지 않게 생각했습니다. 매국노란 말을 듣고 그보다 더한 소리를 들을지라도 귀를 막고 열심히 돈을 벌었습니다.

그러나 삭개오는 외로웠습니다. 사람은 돈을 많이 가질수록 점점 더 외로워지고 고립되는가 봅니다. 드디어 이 삭개오와 예수님이 만나게 됩니다. 예수님을 만나서 그가 고백한 첫마디는 무엇입니까?

> 주여 보시옵소서 내 소유의 절반을 가난한 자들에게 주겠사오며 만일 누구의 것을 속여 빼앗은 일이 있으면 네 갑절이나 갚겠나이다(눅 19:8).

삭개오의 재물관에 혁명이 일어난 것입니다. 지금까지 재물을 위해 평생을 살아왔던 그가 예수님을 만나고 보니 그 재물은 아무것도 아니었던 것입니다. 자기가 그처럼 재물을 위해 살아야 할 이유가 없다는 것을 깨닫게 되었습니다.

우리도 왜 돈을 벌어야 하는지의 의미를 생각해 보아야 합니다. 의미는 모른 채 돈만 많은 것은 축복이 아니라 저주입니다. 성경은 보물 자체는 결코 악한 것이 아니라고 말하고 있습니다. 항상 모든 것을 포기하고 금욕 생활을 하고 가난하게 살아야 하는 것이 기독교인의 미덕이 아닙니다. 좋은 방법으로 돈을 많이 버십시오. 그러나 우리가 생각해야 할 것은 재물은 재수가 좋아서 얻는 것도 아니고 노력의 대가만으로 얻는 것도 아니라는 사실입니다. 재물을 주신 분이 있습니다. 그러므로 그분의 뜻에 맞게 써야 합니다.

그리스도인은 자기에게 주어진 보물을 하나님의 뜻에 맞게 사용하도록 부름 받은 사람입니다. 재물의 쓰임에 대한 성경적인 뜻은 재물은 하나님을 위해, 우리 가정의 건강과 안녕을 위해, 이웃과 사회를 위해 사용해야 한다는 것입니다.

선한 목표를 가지고 돈을 쓰라

또 예수님은 돈을 많이 벌되 그 번 돈을 어디에 쌓아 둘 것인가를 분명히 하라고 하셨습니다. 그리고 보물을 땅에 쌓아 두어서는 안되는 이유를 두 가지 말씀해 주셨습니다.

첫째는, 좀과 동록이 있기 때문입니다. 이는 세상의 재물은 부패하며 영원하지 않다는 뜻입니다. 여기서 동록이란 무엇이 파먹는다는 뜻이며 녹이 슬어서 부식된 것, 어떤 해충이나 악충을 의미합니다. 그래서 그 당시 좀과 동록이란 말은 의복을 망가뜨리는 좀과 같은 것, 쥐가 창고의 곡식을 먹는 것, 벌레가 땅 밑에 감추어진 음식을 다 파먹어 버린다는 것 등의 의미로 쓰였습니다.

아무리 좋은 물건이면 뭐합니까? 사용도 못 해 보고 썩고 부패해 버린다면 가지고 있다는 것이 무슨 의미가 있습니까? 사실 우리가 아끼다가 버린 물건이나 음식이 얼마나 많습니까? 또 물건을 끼고 어쩔 줄 모르고 살다가 훌쩍 세상을 떠나는 것이 우리 아닙니까? 그때는 우리가 가지고 있던 모든 것이 쓸모없는 폐품으로 던져지고 맙니다. 예수님은 보물을 땅에 쌓아 두면 바로 이런 꼴이 되는 것이라고 말씀해 주십니다.

어디 보물뿐입니까? 우리 인생도 마찬가지입니다. 속에서는 썩어 들어가고, 부패하고, 온갖 잡된 것들에 침식당하는데 겉만 멀쩡하게 장식하고 사는 허수아비들이 얼마나 많습니까? 먹고 노는 헛된 일에 시간을 다 버리고, 빈껍데기만 남아서 죽을 때가 되어 인생의 허무함을 깨닫는 사람이 얼마나 많습니까?

둘째는, 도둑이 구멍을 뚫고 들어와 도둑질하기 때문입니다. 소유는 사람을 행복하게 하기보다는 불행하게 하는 경우가 많습니다. 목표가 분명하지 않을 때 물질과 보화는 그 자체가 우상이 될 가능성이 있습니다. 즉 돈만 있으면 못할 것이 없고, 권력만 있으면 하늘을 나는 새도 떨어뜨릴 수 있다고 착각하는 것입니다.

또 돈이 있으면 도둑과 강도를 불러들이는 계기가 됩니다. 도둑을 맞아 본 분들도 계시지요? 어떻습니까? 처음에는 섬뜩하고 분합니다. '어떻게 모은 돈인데'라고 생각하면 기가 막힙니다. 그러다가 두 번째로는 '차라리 그 돈가지고 좋은 일이나 할걸' 하며 후회하게 됩니다. '고아원이나 양로원에 갖다 주든지 선교 헌금이나 교회건축 헌금을 했더라면' 하며 별별 생각을 다 합니다. 그러다가 세 번째로는 감사하기 시작합니다. 다치거나 죽지 않은 것만도 감사라고 여기다 보면 '내가 그렇게 생명처럼 생각하던 물질이 사실은 아무것도 아니구나' 하고 생각하게 됩니다. 어떻게 보면 잃은 것보다 얻은 것이 더 많은 것 같기도 합니다.

또 우리가 만약 지금 죽는다면 그 재물은 누구의 것이 되겠습니까? 결코 우리의 뜻대로 쓰이지 않을 것입니다. 일가친척은 유산을 갖겠다고 아우성이요, 자녀 교육 잘못 시켜 놓으면 그 유산 때문에 도리어 화가 됩니다. 그러면 예수님은 우리에게 이 재물을 어떻게 사용하라고 하셨습니까?

> 오직 너희를 위하여 보물을 하늘에 쌓아 두라 거기는 좀이나 동록이 해하지 못하며 도둑이 구멍을 뚫지도 못하고 도둑질도 못하느니라(마 6:20).

이 말씀은 보물을 갖지 마라, 포기하라는 뜻이 아닙니다. 보물을 좀이나 동록이 해하지 못하고 도둑이 들어올 수 없는 곳에 쌓아 두라고 하신 것입니다. 이 말에는 두 가지 의미가 있는데 첫째는, 이 세상의 재물에 너무 집착하지 말라는 뜻이고 둘째는, 재물을 쓰되 하나님이 기억하실 만한 일에 쓰라는 뜻입니다. 나중에 돈 많이 벌어서 하나님 위해 써야겠다는 생각은 마십시오. 돈을 많이 번 다음에는 돈을 못 씁니다. 없을 때부터 해야 있을 때도 할 수 있게 됩니다. 나중에 못 하는 또 하나의 이유는 내일 우리가 죽을지도 모르기 때문입니다. 그러므로 지금이 바로 해야 할 때입니다. 돈으로 돕든지 시간으로 돕든지 능력 있는 한 최선을 다해 하늘에 쌓으십시오.

> 만일 누구든지 금이나 은이나 보석이나 나무나 풀이나 짚으로 이 터 위에 세우면 각 사람의 공적이 나타날 터인데 그날이 공적을 밝히리니 이는 불로 나타내고 그 불이 각 사람의 공적이 어떠한 것을 시험할 것임이라 만일 누구든지 그 위에 세운 공적이 그대로 있으면 상을 받고 누구든지 그 공적이 불타면 해를 받으리니 그러나 자신은 구원을 받되 불 가운데서 받은 것 같으리라(고전 3:12-15).

세상의 모든 것은 네로에 의해 로마가 불타듯이, 소돔과 고모라가 유황불에 타 버리듯이 모두 불타 버릴 것입니다. 무엇만이 남겠습니까? 하나님이 기억하시는 것, 영원한 것만이 남을 것입니다. 거기에 진정한 보물의 가치가 있습니다. 더 이상 세상의 보화에 집착하지 마십시오. 곧 썩게 되어 있고 도둑에게 빼앗기게 되어 있습니다.

마태복음 6장 24절에 나오는 '재물'(mommon)이란 뜻은 원래 '위탁한다', '어떤 사람의 감독하에 둔다'라는 수동적인 의미가 있었는데 그것이 돈의 속성상 능동적으로 변해서 '의지한다'는 뜻으로 바뀌었다고 합니다. 그래서 사람들은 돈을 의지하게 되는 것입니다.

우리 생애에 재물과 보화가 어느 위치에 있습니까? 혹시 지금 그것이 하나님을 가리고 있지는 않습니까? 지식, 명예, 사업, 집, 자동차, 통장, 옷, 부동산이나 증권 투자 등 세상의 것들에만 관심이 있는 것은 아닙니까?

하늘에 투자하라

이제 마지막으로 하늘에 투자하는 방법 몇 가지를 공부하겠습니다. 성경에서 특별히 고아와 과부를 불쌍히 여기라고 했습니다. 고아와 과부, 또 이에 준하는 모든 사람을 도우십시오. 가난한 자들, 배고픈 자들, 억눌린 자들, 자기 힘으로 돈을 벌 수 없는 핸디캡을 가진 자들 등 우리 주위에는 도와야 할 대상이 너무나 많습니다.

우리에게 있는 여러분 재물의 일부를 선교사를 위해서 쓰시지 않겠습니까? 풍토병과 현지인의 무지와 절망의 최악의 조건 속에서 고생하시는 선교사님에게 투자하고 싶지 않으십니까? 이것은 하나님이 기억하시는 영원한 투자입니다. 장학금으로도 써 보십시오. 돈이 없어서 공부 못 하는 사람을 위해서 말입니다. 전도를 위해서, 개척 교회를 위해서도 쓰십시오. 하나님이 기뻐하실 것입니다. 우리가 죽어서 하나님 앞에 섰을 때 그 사건들이 거기에 있을 것입니다.

마지막으로 예수님은 "네 보물 있는 그곳에는 네 마음도 있느니라"고 말씀하셨습니다. 이 말씀은 정말 진리입니다. 우리 마음은 보물이 있는 곳에 있음이 확실합니다. 하나님을 위해서 많이 투자하십시오. 거기에 우리의 마음이 있기 때문입니다. 보물이 하늘에 있으면 하늘을 생각할 것이고, 보물이 세상에 있으면 세상만 생각할 것입니다. 우리가 하늘의 삶을 사느냐 땅의 삶을 사느냐는 우리의 보물이 어디에 있느냐에 달려 있습니다.

11

충신은 두 주인을
섬기지 않는다

마태복음 6:19-24

그리스도인의 재물관에 대해 계속해서 말씀을 나누겠습니다. 그리스도인의 재물관을 이해하기 위해서는 예수님이 말씀하신 참된 신앙이 무엇인가를 다시 되새겨 보아야 합니다. 예수님은 사람 앞에서 너희 의를 행하지 않도록 주의하라고 하셨습니다. 또 참보상은 하나님으로부터 받는 것이라고 하셨습니다. 어떤 사람이 참된 신앙인인가 아닌가는 그 사람의 구제하는 모습에서, 기도하는 모습에서, 금식하는 모습에서 알 수 있습니다. 그 신앙이 하나님을 향해 있는지, 자기 자신을 향해 있는지가 판명됩니다.

신앙을 바르게 갖는다는 것은 결코 쉬운 일이 아닙니다. 대중은 쉽게 속일 수 있지만 자기 자신과 하나님은 속일 수 없습니다. 왜냐하면 신앙은 하나님 앞에 서는 것이기 때문입니다. 여기에 신앙의 위기가 있습니다. 예수님은 이 신앙의 위기를 세 가지로 말씀해 주셨습니다.

우리가 참신앙을 가지려고 할 때 첫 번째 장애물은 재물입니다. 재물은 우리의 신앙을 파괴하는 가장 큰 세력입니다.

두 번째는 염려의 문제입니다. 평생 염려하기 위해 세상에 태어난 것 같은 사람이 있습니다. 재물에 대한 염려, 미래에 대한 염려, 안전에 대한 염려가 우리의 신앙을 파괴하고 있습니다.

세 번째는 이것들보다 더 우리를 괴롭히고 우리의 신앙을 파괴하는 것으로 남을 비판하는 태도입니다. 이는 남의 약점과 잘못을 자꾸 들춰내는 신앙적인 자기 의인데 아주 위험한 독소입니다.

돈의 위험성

> 너희를 위하여 보물을 땅에 쌓아 두지 말라 거기는 좀과 동록이 해하며 도둑이 구멍을 뚫고 도둑질하느니라(마 6:19).

많은 사람은 돈을 벌어서 땅에 쌓아 두려고 합니다. 이에 대해 예수님은 경고하셨습니다. 이 땅에는 좀과 동록과 도둑이 있으니 재물을 땅에 쌓아 두지 말고 안전한 곳인 하늘에 쌓아 두라고 하신 것입니다. 하늘에 재물을 쌓아 둔다는 의미는 하나님이 기억하실 수 있는 재물이어야 한다는 뜻입니다. 이것은 우리가 언젠가 죽어서 하나님 나라로 가게 되면 그 나라에서 발견할 수 있는 재물이라는 의미를 내포하고 있습니다. 불에 타고 없어지는 재물은 아무 소용이 없습니다. 하나님의 심판의 불에서도 견딜 수 있는 재물, 그것만이 영원한 것입니다. 예수님은 그것을 위해 관심을 갖고 보물을 하늘에 쌓으라고 말씀해 주셨습니다.

돈? 좋습니다. 재물? 세상을 살아가는 데 꼭 필요합니다. 돈이 없어서 고생하고 고통 받는 사람이 우리 주위에 얼마나 많습니까? 그러나 대부분의 사람은 돈에 대해서 굉장히 이상한 태도를 취합니다. "돈 좋아하십니까?"라고 질문하면 "돈 같은 것, 별로 관심 없습니다. 그저 먹고살면 되지요"라고 대답합니다. 또 돈을 주고받는 것에 대해 상당히 어색해합니다. 그런데 정말 관심이 없으십니까? 우리는 겉으로는 돈에 대해 깨끗한 척하고 초연한 척하지만 마음과 눈은 끊임없이 돈을 따라 움직이는 이중적이고 이율배반적인 태도를 갖고 있습니다.

우리는 돈 그 자체가 나쁜 것이 아니라는 것을 성경을 통해 분명히 알 수 있습니다. 돈이 많은 것이 왜 나쁩니까? 저축, 좋은 것입니다. 문제는 돈에 대한 잘못된 태도입니다. 즉 돈으로 잘못된 일을 하는 데 문제가 있습니다. 어떤 사람은 돈을 필요로 생각하지 않고 목적으로 생각하거나 심지어는 우상으로까지 생각합니다.

어떤 사람이 돈 때문에 굉장히 설움을 많이 받았습니다. 정말 한이 맺히도록 고생을 많이 했던 것입니다. 그래서 이 사람이 '돈을 벌어서 복수하자. 돈을 벌어서 한을 풀자'고 생각했다고 합니다. 그것이 바로 우상입니다. 돈은 복수하기 위해 버는 것도 아니고, 한을 풀기 위해 버는 것도 아닙니다. 또 돈으로 사람에게 장난하는 사람이 있습니다. 겉으로는 안 그런 척하지만 속으로는 사람을 조종합니다. 이와 같이 돈의 속성을 잘못 이해하고 사용했을 때 우리는 돈의 노예가 되고 그 돈이 우리의 신앙을 파괴하게 합니다.

예수님은 돈을 잘못 이해했을 때 생기는 위험이 얼마나 큰 것인가를 구체적인 예를 들어 설명해 주셨습니다.

눈은 몸의 등불이니 그러므로 네 눈이 성하면 온몸이 밝을 것이요 눈이 나쁘면 온몸이 어두울 것이니 그러므로 네게 있는 빛이 어두우면 그 어둠이 얼마나 더하겠느냐(마 6:22-23).

이 말씀은 "네 보물 있는 그곳에는 네 마음도 있느니라"는 21절 말씀과 연결됩니다. 물질의 유혹과 세력이 얼마나 강한 것인가를 보여 주는 말씀입니다. 어디든 돈 생길 만한 기미만 보이면 온갖 돈벌레들이 다 모여 난장판을 이루고 맙니다. 교회도 예외가 아니며 예수 믿는 사람도 예외가 아닐 정도입니다. 이처럼 사람의 마음을 사로잡는 돈의 위험성을 예수님은 눈의 비유를 들어서 설명해 주셨습니다.

돈의 무서운 위력

눈에는 두 가지 눈이 있습니다. 첫째는 좋고 성한 눈이요, 둘째는 나쁘고 상한 눈입니다. 눈이 어떤 역할을 하는가에 대해 22절에서는 '몸의 등불'이라고 했습니다. 만약 눈이 병들지 않았다면 온몸이 밝아질 것입니다. 반대로 눈이 병들었다면 온몸은 어둠에 빠질 것입니다. 그렇습니다. 좋은 눈은 사물을 정직하게 있는 그대로 봅니다. 그것을 가리켜 우리는 맑고 깨끗한 눈, 순수하고 진실한 눈이라고 말합니다. 이런 눈이 있는 사람은 사물에 대해서 오해나 편견이 없습니다.

그런데 멀쩡한 사람이 왜 눈이 어두워집니까? 돈이 오면 그렇습니다. 저와 여러분에게 묻습니다. 우리는 지금 어떤 눈을 가지고 있습니까? 건강한 눈입니까? 병든 눈입니까? 바로 우리의 삶을 보면 알 수 있습니다. 만일 현재 우리의 삶이 온통 뒤죽박죽이며 혼돈과 좌절 속에서 겨우 지탱하고 있다면 우리의 눈은 이미 어두워졌다는 증거입니다. 반대로 우리의 눈이 깨끗하다면 우리의 삶은 질서와 평안 그리고 기쁨이 있을 것입니다. 예수님은 "네 보물 있는 그곳에는 네 마음도 있느니라"고 말씀하시면서 이 비유를 우리에게 들려주셨습니다.

제가 언젠가 시각장애인들과 함께 예배에 참석한 적이 있었습니다. 그때 마침 그 교회에 아내 손을 붙들고 처음으로 교회에 들어오는 한 분이 있었습니다. 그분은 어느 초등학교 교장선생님이셨는데 어느 날 갑자기 실명하게 되었다고 합니다. 갑자기 실명하니 학교를 그만두어야 했고, 또 시각장애 생활이 익숙하지 않으므로 사방에 자꾸 부딪혔습니다. 그때마다 당황하고 일그러지는 그 얼굴, 본인은 얼마나 심각했겠습니까? 어떤 의미에서 인생이 끝난 것 같았을 것입니다.

눈에 고장이 났다는 것은 우리 삶에 엄청난 변화를 가져옵니다. 또 한 예로 우리 중에 눈이 나빠 두꺼운 안경을 사용하는 분도 계시지요? 안경을 벗으면 어떻습니까? 아마 전혀 안 보이거나 혹 보여도 희미하게 보일 것입니다. 이는 우리 눈이 어두우면 우리가 바른 길로 갈 수 없고 바른 결정을 할 수 없다는 것을 이야기해 주고 있습니다.

그런데 예수님은 바로 재물이 우리의 눈을 어둡게 하는 아주 큰 세력이라고 말씀하고 계십니다. 우리가 쓰는 말 가운데 "재물에 눈이 어두웠다"는 말이 바로 이런 의미입니다.

우리의 눈을 어둡게 하는 것들

이제 실제로 우리의 눈을 어둡게 하는 다른 이유들을 생각해 보겠습니다.

첫째는, 편견입니다. 편견은 일방적인 견해요 주관적인 태도입니다. 어떤 의미에서 자기중심적인 독선이라고도 말할 수 있습니다. 편견이 있으면 어떤 사람이 옳은가 그른가는 중요하지 않고 네 편이냐 내 편이냐가 중요합니다. 또 내 편이면 다 옳아야 하고 네 편이면 다 틀려야 합니다. 자기 주장에 따라 진리가 결정됩니다. 이것이 바로 병든 눈입니다. 병든 눈을 가진 사람은 만사를 오해하고, 극단적으로 주장하고, 독선적인 태도를 취합니다.

또한 눈이 아예 멀어 버리면 아무것도 못 봅니다. 그 사람은 자기 생각, 자기 환상, 자기 경험, 자기 세계만이 진리라고 주장하는 사람입니다. 유대인의 경우가 바로 그렇습니다. 그들은 예수님에 대해서 편견이 있었기 때문에 하나님의 아들 예수를 영접하지 못하고 배척해서 결국 십자가에 못 박게 한 것입니다. 우리는 지방색에 대한 편견, 학교에 대한 편견, 제도적인 편견 등 여러 가지 편견이 있습니다. 이러한 편견에서 해방되지 못한다면 우리는 다른 사람에게 피해를 줄 수 있는 사람이 되고 맙니다.

둘째, 질투입니다. 질투는 인간성을 동물로 바꾸는 힘이 있습니다. 질투는 눈을 멀게 하여 사실을 오도하게 합니다. 또 질투의 감정에 사로잡히면 아무것도 보이지 않습니다. 여자가 한을 오래 품으면 오뉴월에도 서리가 내린다는 속담이 있습니다. 이 말은 미움이라는 것, 질투가 그렇게 무섭다는 이야기입니다. 이러한 질투의 감정을 가진 사람 중에 대제사장과 서기관들이 있었습니다. 그들은 예수님의 모든 행위를 한편으로는 옳다고 생각했지만, 다른 한편으로는 자기들의 인기와 관심이 하락하는 것 때문에 예수님에게 무서운 질투를 느꼈습니다. 결국 그 질투가 그들의 눈을 어둡게 하여 예수님을 십자가에 못 박은 것입니다.

셋째, 자만심과 교만입니다. 교만은 사람의 눈을 어둡게 하여 타인을 인정하지 않으려 합니다. 또 자기보다 못한 사람은 쉽게 깔보고 자기보다 높은 사람에게는 쉽게 아부함으로 자기의 자만심을 만족시키려 합니다.

재물과 타협하지 마라

그러나 다른 어떤 이유보다도 재물은 더 본질적으로 인간의 눈을 어둡게 합니다. 하나님은 우리에게 재물을 주셨습니다. 또 아름다운 자연환경과 우주도 주셨습니다. 우리는 이것을 잘 쓰고 관리해야 합니다. 특별히 각 개인에게 주신 물질의 축복을 잘 사용해야 합니다. 평생 물질의 노예가 되어서 한 손에는 재물을, 한 손에는 예수를 들고 왔다 갔다 한다면 결국은 후회하는 인생이 되고 말 것입니다. 한 번도 온 마음과 뜻과 정성을 다해 주님을 섬겨 보지 못한 채 인생이 끝나 버리고 말 것입니다. 예수님은 다음과 같이 결론을 내려 주셨습니다.

> 한 사람이 두 주인을 섬기지 못할 것이니 혹 이를 미워하고 저를 사랑하거나 혹 이를 중히 여기고 저를 경히 여김이라 너희가 하나님과 재물을 겸하여 섬기지 못하느니라(마 6:24).

이 말씀은 하나님과 재물과의 타협은 본질상 불가능하니까 둘 중 하나를 선택하라는 뜻입니다. 그런데 많은 그리스도인의 실수는 하나님과 재물을 함께 섬길 수 있다고 착각하는 것입니다. 마틴 로이드 존스 목사님이 다음과 같은 일화를 말씀해 주셨습니다.

어느 농부가 밖에서 일하다가 아주 기쁜 표정으로 집으로 뛰어 들어 왔습니다. 그리고 아내에게 지금 우리 소가 두 마리의 새끼를 낳았다고 말하며 너무너무 좋아했습니다. 그는 아내에게 한 마리는 하얀 송아지요 다른 하나는 얼룩 송아지인데 두 마리 중 하나는 키워서 주님 사업에 쓰고, 또 한 마리는 키워서 우리를 위해서 쓰자고 제의했습니다. 그래서 아내가 어떤 소를 주님에게 드리고 어떤 소를 우리가 갖느냐고 물었더니 그 농부는 지금은 둘 다 새끼니까 그런 걱정 말고 잘 키우기나 하자고 했습니다.

몇 달이 지난 어느 날 농부가 아주 슬픈 표정으로 아내가 있는 부엌으로 들어와서 "우리 주님의 소가 죽었소"라고 말했습니다. 아내가 "당신은 어느 소가 주님의 소며 어느 소가 우리의 소인지 결정하지도 않았잖아요"라고 반문했더니 그는 내가 주님의 소를 하얀 소로 마음속에 결정했는데 그 흰 소가 죽었다고 대답했다는 것입니다. 우리가 하나님이냐 재물이냐를 먼저 결정하지 않으면 주님의 소는 항상 죽게 되어 있습니다.

마지막으로 재물에 대한 유혹은 주일 예배를 드리지 않고 장사를 한다든지 또 돈에 눈이 어두워 일가 친척 다 버리고 돈벌레처럼 산다든지 하는 그런 단순한 문제만을 의미하는 것이 아닙니다. 우리는 교회에 나와서 주님을 섬기며 헌금도 합니다. 그런데 문제는 교회 안에서도 얼마든지 돈 가지고 장난할 수 있다는 것입니다.

교회의 모든 모임도 돈 가지고 움직일 수 있다고 생각하고, 심지어 돈의 액수로 하나님도 움직일 수 있다고 생각하는 재물에 대한 태도가 문제입니다. 예수님은 이런 점을 아시고 하나님과 재물을 겸하여 섬길 수 없다고 말씀하셨습니다.

좋은 방법으로 돈을 많이 벌어서 원 없이 남을 도와줄 수 있는 축복이 우리에게 있기를 바랍니다. 그러나 재물의 위험성, 그 엄청난 힘, 그것을 경계해야 한다고 주님은 오늘 우리에게 말씀해 주고 계십니다.

12

염려가
믿음의 수준을 말한다

마태복음 6:25-34

예수님은 보물을 땅에 쌓아 두지 말고 하늘에 쌓아 두라고 하셨고 우리에게 물질과 세상을 바로 바라보는 눈이 필요하다고 말씀하셨습니다. 뿐만 아니라 하나님과 재물은 겸하여 섬길 수 없다는 사실을 명확하게 말씀해 주셨습니다. 물질과 함께 우리의 신앙을 좀먹는 것이 있는데 바로 염려입니다. 물질이 외적으로 경계해야 할 대상이라면, 염려는 내적으로 경계해야 할 대상입니다. 염려에 대한 말씀을 함께 생각해 보겠습니다.

아마 누구나 한 가지 이상씩은 염려가 있을 것입니다. 뿐만 아니라 매사를 근심하며 살아가는 것이 우리 생활의 일부분처럼 되어 버렸습니다. 그러나 실제로 보면 염려란 아무것에도 쓸데없는 비생산적인 것입니다. 오늘 본문에 보면 누가 염려함으로 그 키를 한 자라도 더할 수 있느냐고 하시지 않았습니까? 염려, 그것은 믿음과 반대되는 것이며 마귀가 우리의 믿음을 좀먹게 하는 방편으로 사용하는 무기입니다. 그런데도 사람들이 평생 염려의 노예가 되어서 근심과 걱정 속에 파묻혀 살아가고 있는 것은 놀라운 일입니다.

그러므로 내가 너희에게 이르노니 목숨을 위하여 무엇을 먹을까 무엇을 마실까 몸을 위하여 무엇을 입을까 염려하지 말라 목숨이 음식보다 중하지 아니하며 몸이 의복보다 중하지 아니하냐(마 6:25).

먹고 마시고 입는 것의 의미

이 말씀에는 중요한 두 가지 뜻이 있습니다. 첫째는, 먹고 마시고 입는 것이 우리가 세상을 살아가는 데 없어서는 안 될 중요한 것이지만, 그것이 우리의 이상과 목표는 아니라는 점입니다. 사실 먹고 마시고 입는 것을 부인할 사람은 아무도 없습니다. 예수님도 부인하지 않으셨습니다. 예수님은 40일 금식하신 후 사탄에게 '돌을 떡으로 만들라'는 시험을 당하실 때 '사람이 떡으로만 살 것이 아니요 하나님의 입으로부터 나오는 모든 말씀으로 살 것이라'고 대답하셨습니다. 이 말씀은 사람의 육체는 떡이 필요하지만 사람의 영혼은 하나님의 말씀이 필요하다는 뜻입니다. 즉 떡은 필요하지만 그것으로 영을 만족시킬 수는 없다는 뜻이 됩니다.

그런데 우리도 모르는 사이에 먹고 마시고 입는 문제가 굉장히 중요한 문제가 되어 살아가고 있습니다. 머리로는 인정하려고 하지 않으면서도 말입니다. 그래서 먹기 위해 사느냐, 또 입는 것이 인생의 목표냐 물으면 절대 그렇지 않다고 대답합니다. 그러나 실제로는 그것이 관심의 전부입니다. 어떤 집에서 살고 무슨 상표의 옷을 입고 있느냐에 따라 자기의 신분과 위치가 결정된다고 생각하여 본의 아니게 자꾸 그것을 추구해 나가고 있습니다. 한 걸음 더 나아가 좀 더 높은 지위, 더 많은 소유를 위해 아귀다툼까지 하고 있습니다. 그래서 끊임없이 일류 식당과 상표 있는 옷을 찾아다니며 남보다 더 고급 주택과 고급 차를 소유하려고 합니다. 그리고 자기 자신에게는 "그것만이 네가 추구해야 할 인생의 참된 가치다"라고 계속 설득하고 있는 것입니다.

그런데 이런 단계에 이르면 반드시 따르는 결과가 하나 있습니다. 염려입니다. 물질을 추구하면 걱정이 쌓일 수밖에 없습니다. 세상을 가까이 하면 하나님은 멀어지게 되어 있습니다. 이렇게 되면 우리의 신앙은 한마디로 완전히 불신앙의 상태로 빠지는 것입니다. 그래서 방황하게 되고 하나님을 신뢰하지 않게 됩니다. 이제는 자기 힘으로 벌어서 먹는다고 생각하기 때문입니다.

이전에는 교회에 안 나가면 벌 받을 것이라고 생각했는데 돈 버느라 교회에 못 나갔지만 벌도 안 받고 장사도 잘됩니다. 그래서 교회는 가끔 액세서리로 나가게 되고 하나님도 이해해 주실 것이라며 자기 위로를 하게 됩니다. "하나님, 이 사업 잘해서 돈 벌은 후에 교회에 잘 나가겠습니다. 지금은 사업상 술도 먹어야 하고 골프도 쳐야 하고 할 일이 너무나 많으니까 하나님 섬기는 것은 잠깐 쉬고 돈 많이 번 다음에 헌금하겠습니다"라는 식으로 자기를 변명하며 위장하는 것입니다. 그러다 보면 결과적으로 하나님에 대해 오만불손하게 되고 교만해지게 됩니다. 이제 돈만 가지면 모든 것을 할 수 있다고 느끼며 신앙도 돈만 가지면 될 수 있다는 무서운 유혹에 빠지는 것입니다.

그러나 어느 날 어느 순간에 돌이킬 수 없는, 치명적이고 결정적인 매를 맞게 됩니다. 그때는 울어도 소용없고, 애써도 소용없고, 사람을 찾아다녀도 소용없는 비참한 지경에 이릅니다. 괜찮은 것이 아니었습니다. 진노를 쌓고 있었을 뿐입니다. 그 진노가 어느 순간에 자기에게 임할 것을 예측하지 못한 채 계속해서 세상과 물질과 염려 속에 빠져서 살아가고 있는 것입니다. 그래서 예수님은 우리에게 이렇게 말씀해 주셨습니다.

"목숨이 음식보다 중하지 아니하며 몸이 의복보다 중하지 아니하냐."

불신에서 오는 염려

우리가 생각해야 할 두 번째 주제는 잘못된 염려입니다. 염려하지 말라는 말이 얼마나 중요했는지 예수님은 본문의 여러 곳에서 염려하지 말라고 말씀해 주셨습니다.

목숨을 위하여 무엇을 먹을까 무엇을 마실까 몸을 위하여 무엇을 입을까 염려하지 말라(마 6:25).

누가 염려함으로 그 키를 한 자라도 더할 수 있겠느냐(마 6:27).

어찌 의복을 위하여 염려하느냐(마 6:28).

염려하여 이르기를 무엇을 먹을까 무엇을 마실까 무엇을 입을까 하
지 말라(마 6:31).

그러므로 내일 일을 위하여 염려하지 말라 내일 일은 내일이 염려
할 것이요(마 6:34).

염려란 독과 같습니다. 독이 몸에 퍼질 때는 갑자기 퍼져서 죽는
것이 아닙니다. 서서히 퍼지지만 결국에는 꼼짝 못하게 되는 것입니
다. 또 염려란 끊을 수 없이 계속 빠져 들어가는 마약과도 같습니
다. 그러므로 재물의 유혹에 빠지지 않는 것과 마찬가지로 중요
한 것은 염려의 노예가 되지 않는 것입니다.

잠언 12장 25절에 "근심이 사람의 마음에 있으면 그것으로 번
뇌하게 되나"라고 했습니다. 잠 못 이루는 밤이 있습니까? 쓸데없
는 잡념의 노예가 되어서 엎치락 뒤치락하고 있지는 않습니까? 물
밀듯이 뇌리를 싸고도는 염려를 끊어야 합니다. 마귀를 내쫓듯이
우리 마음속에 있는 근심을 내쫓아야 합니다. 그러나 이것은 자연
히 물러가지 않으므로 성령의 도움으로 그 근원을 잘라 버려야 합
니다.

요한복음 14장 1절에 "너희는 마음에 근심하지 말라 하나님을

믿으니 또 나를 믿으라"고 했습니다. 인간의 죄의 속성 중 하나는 염려입니다. 근심해야 사는데 의미가 있는 것처럼 느끼는 사람이 있습니다. 그 사람은 어둠 속에만 있어서 태양의 즐거움을 맛보지 못한 사람입니다.

> 아무것도 염려하지 말고 다만 모든 일에 기도와 간구로, 너희 구할 것을 감사함으로 하나님께 아뢰라 그리하면 모든 지각에 뛰어난 하나님의 평강이 그리스도 예수 안에서 너희 마음과 생각을 지키시리라(빌 4:6-7).

우리는 어떤 문제 때문에 염려하는 것이 아니라 불신앙 때문에 염려한다는 사실을 알아야 합니다. 죽을병이 들었다든지, 먹을 것이 없다든지, 사회에서 버림을 받았다든지, 감옥에 있다든지 하는 환경적인 요인 때문에 염려하는 것이 아닙니다. 염려의 본질은 하나님이 없다고 하는 불신앙입니다. 하나님이 나와 가까이 계시면, 예수님이 내 안에 계시면 어떤 환경에서도 염려하지 않게 됩니다. 어떤 위기 앞에서도 불안과 공포에 떨지 않게 됩니다. 사도 바울은 날마다 예수 그리스도와 함께 살았기 때문에 감옥에서도 사람들에게 "항상 기뻐하라. 내가 다시 말하노니 기뻐하라"고 말할 수 있었습니다.

또 사도행전 27장에 보면 사도 바울은 로마로 향하는 배를 타고 가다가 유라굴로라는 광풍을 만나게 되었습니다. 그때 많은 사람이 물에 빠져 죽게 되는 상황에 이르렀는데도 그는 너무나 태평했습니다. 그러면서 사람들에게 "형제들이여, 안심하십시오. 나는 여러분이 죽지 않는다는 사실을 압니다. 어젯밤에 하나님의 사자가 내게 오셔서 우리를 구원해 주신다고 말씀하셨으니 안심하십시오"라고 말했습니다. 심한 풍랑을 만나 죽게 된 현실 가운데서도 그는 하나님이 그에게 말씀하신 그대로 되리라고 믿고 염려하지 않았던 것입니다.

그렇습니다. 오늘날 우리에게 안심과 평안이 있느냐는 우리에게 지금 하나님이 계신가 안 계신가로 결정됩니다. 염려는 하나님을 신뢰하지 않고 자기의 지식이나 경험을 의지할 때 생깁니다. 그래서 예수님은 염려하지 말라고 하시면서 "믿음이 작은 자들아"라고 통탄하셨습니다. 이 말씀은 염려하는 사람은 믿음이 작은 자들이라는 것입니다. 즉 믿음이 작은 자는 염려할 수밖에 없다는 것입니다.

우리를 돌보시는 분을 기억하라

또 염려해서는 안 되는 이유를 다음과 같이 설명하고 있습니다.

공중의 새를 보라 심지도 않고 거두지도 않고 창고에 모아들이지도 아니하되 너희 하늘 아버지께서 기르시나니 너희는 이것들보다 귀하지 아니하냐(마 6:26).

이 말씀은 하늘에 나는 수만 마리의 새들 중 한 마리의 새에 대해서까지도 하나님이 먹이시고 간섭하시는데 하물며 인간인 우리를 왜 간섭하시지 않겠느냐는 뜻입니다. 새는 사람처럼 씨를 뿌리고 거름을 주는 등 농사를 짓는 법이 없습니다. 그저 자유롭게 날아다니지만 하나님은 우주 만물에 가득 찬 자연의 풍성함을 통해 그들을 기르고 계십니다. 여기서 예수님은 우리에게 너희는 한 마리의 새보다 더 귀한 존재가 아니냐고 말씀하고 계신 것입니다.

그런데 여기서 한 가지 유의할 것은 새가 날지 않고 가만히 있어도 먹이가 입으로 들어오는 것은 아니라는 점입니다. 새는 스스로 날아다녀야 하고 먹이를 자기가 집어먹어야 합니다. 마찬가지로 하나님은 인간에게 두뇌, 건강, 의욕, 꿈 등 일할 수 있는 여건을 주셔서 먹고살게 하신다는 것입니다. 하나님의 방법은 절대로 불로소득이나 게으른 것을 의미하는 것이 아닙니다.

또 한 가지 비유가 28절에 있습니다.

"또 너희가 어찌 의복을 위하여 염려하느냐 들의 백합화가 어떻게 자라는가 생각하여 보라 수고도 아니하고 길쌈도 아니하느니라."

하나님은 우주 만물을 창조만 하시고 그냥 버려두는 분이 아니십니다. 관리하시고 간섭하십니다. 인간을 창조하신 하나님은 우리를 버리지 않으시고 머리털 하나까지 세시는 섬세한 사랑으로 우리의 일거수일투족을 간섭하십니다. 들에 핀 한 송이의 백합화를 보십시오. 누가 그 백합화 하나를 위하여 거름을 주고 길쌈을 맵니까? 하나님은 아무도 거들떠보지 않는 들꽃 하나를 위해서도 사시사철 때에 따라 색깔을 입히시고 모양을 만드십니다.

부모는 자녀를 낳으면 자녀에 대해 계획을 세웁니다. 마찬가지로 하나님은 우리가 신앙을 갖게 된 때부터 시작해서 예수님의 형상을 닮을 때까지 단계적으로 우리에 대한 계획이 있으십니다. 하나님은 우리의 결혼에도 굉장히 관심이 많으십니다. 또 대학 입시에도 관심이 많으십니다. 부모보다도 오히려 더 관심이 많으신 분입니다. 하나님은 우리 생애에 찬란한 길을 예비해 주셨습니다. 단한 가지 우리가 하나님의 뜻에 순종하기만 한다면 그 길로 우리를 인도하시도록 계획되어 있습니다.

예수님은 이러한 사실을 설명하시면서 아무도 돌보지 않는 들에 핀 한 송이 백합화의 영광을 솔로몬의 영광과 비교하고 계십니다. 솔로몬은 세상의 모든 지혜와 부와 명예와 권세를 가졌던 인물로, 인류 역사상 전무후무한 왕이었습니다. 그러나 그의 모든 영광으로 입은 것이 이 백합화 한 송이보다 못하다는 것이 29절 말씀입니다.

"그러나 내가 너희에게 말하노니 솔로몬의 모든 영광으로도 입은 것이 이 꽃 하나만 같지 못하였느니라."

예수님은 30절에서 결론을 내려 주고 계십니다.

"오늘 있다가 내일 아궁이에 던져지는 들풀도 하나님이 이렇게 입히시거든 하물며 너희일까 보냐."

꽃 한 송이가 솔로몬의 그 큰 영광보다 더 귀한데 너희가 그 꽃보다 못하겠느냐는 뜻입니다. 예수님은 "그런데 어째서 너는 염려하느냐? 하나님이 너의 인생을 비극으로 마치게 하실 것 같으냐?"라고 말씀하시는 것입니다.

우리는 한 송이의 들꽃보다, 한 마리의 새보다, 천사보다도 더 귀한 존재입니다. 우리는 하나님의 자녀입니다. 하나님은 천사도 흠모할 만한 일을 우리에게 주었다고 하셨습니다. 그런데 어찌 하나님이 우리를 돌보지 않으시겠습니까? 돌보시지 않을지도 모른다는 우리의 불신앙이 문제입니다. 하나님이 내 인생을 챙겨 주시지 않을지도 모르니까 내가 내 인생을 챙기자는 것입니다. 이것이 바로 바벨탑의 개념입니다. 하나님이 보호해 주신다는 생각이 없기 때문에 내가 나를 보호하기 위해서는 계속해서 성을 쌓아야 하는 것입니다. 로마서에 우리에 대한 하나님의 관심이 잘 나타나 있습니다.

자기 아들을 아끼지 아니하시고 우리 모든 사람을 위하여 내주신 이가 어찌 그 아들과 함께 모든 것을 우리에게 주시지 아니하겠느냐(롬 8:32).

하나님에게 나아가는 자, 그의 길을 찾는 자에게는 하나님이 반드시 은혜를 베풀어 주십니다. 야고보서 1장 5-6절에 "너희 중에 누구든지 지혜가 부족하거든 모든 사람에게 후히 주시고 꾸짖지 아니하시는 하나님께 구하라 그리하면 주시리라 오직 믿음으로 구하고 조금도 의심하지 말라"고 했습니다.

우리가 안 믿는 것은 아닌데 가끔씩 문제가 안 풀리는 때가 있습니다. 꼬이고 또 꼬이며, 어려운 일이 자꾸 겹칩니다. "하나님이 그렇게 약속해 주셨다면 왜 이렇게 되어야 하는가? 왜 내 인생이 이렇게 비참하게 되었는가? 왜 내 인생이 자살을 향해서 가고 있단 말인가? 왜 내 인생은 염려로 가득 차 있는 것인가?"라는 질문이 생길 수 있습니다. 그러나 성경을 통해서 해답을 분명히 얻기 바랍니다. 하나님이 우리에게 관심이 없어서 우리를 돌보지 않으시는 것이 아닙니다. 이유는 우리가 하나님을 신뢰하지 않기 때문입니다. 사람들은 자기가 하나님을 신뢰하지 않는 것은 생각하지도 않고 하나님이 자기를 도와주시지 않는 것만을 불평합니다. 지금 이 순간부터 신뢰해 보십시오.

믿을 만한 것은 누구나 믿습니다. 믿을 수 없는 것을 믿는 것이 믿음입니다. 응답이 없어 당장 죽을 것만 같아도 믿는 것이 믿음입니다. 이스라엘 백성이 여리고 성을 여섯 번 돌 때까지 아무 변화가 없었습니다. 그것이 믿음의 현실입니다. 그러나 일곱 번째 돌 때 성이 무너졌습니다. 엘리야가 무릎 꿇고 여섯 번 기도할 때까지 하늘은 구름 한 점 없었습니다. 그것이 믿음의 현장입니다. 그러나 마지막 믿음으로 일곱 번째 기도했을 때 저쪽 동편에서 손바닥만 한 구름이 떠오른 것이 믿음입니다. 나아만 장군이 나병에 걸려서 엘리사가 요단 강에 들어가서 일곱 번 목욕하라고 했을 때 여섯 번 까지 들어가도 아무 변화가 없었습니다. 그때 사람들은 불안해하고 염려하고 두려워하기 시작합니다. 그것이 믿음의 현실입니다. 그러나 믿음으로 일곱 번째 들어갔을 때 약속대로 하나님은 응답해 주셨습니다. 믿음이 기적을 일으킵니다.

믿음이 없이는 하나님을 기쁘시게 하지 못하나니 하나님께 나아가는 자는 반드시 그가 계신 것과 또한 그가 자기를 찾는 자들에게 상 주시는 이심을 믿어야 할지니라(히 11:6).

하나님의 약속이 없는 것이 아닙니다. 우리가 믿음이 없고 신뢰하지 않는 것입니다.

문제가 안 풀리는 또 한 가지 이유가 있습니다. 교회도 열심히 나오고, 새벽 기도도 하고, 철야 기도도 하는데 응답이 안 되는 이유는 하나님과 사람 사이의 죄에 대한 견해가 달라서입니다.

여호와의 손이 짧아 구원하지 못하심도 아니요 귀가 둔하여 듣지 못하심도 아니라 오직 너희 죄악이 너희와 너희 하나님 사이를 갈라 놓았고 너희 죄가 그의 얼굴을 가리어서 너희에게서 듣지 않으시게 함이니라(사 59:1-2).

산상수훈의 팔복을 보면 마음이 깨끗한 사람은 하나님을 볼 것이라고 했습니다. 하나님이 안 보이는 것은 우리가 더럽기 때문입니다. 하나님이 안 보인다고 불평하지 말고 깨끗하게 우리의 영혼과 양심을 청소해야 합니다. 그러면 하나님이 느껴지고 보이기 시작할 것입니다.

모든 염려를 주에게 맡기라

예수님의 말씀대로 염려를 포기하지 않겠습니까? 27절에 "너희 중에 누가 염려함으로 그 키를 한 자라도 더할 수 있겠느냐"라고 하셨습니다. 염려해서 키가 자란다면 염려하십시오. 오늘 죽어 가는 사람을 염려해서 일 년을 더 살게 할 수 있다면 염려하십시오. 그러나 염려하면 번뇌만 있을 뿐입니다. 염려를 포기하겠습니까? 아니면 아까워서 그대로 가지고 있겠습니까?

성전 문을 나갈 때 염려를 훌훌 털고 나가기 바랍니다. 내일 일은 내일 염려하십시오. 한 날 괴로움은 그날에 족하다고 하셨습니다. 모든 염려를 주에게 맡기십시오. 수고하고 무거운 짐 진 자들은 다 내게로 오라고 하셨습니다. 무엇을 먹을까, 무엇을 마실까, 무엇을 입을까 염려하지 말라고 예수님이 말씀해 주셨습니다.

13

구할 것을 알고 구하라

마태복음 6:25-34

신앙생활을 바르게 하기 위해서는 이 세상에 대한 염려, 특히 의식주에 대한 염려를 하지 않아야 합니다. 예수님은 25절에서 "그러므로 내가 너희에게 이르노니 목숨을 위하여 무엇을 먹을까 무엇을 마실까 몸을 위하여 무엇을 입을까 염려하지 말라"고 말씀하셨고, 그 후로도 염려하지 말라는 말씀을 여러 차례 강조하셨습니다.

진실로 염려는 신앙생활뿐 아니라 일상생활에도 도무지 도움이 안 되는 것이며 오히려 해를 끼치는 역할을 합니다. 염려한다고 해서 과거가 바뀌거나 미래가 보장되거나 현재가 새로워지지 않습니다. 염려는 실로 백해무익합니다. 그래서 예수님은 우리에게 염려해서는 안 되는 이유를 몇 가지로 말씀해 주셨습니다.

염려해서는 안 되는 이유

첫째, 염려는 그 자체가 불신앙이요 하나님에 대한 신뢰와 반대되는 것입니다. 25절 말씀은 하나님이 우리에게 생명을 주셨을 때는 당연히 먹을 것을 주시지 않겠느냐, 또한 몸을 주셨을 때는 마땅히 입을 것을 주시지 않겠느냐는 논리입니다. 그러므로 염려의 문제는 환경의 문제가 아니라 신뢰의 문제입니다. 그래서 똑같은 환경에 처했을지라도 어떤 사람은 염려하고 어떤 사람은 하나님에게 감사하고 뜻을 찾습니다. 예컨대 불이 났다고 합시다. 한 사람은 "이제 나는 망했다"고 하며 대성통곡할 수 있습니다. 그러나 또 한 사람은 그 화재 속에서도 부인과 자녀들이 머리털 하나 상하지 않게 해 주신 것을 감사하며, 그것을 통해 더 큰 축복을 주실 줄로 믿는다는 것입니다.

둘째, 26절에서 염려해서 안 되는 또 하나의 이유는 하늘을 나는 새 때문입니다. 새는 다가오는 겨울을 염려하여 음식을 쌓아 두지 않고 그날그날 자연이 베풀어 주는 은혜의 양식을 먹고 삽니다. 만일 인간이 자연을 파괴하지 않는다면 동물은 절대로 굶어 죽는 법이 없을 것입니다. 하나님이 세상에 자연과 동물을 주셨을 때는 그 동물들이 다 먹고살 수 있도록 만드셨기 때문입니다.

셋째, 27절 말씀인데 우리의 염려로 한 자의 키도 더 자라게 할 수 없다는 것입니다. 즉 염려는 우리에게 아무 유익이 없다는 뜻입니다. 어떤 사람은 아침에 염려로 눈을 뜨고 저녁에 염려로 눈을 감는 염려 체질의 사람입니다. 또 어떤 사람은 항상 부정적인 체질을 가진 사람입니다. 이건 이래서 안 되고 저건 저래서 안 되고, 매사가 안 된다고 합니다. 이런 사람은 미래를 절망의 닫힌 창으로 보고 있습니다. 그러나 이와는 반대로 믿음의 체질을 가지고 있는 사람이 있습니다. 시작도 하기 전에 된다고 믿는 사람입니다. 어떤 위기가 와도 그 위기가 중요하지 않습니다. 하나님이 자기를 교훈하시고, 회개하게 하시고, 변화시키셔서 더 새로운 길로 인도해 주신다는 약속에 대한 확신을 그대로 믿는 것입니다. 이런 사람은 항상 모든 일에 긍정적이며 미래를 열린 창문으로 보고 있는 것입니다. 우리는 어떤 체질입니까?

넷째, 28-30절 말씀으로 '들에 핀 백합화' 때문입니다. 하나님은 내일 아궁이에 불쏘시개로 들어갈 운명인 들풀도 입히십니다. 솔로몬의 영광과 비교할 수 없는 자연의 아름다움으로 장식해 주시는 것입니다. 조사해 보니까 팔레스타인에 피는 들의 백합화는 하루 동안만 피는 꽃이라고 합니다. 그러므로 이 말씀은 비록 하루살이 꽃에 대해서도 솔로몬이 갖지 못하는 영광을 입히시거늘 하물며 너희일까 보냐라는 예수님의 말씀입니다.

다섯째, 염려해서는 안 되는 이유가 31-32절에 있습니다. 염려는 하나님을 믿지 않는 사람, 즉 이방인의 특징입니다. "그러므로 염려하여 이르기를 무엇을 먹을까 무엇을 마실까 무엇을 입을까 하지 말라 이는 다 이방인들이 구하는 것이라"고 했습니다.

하나님이 없는 사람에게는 궁극적으로 실존적 불안이 있습니다. 죽음 이후에 대한 해답이 없습니다. 죽음에 대한 해답이 없다는 것은 삶에 대한 해답도 없다는 것을 의미합니다. 그 사람에게는 상대적 가치는 있지만 절대적 가치가 없기 때문에 상대적인 모든 문제는 해석과 해답이 있을지라도 절대적인 문제에 대해서는 해답이 없습니다. 그 안에 하나님이 없기 때문에 미래에 대해서도 불안합니다. 그래서 현재 수중에 돈이나 권력이나 배경이 있으면 안심하나 그런 세력이 없어지면 당장 염려하며 불안해하는 것입니다.

상대적 진리에는 인식이나 이성이 상관합니다. 그러나 절대적 진리에는 믿음이 상관합니다. 믿음이 없으면 모든 것이 불안해지기 시작합니다. 다시 말하면 염려란 이방인의 특징이라는 것입니다. 하나님을 신뢰하는 사람은 그가 오늘 죽을지라도, 세상이 오늘 끝날지라도 염려하지 않습니다. 그러면 우리가 염려하지 않고 소망을 가지고 적극적으로 살아가야 할 목적과 이유는 무엇입니까? 예수님은 염려하지 말라고만 말씀하지 않으시고, 염려 대신에 할 것이 있다고 하셨습니다.

> 그런즉 너희는 먼저 그의 나라와 그의 의를 구하라 그리하면 이 모든 것을 너희에게 더하시리라(마 6:33).

염려하지 말고 구하라

염려 대신에 그리스도인이 해야 할 일은 구하는 것입니다. '구하라'는 말은 그리스도인의 참된 삶을 표현해 주는 명령입니다. 이 말씀을 하시고 나서 예수님은 유명한 말씀을 하셨습니다.

> 구하라 그리하면 너희에게 주실 것이요 찾으라 그리하면 찾아낼 것

이요 문을 두드리라 그리하면 너희에게 열릴 것이니(마 7:7).

그렇습니다. 그리스도인은 염려하는 사람이 아니라 적극적으로 현재를 향하여, 미래를 향하여 뛰어가고 문을 두드리는 사람입니다. '구하라', 무엇을 구합니까? 이는 내가 가지고 있지 않은 것을 구하라는 뜻입니다. '찾으라', 무엇을 찾습니까? 이는 내가 가지고 있는 것 중에 잃어버린 것을 찾으라는 뜻입니다. '두드리라', 무엇을 뜻합니까? 이는 "미래를 향하여 도전하라. 어두운 미래를, 절망의 미래를 향하여 문을 열어라. 그러면 열릴 것이다"라는 뜻입니다. 이것이 그리스도인의 삶의 모습이요 태도입니다.

그리스도인은 절대로 소극적이고 패배적이고 절망적인 입장을 가진 사람이 아닙니다. 구하고, 찾고, 두드리는 적극적인 소망을 가지고 미래를 향하여 뛰어가는 사람이 바로 그리스도인입니다. 이렇게 볼 때 "염려하지 말라"는 말이 소극적이라면 "구하라"는 말은 적극적인 뜻이며, 그리스도인의 위대한 야망입니다. 그래서 그리스도인이 있는 곳마다 역사는 바뀌고, 그리스도인이 가는 곳마다 세계는 뒤집어집니다. 왜냐하면 그리스도인은 단순히 죄짓지 않고 착하게만 사는 사람이 아니라 적극적으로 선을 행하고, 미래를 향해 뛰어가고, 하나님의 나라를 닮아 가는 사람이기 때문입니다. 또한 그리스도인은 땅을 향한 인간적인 야망이 아니라, 하늘을 향한 거룩한 야망이 있는 사람입니다.

우리는 선교사들의 야망을 볼 수 있습니다. 미지의 나라에 돈 한 푼 없이 성경책 한 권만 들고, 100년 후에 그 나라를 복음의 나라로 뒤집어 놓겠다고 들어가서 평생을 바칩니다. 복음을 전하다가 자기가 그곳에 뼈를 묻으면 100년 후에는 그 나라의 정치, 경제, 문화, 사회 등에 큰 변화가 있을 것을 믿고 들어가는 것입니다.

100년 전 한국 땅에 들어온 선교사들이 보았을 때 이 나라는 모든 면에서 절망적이고 소망의 구석이라고는 하나도 없는 땅이었을 것입니다. 그런데 그들이 무엇 때문에 그들의 뼈를 이 땅에 묻었겠습니까? 복음만 가지고 들어오면 이 나라는 변할 것이라는 위대한 야망이 있었기 때문입니다. 그런데 그 야망은 실제로 오늘 우리 시대에 열매를 맺고 있지 않습니까? 자기의 생명을 포기하고, 직업을 포기하고, 자녀 교육을 포기하고, 참으로 이 한 꿈을 위해서 자기의 생애를 바쳤을 때 하나님이 이 땅에 축복을 주실 것이라고 그들은 믿었던 것입니다. 이것이 그리스도인의 야망이요 꿈입니다. 그러나 세상 사람은 먹고 마시고 입는 것에 야망이 있습니다. 그것 때문에 고민하고, 염려하고, 인격까지도 팔다가 한평생이 끝나고 맙니다.

그리스도인의 위대한 야망

그러면 그리스도인의 위대한 야망과 꿈은 어떤 것입니까? "먼저 그의 나라와 그의 의를 구하라"는 것입니다. 곧 하나님의 나라와 하나님의 의인데, 이 두 가지를 집중적으로 생각해 보겠습니다.

그리스도인이 구해야 할 최고의 이상, 최고의 야망은 첫째, '하나님의 나라'입니다. 그 하나님의 나라란 한마디로 하나님의 통치와 지배가 이루어지는 곳을 말합니다. 예수 믿으면 가는 나라, 영생의 나라, 구원의 나라입니다. 우리는 주기도문에서 하나님 나라가 이곳에 임하게 해 달라고 기도했습니다. 그것이 곧 우리가 사는 이 땅에 하나님의 통치와 지배가 이루어지도록 해 달라는 기도였습니다. 이것은 가장 완벽하고 이상적인 세계입니다. 또한 하나님의 나라는 선교와 밀접하게 연결되어 있습니다. 즉 하나님의 나라가 임하기 위해 선교하는 것입니다.

하나님의 나라는 먹는 것과 마시는 것이 아니요 오직 성령 안에 있는 의와 평강과 희락이라(롬 14:17).

갈라디아서 5장 19-21절에는 "육체의 일은 분명하니 곧 음행과 더러운 것과 호색과 우상 숭배와 주술과 원수 맺는 것과 분쟁과 시기와 분 냄과 당 짓는 것과 분열함과 이단과 투기와 술 취함과 방탕함과 또 그와 같은 것들이라 전에 너희에게 경계한 것같이 경계하노니 이런 일을 하는 자들은 하나님의 나라를 유업으로 받지 못할 것이요"라고 했습니다. 하나님의 나라는 먹고 마시고 출세하고 집 짓고, 화려하게 세상적으로 사는 것이 아닙니다. 하나님의 나라는 의를 사모하는 것이요, 평화를 사모하는 것이요, 기쁨을 사모하는 것입니다.

예수님은 6장 19절에서 너희의 재물을 땅에 쌓아 두지 말고 하늘에 쌓아 두라고 하셨는데 그 하늘이 바로 하나님의 나라를 의미합니다. 그것이 이루어지도록 살아야 한다는 것입니다. 이를 찬송가처럼 표현하면 "저 높은 곳을 향하여 날마다 나아가는 삶"이요 히브리서처럼 표현하면 천성을 향해 걸어가는 '순례자의 삶'이 되는 것입니다. 또 이것은 조국을 잃어버린 망명객이 객지에서 꿈에도 잊지 못하는 조국의 해방과 통일을 갈망하는 것과도 같습니다. 도산 안창호 선생이 잠을 자도 해방, 길을 걸어가도 해방, 꿈을 꾸어도 해방, 온통 해방으로 인생을 산 것같이 이 세상에 사는 모든 그리스도인은 하나님 나라의 실현으로 가득 차 있어야 합니다.

둘째, '하나님의 의'에 대해서 생각해 보겠습니다. 하나님은 의로우신 분입니다. 그래서 자기의 백성에게 의로운 신앙생활을 요구하십니다. 하나님의 의란 바로 하나님의 통치와 지배가 이루어진 하나님 나라의 기본 정신이요 원리입니다. '나라'란 사람만 모인다고 이루어지는 것이 아니라 나라를 지배하는 법과 원리가 있어야 형성됩니다.

예수님이 산상설교의 여덟 가지 그리스도인의 성품을 말씀하실 때 의에 주리고 목마른 자에 대해 말씀해 주셨습니다. 뿐만 아니라 5장 20절에서 너희 의가 서기관과 바리새인과 같지 못하면 결단코 천국에 들어갈 수 없다고 말씀하셨습니다. 하나님의 나라를 소유한 백성은 한마디로 의롭게 살아야 한다는 것이 예수님의 대답입니다.

많은 사람이 그리스도인의 삶은 사랑이라고 말합니다만 의가 없는 사랑은 감상주의적 사랑일 뿐입니다. 오늘날 우리나라에 그렇게 교회가 많고 그리스도인이 많아도 이 세상에 좋은 영향력을 끼치지 못하는 이유는 구원받았다는 사람들이 의로운 그리스도인의 삶의 본질을 보여 주지 못했기 때문입니다. 하나님의 의에 대한 추구는 기독교 정신의 본질에 해당합니다.

의에서부터 사랑과 용서와 화해가 이루어집니다. 성도의 참된 신앙생활이란 그 삶 속에 하나님의 통치와 지배를 받는 삶이 있고, 동시에 하나님의 공의를 실천하는 삶이 있는 것을 의미합니다.

하나님의 나라와 그의 의를 먼저 구하라는 말씀은 이전에 예수님이 산상설교를 하시면서 그리스도인의 별명을 두 가지로 붙여 주신 "세상의 소금과 빛"이라는 말씀과 꼭 맞아 들어가는 말씀입니다. 즉 '빛'은 그리스도인의 복음 전도의 책임을 뜻하고 '소금'은 그리스도인의 사회적 책임을 뜻합니다. 하나님은 이 두 가지가 잘 조화되기를 바라고 계십니다. 그렇다면 그리스도인의 참된 추구는 무엇이겠습니까? 그리스도인은 한 손에는 하나님의 나라인 복음을, 동시에 다른 손에는 하나님의 의인 사회 정의를 들고 이

시대의 횃불이 되어야 합니다.

그런데 복음과 사회 정의가 조화를 이루기 위해서는 희생이 있어야 합니다. 오늘날 한쪽에서는 사회 정의만을 부르짖고 다른 한쪽에서는 복음만 부르짖기 때문에 양극화 현상이 일어나고 있습니다.

예수님의 말씀은 한 손에는 복음의 횃불을, 다른 한 손에는 정의의 횃불을 들고 나아갈 때 사랑의 열매가 맺어진다는 것입니다. 또한 이것이 하나님의 나라와 하나님의 의라는 말씀 속에 내포되어 있는 깊은 진리이기도 합니다. 그리스도인에게 이러한 참된 야망이 없으면 잘못된 목표로 헛된 삶을 살게 될 것입니다.

요즘 평신도 가운데 한 손에 복음을, 한 손에 사회에 관심을 가지고 깊이 헌신하는 사람들을 보면 큰 도전과 충격을 받습니다. 그들은 직업과 기술을 가지고 헌신적으로 주님을 섬기고 있습니다. 필요하면 직장도 옮기고, 집도 옮기고, 삶 전체를 뒤바꿔서라도 예수님이 말씀하신 빛과 소금이 되려고 애씁니다. 바알에게 무릎 꿇지 않은 7천 명을 하나님이 남겨 두신 것처럼 아직도 이 시대에 진실하게 살려는 젊은이들과 장년들이 있다는 사실 앞에 감동하지 않을 수 없습니다. 이러한 사람들이 있는 한 세상이 아무리 어둡고 혼란스럽다 할지라도 이 땅은 소망이 있습니다. 왜냐하면 하나님의 나라와 그의 의를 추구하는 사람이 있다면 하나님은 반드시 그 나라를 버리시지 않기 때문입니다.

하나님의 로망

예수님은 계속해서 우리에게 다음과 같은 약속을 해 주셨습니다.

> 너희는 먼저 그의 나라와 그의 의를 구하라 그리하면 이 모든 것을
> 너희에게 더하시리라(마 6:33).

이것을 가리켜 우리는 하나님의 로망이라고 말합니다. 하나님은 3년 반 동안 가뭄이 있을 때 까마귀를 통하여 엘리야가 날마다 음식을 먹게 해 주셨습니다. 또한 한 끼니 먹고 난 다음 죽을 수밖에 없는 지극히 가난한 과부를 통해서도 공궤(供饋)받도록 하셨습니다. 하나님은 없는 데서 있게 하시고 안 되는 것을 되게 하시며 불가능을 가능하게 하시는 분입니다. 보리떡 다섯 개와 물고기 두 마리로 오천 명을 먹이고도 열두 바구니를 남게 하시지 않았습니까? 하나님은 의롭게 사는 사람을 결코 굶게 하신 적이 없는 분입니다.

> 나의 하나님이 그리스도 예수 안에서 영광 가운데 그 풍성한 대로
> 너희 모든 쓸 것을 채우시리라(빌 4:19).

불가능하다는 이슬람권에서 40년간 선교하신 한 선교사님에게 어떻게 선교를 하셨고 어떻게 오늘까지 지내셨느냐고 질문하니

그분은 "저에게는 좋은 선교 후원자가 있습니다. 바로 마태복음 6장 33절의 말씀인데 하나님은 한 번도 이 약속을 위반한 일이 없으셨습니다"라고 대답했습니다. 감옥에 있을 때, 사막을 걷고 있을 때, 세상 후원자가 다 끊어졌을 때도 하나님은 이 약속을 지켜 주셨다는 것입니다.

믿음이 있으면 희망이 있다

이렇게 말씀하신 예수님은 마지막으로 귀한 격려와 충고를 해 주셨습니다.

> 그러므로 내일 일을 위하여 염려하지 말라 내일 일은 내일이 염려할 것이요 한 날의 괴로움은 그날로 족하니라(마 6:34).

얼마나 많은 사람이 내일 때문에 염려하며 근심에 사로잡혀 있습니까?

우리의 내일은 사망의 음침한 골짜기로 가득 찬 암흑입니까? 아니면 오색찬란한 무지개로 약속된 희망입니까? 우리에게 내일은 어떤 의미가 있습니까? 믿음이 없으면 내일은 언제나 절망입니다. 그러나 믿음이 있으면 내일은 언제나 희망입니다. 예수님은 어제나 오늘이나 영원토록 동일하신 분입니다.

내일 일을 위하여 염려하지 말라는 예수님의 말씀 속에는 첫째, 내일은 너희 것이 아니라 하나님에게 속한 것이라는 뜻이 있습니다. 둘째, 내일은 하나님의 것이므로 하나님에게 내일을 맡기라는 뜻입니다. 다시 말하면 우리가 내일 일을 염려하면서 오늘 하루를 산다면 내일은 염려가 될 것이요, 만일 내일을 하나님에게 맡기고 오늘을 충성스럽게 산다면 내일은 축복이라는 뜻입니다. 하나님은 오늘을 충실하게 사는 사람에게만 내일의 축복을 약속해 주십니다. 반면에 내일의 염려 때문에 오늘을 슬프고 게으르게 사는 사람에게는 내일을 축복해 주시지 않습니다.

3부

그리스도가 주신 복음

마태복음 7:1-12

구하라, 찾으라, 두드리라는 말씀의 의미는
하나님이 하신 말씀은 반드시 이루어진다는 뜻입니다.
구하는 자는 얻을 것이며, 찾는 자는 찾게 될 것이며,
두드리는 자에게는 열릴 것입니다.
이것이 바로 우리에게 허락하신 구원입니다.

14

비판은
언제나 오답이다

마태복음 7:1-5

6장에서 우리는 참된 신앙생활을 위협하는 장애 요인에 대해서 생각해 보았습니다. 그것은 첫째로 물질에 대한 잘못된 생각이었고, 둘째는 믿음에서 떠난 쓸데없는 염려였습니다. 그리고 세 번째로 오늘 7장에서는 독선적이고 무자비하게 남을 비판하고 정죄하는 문제에 대해서 생각해 보겠습니다.

비판을 받지 아니하려거든 비판하지 말라(마 7:1).

예수님이 이 말씀을 하실 때는 분명히 그 당시 바리새인과 서기관들의 외식적인 신앙생활을 두고 하신 말씀이었습니다. 하나님을 누구보다도 잘 믿는다고 생각했던 그들이 신앙의 이름으로 자기와 같지 못한 사람들을 비판하고, 깔보고, 무시하는 독선적인 태도를 가졌기 때문에 의도적으로 말씀하셨던 것입니다. 그러나 이 말씀은 분별없는 독선적인 비판과 정죄가 정의의 이름으로 행해지는 오늘날에도 적용되는 말씀입니다. 좋은 의미로 시작했던 사회 비판이 이제는 무자비한 비판으로 변했고, 그 도가 지나쳐서 사회의 모든 사람에게 불안을 주는 비판으로 변해 가고 있습니다.

요즘 우리는 아이들이 아버지를 학생이 스승을 교훈하는 시대

속에 살고 있습니다. 이런 때일수록 하나님의 말씀을 귀담아 들어야 합니다.

남보다 의롭다는 착각

그 당시 바리새인과 서기관들은 자기들의 이기적이고 외식적인 신앙의 기준으로 다른 사람을 정죄했습니다. 그들의 판단 기준은 결코 하나님의 말씀이 아니었습니다. 자기들의 가치관과 전통과 유전과 문화적 배경으로 비판의 칼을 휘둘렀던 것입니다. 종교적으로 바리새인의 의를 따라갈 사람이 과연 누가 있겠습니까? 그들은 그런 높은 기준을 인위적으로 만들어 놓고 그 기준에 따라오지 않는 많은 사람을 정죄했던 것입니다.

마태복음 15장 2절에 보면 바리새인들이 예수님에게 "당신의 제자들이 어찌하여 장로들의 전통을 범하나이까"라고 항변합니다. 이 말은 곧 왜 당신은 우리가 지금까지 가르쳐 왔던 것과 다른 것을 가르치느냐는 것입니다. 이에 대해 예수님은 6절에서 "너희의 전통으로 하나님의 말씀을 폐하는도다"라고 말씀하심으로 그들의 잘못된 정죄를 지적하셨습니다.

예수님은 요한복음 7장 24절에서 바리새인을 가리켜 속보다 겉을 더 중요시 여기는 사람이라고 말씀하셨고, 요한복음 8장 15절에서는 그들은 영을 따라 판단하는 사람이 아니라 육체를 따라 판단하는 사람이라고 말씀하셨습니다. 예수님의 의도는 바로 그러한 잘못된 비판, 감정적인 비판, 이기적인 비판, 무자비한 비판을 가장 합리적이고 은혜로운 것처럼 하고 있는 바리새인들의 태도를 지적하려고 하신 것입니다.

이것을 좀 더 깊이 이해하기 위해서는 누가복음 18장 10-14절에 나오는 예수님의 비유를 생각해 볼 필요가 있습니다.

성전에 두 사람이 기도하러 올라갔는데 한 사람은 바리새인이요 한 사람은 세리였습니다. 11절에 보면 바리새인은 성전에 가서 서서 따로 기도했습니다. 이 말은 자기 자신은 너무나 훌륭해서 감히 다른 사람하고 같이 기도할 수 없으므로 따로 서서 기도했다는 것입니다. 또 그는 누구보다도 자기가 종교의 모든 율법과 행동에 있어서 완벽한 사람이라고 생각하여 다음과 같이 하나님 앞에 고백했다는 것입니다.

"하나님이여, 나는 다른 사람들 곧 토색, 불의, 간음하는 자들과 같지 않고 여기에 있는 이 세리와도 같지 않습니다. 나는 일주일에 두 번씩 금식하고 또 날짜를 어기지 않고 십일조를 바치는 사람입니다."

이 얼마나 오만하고 다른 사람을 깔보는 태도입니까?

13절에서는 다른 한 사람의 기도하는 모습을 볼 수 있습니다. 바로 세리의 기도인데 그는 감히 성전 가까이에 가지도 못하고 그냥 먼발치에서 눈을 들지도 못한 채 다만 가슴을 치면서 기도했습니다.

"하나님, 나는 하나님에게 기도할 자격도 없는 부끄러운 사람입니다. 나를 불쌍히 여겨 주시옵소서. 나는 정말 죄인입니다."

14절에서 예수님은 "저 바리새인이 아니고 이 사람이 의롭다 하심을 받고 그의 집으로 내려갔느니라"고 말씀하셨습니다.

누구든 바리새인 같은 비판의 태도로 신앙생활을 할 때 절대로 신앙이 자라지 않습니다. 남을 저주하고 비판하면 그것이 그 사람에게 가기 전에 먼저 자기를 죽이게 되기 때문에 연륜과 경험만 더해 갈 뿐 영은 자라지 않습니다. 이것이 무서운 것입니다.

여기서 신앙이 자라지 않는 이유를 몇 가지 생각해 봅시다. 첫째, 하나님의 말씀에 깊이 빠지지 않으면 신앙이 자랄 수 없습니다. 둘째, 우리가 죄를 지으면 신앙이 자라지 않습니다. 셋째, 남을 비판하고 정죄하면 신앙이 자라지 않습니다. 남을 비판하고 정죄한다는 말은 자신은 의롭다는 뜻입니다. 이런 사람은 자기가 죄인이라거나 잘못했다는 말을 하지 않으며, 대신 다른 사람의 허점이나 실수만을 꼬집고 비판합니다. 또한 자기가 비판을 받지 않으려고 끊임없이 자기를 보호합니다. 그런데 하나님 앞에서 자기가 의롭다고 주장하는 것처럼 위험한 것은 없습니다. 왜냐하면 하나님이 가려져서 그분과의 깊은 교제 속으로 들어갈 수 없기 때문입니다.

그렇다고 비판하지 말라는 말이 불의를 못 본 체하거나 잘못을 덮어 두라는 뜻은 결코 아닙니다. 예수님은 한 번도 죄를 용납하신 적이 없습니다. 그러나 죄인은 용납하셨습니다. 창녀와 세리와 죄인들과 함께 식사하셨고 그들을 비판하지 않으셨습니다. 오히려

위로하고 격려해서 죄에서 떠나도록 도와주셨습니다. 좋은 충고
는 다른 사람을 격려하고 도와주고 살려 주지만 무자비하고 독선
적인 비판은 다른 사람을 죽이고 파괴하는 독침과 같습니다.

> 형제들아 서로 비방하지 말라 형제를 비방하는 자나 형제를 판단하
> 는 자는 곧 율법을 비방하고 율법을 판단하는 것이라 네가 만일 율
> 법을 판단하면 율법의 준행자가 아니요 재판관이로다 입법자와 재
> 판관은 오직 한 분이시니 능히 구원하기도 하시며 멸하기도 하시느
> 니라 너는 누구이기에 이웃을 판단하느냐(약 4:11-12).

비판하면 안 되는 이유

예수님이 비판하지 말라고 하신 말씀에는 몇 가지 뜻이 내포되어
있습니다. 첫 번째는, 1절의 말씀대로 우리가 다른 사람을 비판하
면 우리 자신도 하나님에게서 똑같이 비판을 받게 된다는 것입니
다. 곧 하나님은 완전하시기 때문에 그분의 비판은 완전하고 흠이
없고 공평무사하지만 인간의 비판은 비록 그가 선하고 의로운 사
람이라 할지라도 불완전하고 공평하지 못하다는 뜻입니다. 또한
자기가 비판하는 그 일에 있어서만은 옳을지 몰라도 또 다른 일에
서는 자기도 비판받아야 할 일들이 많을 수 있다는 뜻입니다.

그러므로 우리가 다른 사람을 비판해서 안 되는 이유는 첫째, 인

간은 모두 죄인이기 때문입니다. 우리에게는 오만과 편견이 있고 이기적인 동기와 욕심이 도사리고 있습니다. 그것은 우리가 아무리 숨기려고 해도 숨길 수 없는 사실입니다. 그런데 이런 죄인이 어떻게 죄인을 야단칠 수 있겠습니까? 또한 야단친다고 그 사람이 변합니까? 비판하고 정죄하면 움츠러들고 피할 뿐이지 회개하고 변하는 것이 아닙니다. 모든 아내가 조심해야 할 일은 바가지입니다. 평생 바가지를 긁어 봐야 남편은 안 바뀝니다. 바가지 대신 기도하면 성령이 그 사람의 마음을 감동시켜 주셔서 변합니다. 아무리 옳은 것도 비판하면 기분 나빠서 하지 않는 것이 인간입니다.

둘째, 인간은 불완전한 존재이기 때문입니다. 완전할 수 있다고 생각하는 것은 착각입니다. 우리가 보고 듣고 느끼는 것에 모두 오류가 생길 수 있습니다. 우리는 잘못된 정보를 듣고 잘못된 판단을 할 수 있습니다.

셋째, 인간의 능력에 한계가 있기 때문입니다. 사람은 잘 살아야 백 살입니다. 힘세다고 해 봐야 쌀 한 가마니 듭니다. 병들기도 하고 죽기도 하는 것이 인간인 것입니다. 그 이상 어찌할 수 없습니다.

넷째, 인간은 시간과 공간의 제약을 받는 존재이기 때문입니다. 자라 온 환경과 부모의 영향력, 문화적 배경에 얽매어 있으므로 그로 인하여 사람의 가치 기준과 판단이 달라질 수 있는 것입니다. 뿐만 아니라 개인의 성격과 기질에도 차이가 있습니다.

예를 들면 어떤 사람은 자기와 동향이거나 선후배 간이거나 친하고 사랑하는 사람이라면 잘못이 있어도 잘 봐주고 비판하지 않습니다. 오히려 허물을 감싸 주려고 합니다. 또 누가 그 사람을 욕하면 도리어 변명해 줍니다. 그러나 반대로 자기가 평소에 미워하고 감정이 있는 사람일 경우에는 잘하는 것도 깎아내리고 가능하면 점수를 짜게 줍니다. 비평거리가 생기면 주저하지 않고 그대로 쏘아 버립니다. 평소에 긁고 싶었는데 잘됐다고 생각하며 그냥 긁어 버리는 것입니다. 이것은 잘못된 비판의 태도입니다.

사람들은 겉으로는 옳고 그름을 말하고 정의감을 말하지만 정의감 뒤에는 인간의 죄의 본성이 도사리고 있습니다. 말을 합리적으로 하기 위해서 하나님도 갖다 붙이고, 정의라는 말도 붙이고, 진리라는 말도 붙이지만 어쩔 수 없습니다.

예수님은 이러한 인간의 모습을 너무나 잘 아셨기 때문에 우리에게 비판 대신에 사랑할 것을 명령하셨습니다. "비판하지 말고 격려하라", "미워하지 말고 사랑하라", "정죄하지 말고 용서하라"고 말씀하십니다.

사랑하라고 부름 받은 우리

예수님이 비판하지 말라고 하신 말씀 속에는 하나님은 비판을 싫어하시는 분이라는 뜻도 포함되어 있습니다. 하나님은 인간을 정죄하고 심판하고 지옥에 넣는 것을 좋아하시지 않습니다. 요한복음 3장 16절에 보면 심판이란 개념은 하나님의 사랑에 들어오지 못한 상태를 말합니다. 즉 하나님의 구원의 반열에 들어오지 못한 상태를 지옥이요 심판이라고 말씀하시는 것입니다. 하나님은 죽어 마땅한 죄인이라 할지라도 그를 용서하고 자기의 자녀로 삼고 싶어 하시는 분입니다. 우리는 이 하나님의 심정 때문에 산 것입니다. 만약 하나님이 공의대로만 우리를 다루시고 심판하신다면 아무도 살아남을 사람이 없을 것입니다. 하나님은 자기의 심판을 아들 예수에게 모두 넘겨주셨습니다.

> 아버지께서 아무도 심판하지 아니하시고 심판을 다 아들에게 맡기셨으니(요 5:22).

하나님이 얼마나 심판하기 싫으셨던지 자기 아들 독생자 예수를 희생시켜 죽게까지 하신 것입니다. 그리고 "예수를 믿으라. 그러면 심판받지 않을 것이다. 예수를 믿으면 지옥에 가지 않는다"라고 하시며 끝까지 기회를 주고 계십니다. 이러한 하나님의 마음을 알아야 합니다. 또한 하나님이 우리를 세상에 보내신 것은 사랑하라고 보내신 것입니다. 곧 우리는 사랑하라고 부름을 받았습니다. 남편도, 아내도, 자녀도 비판의 대상이 아니라 사랑의 대상입니다. 어느 누구도 하나님이 되지 마십시오. 하나님처럼 행동하지 마십시오. 우리는 누구를 비판할 자격도 없고 비판할 만한 사람도 못됩니다. 여러 가지 부정과 부패가 우리 눈에 많이 보일 때 더 안타까운 마음으로 가슴을 치며 애통하는 것이 그리스도인입니다. 이것이 산상설교에서 보여 주신 애통하는 자의 복입니다.

심판은 궁극적으로 하나님이 하십니다. 여기서 역사의식이 강한 사람들은 그러면 인간의 책임이 무엇이냐 하는 문제로 갈등하게 될 것입니다. 그러나 이것은 단순한 의미에서 방관의 의미가 아닙니다. 복음을 가진 자는 더 적극적으로 죄와 타협하지 못하고, 불의와 타협하지 못합니다. 동시에 자기가 비판자가 되지도 않습니다.

눈에 보이는 이웃을 사랑하지 못하는 자가 어찌 보이지 않는 하나님을 사랑할 수 있겠습니까? 상대방에게서 보이는 허점은 비판하라고 보이는 것이 아니라 그 허점을 내가 보완하라고 보이는 것입니다. 예를 들어 교회에서 어떤 집이 매우 어려워서 구제할 일이 생겼을 때 사람들은 자기 할 일은 생각하지 않고 부자가 헌금을 조금 한다거나 남을 구제하지 않는 것에 야단합니다. 자기가 하나님이 되는 것입니다. 또 교회에 쓰레기가 쌓인 것을 어떤 사람이 봤습니다. 그는 이것이 누구 소관이냐, 어느 부서 소관이냐고 야단치며 돌아다닙니다. 그러나 그것은 야단을 치라고 하나님이 그 사람에게 보여 주신 것이 아니라 그가 직접 그것을 치우라고 보여 주신 것입니다. 남이 하는 일에 관계할 필요 없이 자기가 할 일을 자기가 하면 됩니다. 하나님은 그렇게 하심으로써 전체적인 미와 질서와 조화를 이끌어 가십니다.

남을 비판하면 그도 나를 비판한다

예수님이 비판하지 말라고 말씀하신 두 번째 이유는, 우리가 남을 비판하면 비판받은 사람이 우리를 똑같이 비판하기 때문입니다.

> 너희가 비판하는 그 비판으로 너희가 비판을 받을 것이요 너희가 헤아리는 그 헤아림으로 너희가 헤아림을 받을 것이니라(마 7:2).

이 말씀은 어떤 사람을 비판할 때 사용했던 비판의 내용과 그 기준을 가지고 그대로 내가 비판을 받게 된다는 뜻입니다. 이 말은 결코 내가 다른 사람보다 낫지 않다는 뜻이며, 내 안에도 그런 비판받을 요소가 있다는 뜻입니다. 그래서 사도 바울은 다음과 같이 말했습니다.

> 그러므로 남을 판단하는 사람아, 누구를 막론하고 네가 핑계하지 못할 것은 남을 판단하는 것으로 네가 너를 정죄함이니 판단하는 네가 같은 일을 행함이니라(롬 2:1).

평소에 거짓말을 기술적으로 잘하는 사람은 다른 사람이 거짓말하려고 하면 제일 빨리 눈치챕니다. 또 평소에 도둑질을 잘하는 사람은 다른 사람이 움직이는 것만 보고도 도둑질할 것인지 아닌지 압니다. 평소에 음란한 생각이 많은 사람은 그걸 나타내면 안 되니까 점잖게 있다가 어느 누군가에게 스캔들이 나면 신이 나서 떠들어 댑니다. 스캔들의 깊은 내용까지 이 사람 저 사람에게 얘기하면서 즐기는 것입니다. 옳은 것을 말한다면서 자기의 음란한 생각을 만족시키는 것입니다. 또 자기 안에 실수와 허점이 많고 죄가 많은 사람일수록 타인을 공격하고 비난하며 자기는 똑똑하고 죄를 안 짓는 척합니다.

그러나 비판받을 일이 없는 사람은 언제나 용서하고 관용하며 상대방의 실수와 허점에 대해 이해합니다. 그는 언제나 사람을 위로하고 격려하고 축복합니다. 우리는 어떤 사람입니까?

예수님은 상한 갈대를 꺾지 않으시고 꺼져 가는 등불을 끄지 아니하는 심정으로 죄인, 세리, 창녀, 버려진 사람들을 만나셨고 그들을 위로하며 치유하셨습니다. 심지어 십자가에서 자기를 죽이는 사람들까지도 정죄하거나 비판하지 않으셨습니다.

자신에 대해 가장 무지한 인간

예수님이 말씀하신, 비판해서는 안 되는 세 번째 이유가 3절 말씀에 있습니다.

"어찌하여 형제의 눈 속에 있는 티는 보고 네 눈 속에 있는 들보는 깨닫지 못하느냐."

여기서 원어를 살펴보면 티란 톱밥의 한 알갱이, 겨 한 조각이라는 뜻이고 들보란 서까래 통나무를 뜻합니다. 그러므로 이 말씀은 내가 형제의 눈에서 발견한 티는 내 안에 있는 통나무와 맞먹는다는 것입니다. 우리는 다른 사람을 열심히 관찰하지만 자기 자신에 대해서는 눈먼 봉사입니다. 인간은 자신에 대해서 가장 무지하되 자기의 죄와 허물에 대해서는 더욱 무지합니다. 영의 거울을 가지고 자신의 내면을 똑똑히 들여다보십시오. 자신이 얼마나 추하고 유치하고 오만하고 거드름을 피우는지, 또 얼마나 교만하고 뻔뻔스럽고 간사한지 아십니까? 시궁창과 같은 더러운 죄와 냄새나는 것들을 더 이상 감추지 말고 드러내어 청소해야 합니다. 자기 자신은 토치카 속에 감추어 두고 다른 사람을 총질하는 자처럼 살아서는 안 됩니다.

나의 잘못을 먼저 보라

예수님은 4절에서 이렇게 말씀하십니다.

"보라 네 눈 속에 들보가 있는데 어찌하여 형제에게 말하기를 나로 네 눈 속에 있는 티를 빼게 하라 하겠느냐."

형제의 눈 속에 있는 티를 간음한 죄라고 한다면 내 눈 속의 들보는 간음한 그것을 불쌍히 여기며 사랑의 눈으로 보지 못하고 정죄하는 것을 의미합니다.

또한 예수님은 5절에서 다음과 같이 결론을 내리십니다.

"외식하는 자여 먼저 네 눈 속에서 들보를 빼어라 그 후에야 밝히 보고 형제의 눈 속에서 티를 빼리라."

살다 보면 실제로 우리 눈에 티가 들어가는 수가 있습니다. 그러면 티가 있는 것도 아프고 고통스럽지만 티를 뽑는 것 또한 고통입니다. 눈을 억지로 뒤집어서 입으로 불거나 깨끗한 솜으로 닦아 내야 합니다. 다른 사람의 죄를 고쳐 준다는 것이 이렇게 힘들고 어렵습니다. 나의 비판으로는 상대방이 절대로 회개하지 않습니다. 감정만 쌓일 뿐입니다. 그래서 성경 말씀대로 그 사람의 티를 생각하지 말고 먼저 나의 들보를 빼내어야 합니다. 들보란 서까래나 통나무 같은 것이므로 쉽게 발견할 수 있고 쉽게 제거할 수 있습니다. 우리 안에 있는 들보를 제거하면, 티가 있어 고생하던 형제가 감격하여 울다가 티가 눈물에 섞여 자연히 빠져 나오게 됩니다. 문제는 '나'입니다. 내가 먼저 반성하면 상대방이 변한다는 것이 오늘 예수님이 말씀하시는 원리입니다.

남에게 잘못된 것이 있더라도 비판하지 말고 오히려 그를 격려하고 도와주십시오. 그 사람이 그런 처지까지 가게 된 것을 안타깝게 생각하고 기도해 주십시오. 그때 그 사람은 변하게 될 것입니다. 우리 안의 들보를 발견한 순간 형제의 티는 결코 허물이 아니요 사랑의 대상임을 발견하게 될 것입니다.

15

보석은 알아볼 때
가치가 있다

마태복음 7:6

우리는 주님으로부터 "비판을 받지 아니하려거든 비판하지 말라 너희가 비판하는 그 비판으로 너희가 비판을 받을 것이요 너희가 헤아리는 그 헤아림으로 너희가 헤아림을 받을 것이니라"는 말씀을 들었습니다. 사람들은 자기의 허물을 보기 전에 다른 사람의 허물을 더 잘 보고, 또 자신의 허물과 죄를 보고 회개하기보다는 다른 사람을 정죄하고 비판하는 데 더 빠르고 익숙합니다. 그래서 예수님은 계속해서 우리에게 "어찌하여 형제의 눈 속에 있는 티는 보고 네 눈 속에 있는 들보는 깨닫지 못하느냐"고 말씀해 주셨습니다.

신앙이란 죄로 가득 찬 자기의 발견이요, 동시에 거룩하시고 영광스러운 하나님의 발견입니다. 곧 자기의 부족과 허물과 죄를 발견하고 하나님 앞에 통회하고 자복하면서 주님의 거룩함에 참여하는 것입니다. 이와 같이 신앙이란 하나님의 거룩함 앞에 날마다 더 가까이 나아가는 것입니다. 그런데 다른 사람을 비판하게 되면 그것이 아무리 옳다고 할지라도 신앙 생활에 위기가 찾아오게 됩니다.

어떤 성직자가 기도하다가 하나님에게 큰 은혜를 입어 병 고치는 은사를 받게 되었습니다. 처음에 그는 병든 자들을 위해 기도하는 중에 일어나는 놀라운 기적을 보고 "이 일은 온전히 하나님이 이루셨다"고 말했습니다. 그러나 그 후에도 계속 일어나는 기적을 보고 구름 떼처럼 몰려오는 병자들을 안수하며 기도하다 보니 그는 '하나님도 하셨지만 나도 했다'는 생각을 하게 되었습니다. 여기에서 시간이 더욱 지나면 그는 "나 없으면 하나님도 일 못하신다"라고 말을 바꾸게 되는 것입니다.

이것이 인간입니다. 처음엔 아무리 좋은 동기로 남을 비판하고 권면했더라도 그것이 반복되면 어느 새 자신이 심판자가 됩니다. 자기도 모르는 사이에 자기의 모든 사고방식과 행동 양식이 남을 지배하고 판단해서 항상 자기가 결론을 내려야만 되는 사람으로 변하고 맙니다. 본인도 알지 못하는 사이에 교만으로 빠지게 되는데 이것이 비판의 위기입니다. 그러므로 그리스도인은 사람을 비판이 아니라 용서로, 정죄가 아니라 은혜로, 미움이 아니라 사랑으로 감싸 주어야 합니다.

그런데 문제가 있습니다. 그렇다면 그리스도인은 무조건 비판하지 않고 침묵만 해야 하느냐는 것입니다. 이 문제에 관해 어떤 성도님이 제게 도움의 말씀을 주셨습니다. 학문이란 기정사실을 부정하고 비판함으로써 새로운 학설이 생기고 발전이 생기기 마련인데, 예수님이 다른 사람을 비판하지 말라는 말씀을 잘못 적용할 때 혼동이 오지 않겠느냐는 것이었습니다. 이러한 질문에 대해 예수님은 6절에서 그 해답을 주셨습니다. 1-5절까지의 말씀과 6절의 말씀은 서로 반대되는 것 같은 느낌을 주지만 그것은 반대가 아니라 조화를 이루는 말씀입니다.

"거룩한 것을 개에게 주지 말며 너희 진주를 돼지 앞에 던지지 말라 그들이 그것을 발로 밟고 돌이켜 너희를 찢어 상하게 할까 염려하라."

영적인 분별력

그러면 예수님이 거룩한 것과 진주를 개나 돼지에게 주지 말라고 하신 말씀은 무엇을 뜻합니까? 그것은 첫째로, 영적인 분별력을 가지라는 뜻입니다. 예수님은 누가복음 13장 32절에서 헤롯을 가리켜 '여우'라고 표현하신 적이 있습니다. 또 외식하는 서기관과 바리새인들을 가리켜 '회칠한 무덤', '독사의 자식들'이란 표현을 쓰셨습니다. 오늘은 '개와 돼지'로 표현하셨는데 그것은 분명히 어떤 부류의 사람을 의식하고 하신 표현일 것입니다.

그러면 누가 개며 돼지입니까? 우선 이 말 자체를 살펴보면, 사람이지만 동물의 본성을 가지고 동물처럼 행동하는 사람을 개와 돼지라고 말합니다. 뿐만 아니라 더러운 습관이 있는 사람들을 말합니다. 여기서 말하는 개란 예쁜 애완용 개가 아니라 쓰레기 더미를 뒤지는 주인 없는 개를 말합니다. 특별히 돼지는 유대인에게는 부정한 동물에 속합니다.

베드로후서 2장 12절에 보면 불의한 자를 가리켜 "본래 잡혀 죽기 위하여 난 이성 없는 짐승 같다"고 표현했고, 22절에서는 불의한 자에 대하여 "개가 그 토하였던 것에 돌아가고 돼지가 씻었다가 더러운 구덩이에 도로 누웠다 하는 말이 그들에게 응하였도다"라고 했습니다. 먹은 것을 토하고 토한 것을 다시 먹는 것이 개며, 자신이 씻었던 물에 다시 들어가서 시궁창처럼 만드는 것이 돼지입니다. 분명히 사람의 모습이 있으나 인간성이 개나 돼지와 같은 사람이 있다는 것입니다. 이런 사람들이 몰래 위장하여 들어와서 신앙인인 것처럼 행세하는 모습을 말하는 것입니다.

그리스도인은 물론 모든 사람을 다 사랑하고 도와주고 이해해야 합니다. 그러나 개나 돼지 같은 사람에 대해서는 영적으로 분별하는 힘이 있어야 합니다. 우리는 참으로 영적으로 어둡고 혼란스런 세상에 살고 있습니다. 영적 분별력이 없으면 우리도 모르는 사이에 불의한 자들에게 말려들어 가서 나중에는 구원까지 다 잃게 됩니다. 진리와 거짓을 구분할 줄 알고 참된 선지자와 거짓 선지자를 구분할 줄 알아야 합니다. 바울 서신 곳곳에서 "이런 종류의 사람들을 경계하라. 이들은 위험한 사람들이다"라고 말하고 있습니다. 기록된 말씀을 보십시오.

너희는 이 세대를 본받지 말고 오직 마음을 새롭게 함으로 변화를 받아 하나님의 선하시고 기뻐하시고 온전하신 뜻이 무엇인지 분별하도록 하라(롬 12:2).

이는 가만히 들어온 사람 몇이 있음이라 그들은 옛적부터 이 판결을 받기로 미리 기록된 자니 경건하지 아니하여 우리 하나님의 은혜를 도리어 방탕한 것으로 바꾸고 홀로 하나이신 주재 곧 우리 주 예수 그리스도를 부인하는 자니라(유 1:4).

불의한 자가 하나님의 나라를 유업으로 받지 못할 줄을 알지 못하느냐 미혹을 받지 말라 음행하는 자나 우상 숭배하는 자나 간음하는 자나 탐색하는 자나 남색하는 자나 도적이나 탐욕을 부리는 자나 술 취하는 자나 모욕하는 자나 속여 빼앗는 자들은 하나님의 나라를 유업으로 받지 못하리라(고전 6:9-10).

육체의 일은 분명하니 곧 음행과 더러운 것과 호색과 우상 숭배와 주술과 원수 맺는 것과 분쟁과 시기와 분 냄과 당 짓는 것과 분열함과 이단과 투기와 술 취함과 방탕함과 또 그와 같은 것들이라 전에 너희에게 경계한 것같이 경계하노니 이런 일을 하는 자들은 하나님의 나라를 유업으로 받지 못할 것이요(갈 5:19-21).

만물의 마지막이 가까운 이 때에 천사의 모습을 가장한 사탄의 무기들을 조심하라고 계속해서 경계하고 있는 것입니다. 신앙에 욕심이 많은 사람은 꼭 시험에 들게 되어 있습니다. 무엇이든지 지나치면 위기에 빠지게 됩니다. 참된 성도는 진리를 사랑하고 거짓을 용납하지 않아야 하며, 남을 비판하지 않지만 동시에 불의에 대해서 눈감아서는 안 됩니다.

공의에 기초한 사랑

거룩한 것을 개에게 주지 말고 진주를 돼지에게 던지지 말라는 말씀의 두 번째 뜻은 그리스도인은 값싼 감상주의자가 아니라는 것입니다. 아무 뜻 없는 순종이 아니요 분별력 없는 사랑이 아닙니다. 비판하지 말라고 해서 불의를 못 본 체하고 부정에 대해서 침묵하라는 뜻이 아닙니다. 무엇이든지 극단은 위험하고 본질에서 벗어나게 됩니다. 지나친 정의감에 사로잡혀서 남을 비판하고 정죄하는 것도 잘못이지만 무분별하게 사랑하는 것도 잘못입니다. 정의에 기초되지 않은 사랑, 그것은 사랑이 아닙니다. 좌충우돌하면서 행하는 것이 좋은 것은 아니라는 뜻입니다. 자를 것은 자르고 이을 것은 이어야 합니다. 공의에 기초하지 않은 사랑은 결코 사랑일 수가 없고 그것은 값싼 감상주의에 불과합니다.

　예수님의 사랑이 하나님의 참된 사랑이 되기 위해서 어떤 일이 일어났습니까? 십자가 사건이 있었습니다. 십자가가 없으면 그 사랑은 공허합니다. 다시 말하면 진정한 사랑과 용서에는 피눈물 나는 공의의 대가가 전제되는 것이고, 그것은 사랑하는 사람이 가져야 하는 대가입니다. 예수님은 창녀와 세리, 병든 자들과 귀신 들린 자들에게는 기적을 베풀어 주시고 구원을 선포하셨지만 서기관과 바리새인들, 대제사장들과 헤롯, 빌라도에게는 무척 냉정하셨고 그들에게 이용당하지 않으셨습니다. 때로는 그들을 꾸짖고 때로는 침묵하셨습니다. 예수님은 결코 개와 돼지 같은 그들에게 폭력이나 폭언 등 비인격적인 행위를 하지 않으셨습니다. 단지 거룩한 것과 진주를 그들에게 던지지 않으셨을 뿐입니다.

이 문제에 대해서 예수님은 마태복음 13장 24절 이하에서 흥미 있는 비유 하나를 들어 주셨습니다. 바로 가라지의 비유입니다. 어떤 주인이 자기 밭에 좋은 씨를 뿌렸습니다. 그런데 어느 날 그 집의 종들이 보니 곡식 가운데 자기들이 심지 않은 가라지가 자라고 있었습니다. 더구나 그 가라지는 곡식 곁에서 곡식이 먹어야 할 자양분을 다 빼앗아 먹고 곡식보다 더 왕성하게 자라고 있었던 것입니다. 그래서 종이 주인에게 찾아갑니다.

종: 주여, 밭에 좋은 씨를 심지 아니하였나이까. 그런데 가라지가 어디서 생겼나이까?

주인: 원수가 이렇게 하였구나.

종: 그러면 우리가 가서 이것을 뽑기를 원하시나이까?

주인: 가만두라. 가라지를 뽑다가 곡식까지 뽑을까 염려하노라. 둘

다 추수 때까지 함께 자라게 두라. 추수 때 내가 추수꾼에게 말하기를, 가라지는 먼저 거두어 불사르게 단으로 묶고 곡식은 모아 내 곳간에 넣으라 하리라.

예수님은 당장 가라지를 뽑지 않으셨습니다. 그러나 가라지를 구분하고 경계하고 계셨던 것입니다. 우리가 불의한 세력을 다 물리칠 수는 없습니다. 예수님도 이 땅에서 불의한 자들과 함께 지내셔야만 했고 결국 그들의 손에 죽임을 당하고 마셨습니다. 만약에 투쟁하셨다면 십자가에서 죽으실 필요가 없었을 것입니다.

그리스도인은 폭력이나 무력을 사용해서는 안 됩니다. 어떤 집단적인 힘을 이용해서도 안 됩니다. 왜냐하면 기독교는 물리적인 힘을 과시하는 집단이 아니기 때문입니다. 상대방이 우리에게 폭력을 썼다고 해서 그들과 똑같은 방법으로 투쟁하여 그들을 쫓아낼 수는 없습니다. 그것은 비기독교적인 발상입니다.

가라지가 곡식과 함께 자란다는 것은 현실입니다. 그러나 예수님은 가라지를 뽑다가 곡식까지 뽑힐까 염려하십니다. 그것은 우리 그리스도인에게도 똑같은 허물이 있다는 것입니다. 하나님의 공의의 심판에서 보면 가라지도 죽어야 하고 곡식도 죽어야 할지 모릅니다. 악한 무리 속에서 그들과 함께 살아야 하는 것이 우리 삶의 현주소입니다. 우리의 어떤 힘으로도 그 세력을 다 제거하지 못합니다. 그러면 어떻게 하면 됩니까? 경계하고 구분해야 합니다. 그들에게 물들어서는 안 됩니다. 그들에게 농락당해서도 안 됩니다. 이용당하거나 끌려다녀서도 안 됩니다. 이것이 오늘 메시지의 중심입니다.

그러나 여기에 그리스도인의 위기가 있고 어려움이 있습니다. 이렇게 살려는 사람에게는 필연코 고난이 따라옵니다. 모세를 보십시오. 모세는 자기 주위에 수많은 세력이 있었지만 그 세력에 기대지 않고 홀로 바로에게 대항했습니다. 이것이 기독교입니다. 엘리야도 홀로 싸웠습니다. 그는 하나님을 의지했습니다. 기독교는 미움의 힘이 아니라 사랑의 힘을 의지해야 하고, 비판의 힘이 아니라 용서의 힘, 정죄의 힘이 아니라 은혜의 힘을 의지해야 합니다.

복음을 받아들이지 않는 사람들

이제 마지막으로 거룩한 것과 진주는 무엇을 뜻하는지 살펴보겠습니다. 거룩한 것은 첫째, 본질적으로 인간에게는 거룩함이 없다는 사실에서부터 출발해야 합니다. 사람은 죄와 허물로 죽은 존재입니다. 인간에게는 본래 의가 없습니다. 거룩함도 없습니다. 거룩하신 분은 하나님 한 분뿐입니다. 그러므로 거룩한 것은 하나님에게 속한 모든 것을 의미하며 하나님에게 속한 진리를 의미합니다. 어떤 사람은 이것을 성만찬이라고 설명하지만 그것은 너무나 단순한 뜻입니다. 그보다는 하나님의 거룩한 진리에서 비롯된 모든 것이라고 하는 게 더 적합합니다.

진주란 말을 이해하기 위해서는 마태복음 13장 45-46절 말씀을 상고해 보는 것이 좋습니다.

"또 천국은 마치 좋은 진주를 구하는 장사와 같으니 극히 값진 진주 하나를 발견하매 가서 자기의 소유를 다 팔아 그 진주를 사느니라."

바로 여기서 말하는 진주란 천국의 열쇠인 복음을 의미합니다. 우리는 하나님으로부터 거룩한 진리와 복음의 진주를 받은 사람입니다. 이것들을 필요한 사람에게 전하는 것이 우리의 사명이고 주님의 지상 명령입니다.

마태복음 28장 19절에 보면 "너희는 가서 모든 민족을 제자로 삼아 아버지와 아들과 성령의 이름으로 세례를 베풀고"라고 말씀하셨습니다. 그러면서도 개와 돼지 같은 사람에게는 주지 말라고 말씀하십니다. 여기에 우리의 갈등이 있는데, 이 말의 깊은 뜻을 다른 성경을 인용해 가면서 찾아봐야 합니다. 먼저 이것을 이해하기 위해서 마태복음 10장 14절에서 예수님이 사람들을 전도하면서 하신 말씀을 생각해 보겠습니다.

"누구든지 너희를 영접하지도 아니하고 너희 말을 듣지도 아니하거든 그 집이나 성에서 나가 너희 발의 먼지를 떨어 버리라."

이 말씀은 평소에 예수님이 하시던 말씀과는 조금 다릅니다. 곧 복음이란 받아들이는 자에게는 기쁜 소식이지만 거절하는 자에게는 저주라는 뜻입니다.

> 믿고 세례를 받는 사람은 구원을 얻을 것이요 믿지 않는 사람은 정
> 죄를 받으리라(막 16:16).

어떤 사람은 전도하면 "예, 예수 믿는 것 좋지요. 안 믿는 것보다 낫지요"라고 합니다. 이 사람의 마음속에는 안 믿어도 괜찮지만 믿으면 좋다는 생각입니다. 그러나 성경은 이 생각에 동의하지 않습니다. 믿으면 구원받지만 믿지 않으면 심판이 있다고 했습니다.

> 한번 죽는 것은 사람에게 정해진 것이요 그 후에는 심판이 있으리
> 니(히 9:27).

사람이 한 번 죽으면 그것으로 끝나는 것이 아닙니다. 땅에 묻힘으로써 인생이 끝나는 것이 아닙니다. 그때부터 영원히 시작되는 심판이 있습니다. 여기에 그 심각성이 있습니다. 온 천하를 다니면서 생명을 걸고 만민에게 복음을 전파하는 이유가 여기에 있습니다. 선교사들은 외로운 삶을 삽니다. 기억해 주는 사람도 적습니다. 그러나 그분들은 찬란한 미래의 계획을 다 포기하고 아무도 알아주지 않는 오지에 가서 일합니다. 왜 합니까? '예수 믿지 않으면 지옥에 간다'는 생각이 그들의 가슴에 불처럼 와 닿기 때문입니다.

그런데 세상에는 아무리 전도해도 되지 않는 사람이 있습니다. 양심에 화인 맞은 사람입니다. 이들을 구분해야 합니다. 강퍅해서 아직 받아들이지 못하는 사람도 있고 개와 돼지같이 정말 그런 사람도 있습니다. 그래서 예수님은 빌라도와 헤롯에게 전도하지 않으셨습니다. 이러한 태도를 사도 바울에게서도 볼 수 있습니다. 사도행전 13장에 보면 바울과 바나바가 전도하는데 유대인들이 시기합니다. 그때 바울은 이런 말을 합니다.

하나님의 말씀을 마땅히 먼저 너희에게 전할 것이로되 너희가 그것을 버리고 영생을 얻기에 합당하지 않은 자로 자처하기로 우리가 이방인에게로 향하노라(행 13:46).

복음을 값싸게 팔거나 타협하지 않고 발의 티끌을 털어 버리고 떠나는 것입니다.

복음이 농락되지 않도록 경계하라

우리가 복음을 전할 때는 겸손하게 순교하는 마음으로 전해야 합니다. 복음은 값진 것이기 때문에 생명을 걸고 주려는 것이지 타협할 대상이 아닙니다. 무분별하게 개나 돼지의 조롱거리로 삼게 해서는 안 된다는 말입니다.

그런데 우리가 한 가지 더 생각해야 할 것은 전도 한두 번 해 보고 안 되니까 "저건 돼지다"라고 속단해서는 안 된다는 것입니다. 1년 기도해 보고 안 된다고 "저건 개다"라고 해서는 안 됩니다. 조지 밀러가 전도를 위해 평생을 기도한 두 사람이 있었는데 한 사람은 밀러가 죽기 한 달 전에 예수를 믿었고, 또 한 사람은 밀러가 죽고 나서 한 달 후에 믿게 되었습니다. 또 존 스튜어트 목사님은 평생 많은 사람을 만났는데 이 말씀에 적용된 사람이 한두 사람 있었다고 했습니다.

우리는 생명을 바쳐 이 귀한 복음을 전해야 합니다. 포기해서는 안 됩니다. 우리가 기도한 그들은 반드시 돌아올 것입니다. 그러나 개와 돼지 같은 사람에게 복음이 농락되게 해서는 안 됩니다. 우리의 힘과 노력으로는 불가항력일 때 복음이 상처 받고 시궁창 속에 던져지지 않도록 경계해야 합니다.

16

구하고 찾고 두드려라

마태복음 7:7-8

지금까지 예수님은 우리의 참된 신앙을 위해서 첫째, 물질의 유혹에서 벗어나야 하고, 둘째, 세상의 염려에서 해방되어야 하고, 셋째, 다른 사람을 비판하지 말아야 한다고 말씀해 주셨습니다. 그러고 나서 한 가지를 더 말씀해 주셨는데, 거룩한 것을 개에게 주지 말고 진주를 돼지에게 던지지 말라는 말씀이었습니다. 이것은 그리스도인의 영적 분별력을 가르쳐 주는 말씀인데, 특별히 영적 분별력이 없으면 아무리 귀한 신앙이라 할지라도 결국은 개나 돼지에게 발로 밟히고 더럽힘을 받아 낭패를 당하고 만다는 것입니다. 이 말씀을 마치신 후에 예수님은 참으로 놀라운 신앙의 비결 한 가지를 말씀해 주십니다.

하나님은 제한이 없으시다

마태복음 6장부터 7장 초반부에서는 무엇을 '하지 말라'고 하는 소극적인 말씀이었으나, 오늘 말씀은 적극적으로 '하라'고 하십니다. 그리스도인은 죄를 짓지 않는 사람이 아니라 적극적으로 선을 행하는 사람입니다. 또한 남을 미워하지 않는 사람이 아니라 적극적으로 사랑하는 사람입니다. 그러므로 무한한 가능성을 가지고 영원한 세계를 향하여 뛰어가는 그리스도인을 막을 것은 아무것도 없습니다. 죽음까지도 그들을 멈추게 할 수 없습니다. 바로 그리스도인에게 있는 영원한 생명력 때문입니다.

그러면 이러한 그리스도인에게 예수님은 무엇을 하라고 하십니까?

구하라 그리하면 너희에게 주실 것이요 찾으라 그리하면 찾아낼 것이요 문을 두드리라 그리하면 너희에게 열릴 것이니(마 7:7).

이 얼마나 영감이 넘치고 소망이 가득 찬 말씀입니까? 이 말씀을 학자가 붙들면 위대한 학문을 낳을 것이며, 예술가가 붙들면 상상할 수 없는 우주의 아름다운 예술 작품을 만들어 낼 것입니다. 또한 과학자가 붙잡으면 아무도 발견하지 못했던 미지의 세계의 진리를 캐낼 것이며, 사업하는 사람이 붙잡으면 반드시 성공하게 될 것입니다.

누군가가 명곡은 잘 부르지 않는 것이고 명작은 잘 읽지 않는 것이라고 했습니다. 이 말씀 역시 너무나 많은 사람에게 알려져서 수난 받는 성경 구절 중 하나입니다. 그러나 이 말씀의 깊이는 이루 헤아릴 수 없을 만큼 엄청난 축복을 우리에게 가져다줍니다. 이는 마치 캐면 캘수록 끝없이 나오는 금광과 같고 파면 팔수록 넘쳐흐르는 생수와도 같습니다.

그러면 이 7절 말씀은 무슨 뜻일까요? 바로 영적인 세계가 무한하고 영원하다는 것을 가르쳐 주는 말씀입니다. 사람에게는 제한이 있습니다. 시편 90편 10절에 "우리의 연수가 칠십이요 강건하면 팔십이라"고 했습니다. 인간의 두뇌, 건강, 재능 등은 모두 제한이 있습니다. 인생은 결코 영원하지 않습니다. 물질이나 자원도 영원하지 않습니다. 언젠가 지구의 자원은 고갈되고 말 것입니다. 그러나 영적인 세계는 무한하며 천국의 진리는 영원합니다. 기독교가 인류에게 영원한 소망을 주는 이유가 바로 여기에 있습니다.

구하면 주시고, 찾으면 찾게 하시고, 두드리면 열리게 하시는 것이 영적인 세계의 법칙이요 원리입니다. 그러나 대부분의 사람은 어떻습니까? 이 말씀과는 반대로 소극적이고 부정적인 사고의 노예가 되어서 소망보다는 절망을 택하고, 미래보다는 과거 지향적이며, 하나님이 인간에게 주신 무한한 가능성을 스스로 제한하면서 마치 철창에 갇힌 슬픈 사슴처럼 살고 있지 않습니까? 사실 그렇습니다. 하나님이 없는 사람은 모든 것이 절망적일 수밖에 없습니다. 죽으면 끝나 버리니까 말입니다. 그러나 하나님을 신뢰하고 바라보는 사람에게는 신비한 미래, 소망의 새로운 세계가 펼쳐집니다.

예수 그리스도를 영접하는 사람은 죽어도 살겠고, 무릇 살아서 믿는 자는 영원히 살리라고 했습니다. 하나님은 제한이 없으시고 제한을 받지도 않으십니다. 따라서 하나님을 믿는 사람도 똑같이 영적으로 제한이 없고 제한을 받지 않습니다. 그에게는 육신을 넘어선 영원한 세계가 약속되어 있기 때문입니다. 이것이 바로 이 말씀 안에 숨겨져 있는 비밀입니다.

될 줄 믿고 구하라

이제 좀 더 구체적으로 예수님이 우리에게 제시하신 세 가지 비밀을 한 가지씩 생각해 보겠습니다. 첫 번째는 "구하라 그러면 너희에게 주실 것이요"라는 비밀입니다. 마태복음 6장 33절에 "너희는 먼저 그의 나라와 그의 의를 구하라"고 했습니다. 이 말씀은 명령입니다. 성경은 우리에게 끊임없이 '구하라'고 합니다. 야고보서 1장 5절에도 "너희 중에 누구든지 지혜가 부족하거든 모든 사람에게 후히 주시고 꾸짖지 아니하시는 하나님께 구하라 그리하면 주시리라"고 했습니다.

왜 얻지 못합니까? 구하지 않았기 때문입니다. 구하지 않는데 어떻게 하나님이 주시겠습니까? 우리 하나님은 인격적인 분이십니다. 돌부처나 자기 생각 속에 있는 명상이나 선, 또는 냉수 한 그릇 떠 놓고 비는 그런 비인격적인 신이 아닙니다.

야고보서 1장 6절에서는 "오직 믿음으로 구하고 조금도 의심하지 말라"고 했습니다. 영적인 법칙에 있어서 구할 때는 인식이나 상식 등 자연법칙에 따라 구하는 것이 아니라 믿음으로 구해야 합니다. 될 줄 믿고 구해야 합니다. 그러나 많은 사람이 안 될 줄 믿고 구하는 것이 문제입니다. 그래서 성경은 다음과 같이 말합니다.

> 의심하는 자는 마치 바람에 밀려 요동하는 바다 물결 같으니 이런 사람은 무엇이든지 주께 얻기를 생각하지 말라(약 1:6-7).

하나님에 대해 의심하는 순간 하나님이 우리에게 주신 엄청난 영감과 지혜와 능력과 무한한 가능성을 우리 스스로가 막아 버리는 것이라고 말씀하신 것입니다. 마태복음 21장 22절에도 "너희가 기도할 때에 무엇이든지 믿고 구하는 것은 다 받으리라"고 했습니다. 오늘도 이 약속의 말씀을 믿는 사람에게 하나님이 응답해 주십니다.

하나님의 뜻대로 구하라

그러면 무조건 믿고 구한다고 모든 것이 다 이루어질까요? 이 부분에 대해서 맹목적이고 감정적인 그리스도인이 특별히 오해해서 엉뚱한 결과를 낳는 경우가 있습니다. 즉 "주여, 무조건 믿습니다. 하나님이 다 알아서 해 주실 줄 믿고 감사합니다"라며 마냥 대드는 것입니다. 그래서 다 이루어진다면 얼마나 좋겠습니까? 이 말씀의 깊은 뜻을 찾아보겠습니다.

그를 향하여 우리가 가진 바 담대함이 이것이니 그의 뜻대로 무엇을 구하면 들으심이라(요일 5:14).

그러니까 구하면 주시리라는 말씀에는 몇 가지 조건이 붙습니다. 잘못된 것을 구하면 하나님은 듣지 않으십니다. 곧 이기적이고 정욕을 위한 기도는 들어주시지 않는다는 말입니다. 예를 들어 "나의 사업만 부흥하게 해주시옵소서"라든가 "나를 부자로 만들어 주시옵소서"라는 기도를 자기의 정욕만을 위해서 할 때 하나님은 들어주시지 않습니다. 또한 예수 믿는 운동선수가 있는데 그가 기도하기를 "이번 운동 경기에서 우리 편이 꼭 이기게 해주시옵소서"라고 한다면 하나님은 참으로 곤란하실 것입니다. 왜냐하면 상대 편도 예수 믿는 사람이 있기 때문입니다.

이런 의미에서 우리가 하나님에게 구하기 전에 생각해야 할 일이 있습니다. 나의 간구가 하나님의 뜻과 일치하는가, 하나님이 기뻐하시는 것인가, 결과가 하나님에게 영광을 돌릴 수 있는 것인가 하는 것입니다. 만일 우리의 기도가 하나님의 뜻과 일치하는 것이라면 반드시 이루어짐을 믿어야 할 것입니다.

그런데 이 말씀에서 또 한 가지 생각해야 할 것이 있는데 그것은 "구하라 그리하면 주실 것이요"라고 하셨지 '즉각' 주신다는 말씀은 없다는 것입니다. 즉각 주실 수도 있지만 오랜 세월이 지난 후에 주실 수도 있다는 뜻입니다. 그러나 우리는 당장 얻기를 바라고, 또 즉각 응답이 안 되면 거절이나 무응답으로 단정해 버리는 경우가 많습니다.

귀한 것일수록 시간이 오래 걸리고 기다림이 필요합니다. 옷을 살 경우에도 당장 입을 수 있는 기성복이 있는가 하면 정말 좋은 옷은 맞춰 입어야 합니다. 또한 위대한 예술가의 작품도 자신의 뼈와 살이 녹는 것과 같은 오랜 시간을 투자한 후에야 비로소 위대한 작품이 탄생합니다. 하나님이 우리에게 가장 아름다운 것을 주시고자 할 때는 쉽게 덥석 주시지 않습니다. 그렇기 때문에 믿음에는 인내가 필요합니다. 그러나 분명한 것은 하나님이 우리에게 응답을 주실 때는 하나님이 보시기에 가장 좋은 시간에 주신다는 사실입니다.

신앙이란 자신과의 싸움이요 시간과의 싸움입니다. 반드시 약속이 성취됨을 믿고 한 걸음 나아가는 것입니다. 히브리서 11장 1절에 "믿음은 바라는 것들의 실상이요 보이지 않는 것들의 증거"라고 했습니다.

요한복음 14장 12절에 "내가 진실로 진실로 너희에게 이르노니 나를 믿는 자는 내가 하는 일을 그도 할 것이요 또한 그보다 큰 일도 하리니"라고 했습니다. 우리가 예수님보다 더 큰 일을 할 것을 믿습니다. 또 요한복음 15장 7절에는 "너희가 내 안에 거하고 내 말이 너희 안에 거하면 무엇이든지 원하는 대로 구하라 그리하면 이루리라"고 했습니다.

우리는 주님 안에 있습니까? 주님의 말씀이 우리 안에 있습니까? 우리가 생각하는 것이 하나님의 뜻입니까? 그렇다면 하나님은 우리가 구하는 것을 반드시 이루어 주실 것입니다.

또한 요한복음 15장 16절에 "내 이름으로 아버지께 무엇을 구하든지 다 받게 하려 함이라"고 하신 말씀과 요한복음 16장 23절에 "너희가 무엇이든지 아버지께 구하는 것을 내 이름으로 주시리라"고 하신 말씀을 보면, 우리가 예수님의 이름으로 구하면 예수님의 이름으로 응답해 주신다고 했습니다.

구하십시오. 단, 하나님의 뜻대로 말씀 안에 거하며, 예수님의 이름으로 구하십시오. 하나님이 가장 아름다운 것으로 우리를 채워 주실 것입니다. 우리가 얻은 재산, 우리가 얻은 명예, 우리가 얻은 지식 등 영원하지 않은 것들은 쓰다 버리는 걸레가 될 것입니다. 그러나 하나님이 주시는 것만은 영원히 남을 것입니다.

찾는 자를 만나 주시는 하나님

두 번째 비밀은, "찾으라 그리하면 찾아낼 것이요"라는 말씀입니다. 신앙이란 얻는 것뿐 아니라 찾고 발견하는 것입니다. 그것은 마치 값진 보석이나 진주, 또는 천국 열쇠를 찾는 것과 같습니다.

너희가 내게 부르짖으며 내게 와서 기도하면 내가 너희들의 기도를 들을 것이요 너희가 온 마음으로 나를 구하면 나를 찾을 것이요 나를 만나리라(렘 29:12-13).

인생의 가장 근본적이고 본질적인 추구는 하나님에 대한 추구입니다.

대부분의 젊은이는 애인을 찾고, 중년은 돈을 추구하고, 노인은 명예를 추구합니다. 그러나 진정한 인생은 애인이나 돈이나 명예를 추구하는 것이 아니라 하나님을 찾고 만나는 데 있습니다. 근본적인 인생의 갈증과 불안은 하나님을 만나지 못하는 데 있는 것입니다. 곧 도대체 '나'는 누구인가, '나'는 어디서 왔는가, '나'는 어디로 돌아가야 하는가. 이 문제의 해답은 하나님이 안 계시면 해결할 길이 없습니다.

다윗이 솔로몬에게 이렇게 말했습니다.

내 아들 솔로몬아 너는 네 아버지의 하나님을 알고 온전한 마음과 기쁜 뜻으로 섬길지어다 여호와께서는 모든 마음을 감찰하사 모든 의도를 아시나니 네가 만일 그를 찾으면 만날 것이요 만일 네가 그를 버리면 그가 너를 영원히 버리시리라(대상 28:9).

하나님은 찾는 자에게 발견되는 분이시라는 뜻입니다. 잠언 8장 17절에도 "나를 사랑하는 자들이 나의 사랑을 입으며 나를 간절히 찾는 자가 나를 만날 것이니라"고 했습니다.

하나님의 나라와 하나님의 의를 구하는 것이 인생 최대의 간구라면 하나님을 찾는 것이 인생 최대의 추구입니다. 하나님을 찾아 만나야 할 사람이 만나지 못한 것을 버림 받은 상태라고 합니다. 여기서 사람들은 외로움과 소외감 그리고 궁극적으로는 불안과 절망을 경험하게 되는데 그것은 무엇으로도 메울 수 없는 깊은 공허감을 가져다줍니다. 그럴 때 하나님이 없는 사람은 자살할 수밖에 없습니다.

그런데 교회 밖에서 하나님을 못 만난 사람은 그렇다 치고 더욱 불쌍한 사람은 교회 다니면서도 하나님을 못 만난 사람입니다. 열심히 수십 년 동안 교회에 왔다 갔다 하고, 설교도 듣고 헌금도 하고 봉사도 했지만 하나님을 진정으로 만나지 못한 형식적인 교인이 있다는 것입니다. 참 불쌍한 사람입니다. 차라리 교회 밖에 있으면 전도나 하지요. 교회 안에 있으니까 '저 사람은 예수 잘 믿는 사람이겠지' 하며 방관해 버립니다. 그런데 어느 날 이 사람 앞에 죽음이 다가옵니다. 그는 당황하게 됩니다. '나는 과연 어떻게 되는 것일까' 하는 불안과 초조 속에 고통이 엄습하게 됩니다. 그러나 오늘 예수님은 우리에게 이렇게 말씀하십니다.

찾는 이는 찾아낼 것이요(마 7:8).

보라 지금은 은혜 받을 만한 때요 보라 지금은 구원의 날이로다
(고후 6:2).

그러면 하나님을 만났다는 것을 우리가 어떻게 압니까? 간단합
니다. 자기가 만났다고 느끼면 만난 것입니다. 아무리 오래 교회
다녔어도 자기가 하나님을 만난 것 같지 않다고 느끼면 못 만난 것
입니다. 하나님을 못 만났다고 느끼시는 분은 이 순간부터 찾으십
시오. 만나 주실 것입니다.

음성으로든, 환상으로든, 말씀으로든 어떻게 해서든지 하나님
이 계시다는 것을 알게 해 달라고 기도하며 찾기 시작해야 합니다.
하나님의 말씀을 들어야 하고, 겸손히 기도하면서 그분 만나기를
기대하고 찾아야 합니다. 어제나 오늘이나 내일이나 다 똑같다면
하나님이 만나 주실 리가 있겠습니까?

사도행전에 보면 고넬료라는 이방인이 나옵니다. 그는 경건한
사람이고 구제하는 사람이라고 했습니다. 그는 이방인이었으나
열심히 기도하며 하나님을 찾았습니다. 하나님이 그의 기도를 들
으시고 바로 사람을 보내어 베드로를 초청하라고 말씀하셨습니
다. 그는 베드로를 만나 말씀을 듣고 세례를 받았고, 또한 온 가족
이 구원을 받았습니다. 여러분! 고넬료가 되고 싶지 않습니까?

문은 반드시 열린다

다음은 세 번째 비밀입니다.

> 문을 두드리라 그리하면 너희에게 열릴 것이니(마 7:7).

얼마나 용기를 주고 확신을 불러 일으키는 말씀인지 모릅니다. 미지의 세계를 향하여 문을 두드리는 기쁨입니다. 그런데 어떤 사람은 이 말씀에 대해 문을 두드리는 것은 좋은데 그 집의 주인이 죽었다면 누가 문을 열어 주겠느냐고 질문합니다. 하나님은 죽었는데 누가 응답하겠느냐는 것입니다. 이것이 바로 현대 신학자들이 하는 말입니다. 그러나 안심하십시오. 하나님은 죽지 않으셨습니다. 만약에 하나님이 죽었다면 그분은 하나님이 아닐 것입니다.

그분은 반드시 응답하십니다. 축복의 문, 미래의 문, 불가능의 문, 소망의 문을 열어 주십니다. 문은 반드시 열린다고 말씀해 주셨습니다.

큰 빌딩 현관에 가 보면 자동문이라고 쓰인 문을 보게 됩니다. 그 유리 문은 굳게 닫혀 있고 아무리 찾아보아도 손잡이가 없습니다. 과연 열릴 것인가? 그러나 자동문이라고 쓰인 말을 믿고 앞으로 다가가는 순간 그 문은 저절로 열립니다.

요한계시록 3장 20절에 보면 "볼지어다 내가 문 밖에 서서 두드리노니 누구든지 내 음성을 듣고 문을 열면 내가 그에게로 들어가 그와 더불어 먹고 그는 나와 더불어 먹으리라"고 했습니다. 또 요한복음 10장 7절에서 예수님은 "내가 진실로 진실로 너희에게 말하노니 나는 양의 문이라"고 하셨고, 9절에서는 "내가 문이니 누구든지 나로 말미암아 들어가면 구원을 받고 또는 들어가며 나오며 꼴을 얻으리라"고 하셨습니다.

예수님 앞에서 문을 두드리는 자마다 풍성한 은혜의 꼴을 얻고 그분과 풍성한 관계를 갖게 될 것입니다. 우리는 문을 두드려야 합니다. 북한의 문을 두드리십시오. 언젠가는 열릴 것을 믿고 두드려야 합니다. 꽁꽁 얼어붙은 대지가 영원히 녹지 않을 것 같지만 태양 앞에서는 녹을 수밖에 없습니다. 즉시 안 열린다고 두드리는 것을 멈춰서는 안 됩니다. 아랍 세계의 문도 두드리십시오. 아무도 열 수 없는 것처럼 여겨지더라도 두드리십시오.

하나님이 여실 것입니다. 우리 주위에서 죽었다 깨어나도 예수 안 믿을 것 같은 사람에게도 두드리십시오. 열릴 것입니다. 그 사람의 문이 안 열렸던 이유는 두드리지 않아서일 수도 있습니다. 열릴 때까지 두드려야 합니다. 이것이 예수님의 말씀입니다.

우리에게 허락하신 구원

예수님은 자기에게 찾아온 사람을 한 번도 거절하지 않으셨다는 사실을 기억해야 합니다. 누구든지 예수님 앞에 나오면 구원을 얻고 쉼을 얻습니다. "수고하고 무거운 짐 진 자들아 다 내게로 오라 내가 너희를 쉬게 하리라"고 하셨습니다. 미래에 대한 진정한 해답은 예수 그리스도십니다. 예수님은 오늘도 우리에게 구하고, 찾고, 두드리라고 말씀하고 계십니다. 구하는 자는 얻을 것이며, 찾는 자는 찾게 될 것이며, 두드리는 자에게는 열릴 것입니다. 이것이 바로 우리에게 허락하신 구원입니다. 오늘 여러분을 예수님의 구원에 초대하고 싶습니다.

어떤 이는 이것을 마치 어린이가 어머니를 만나는 것과 같다고 표현했습니다. 즉 어린아이가 엄마와 같이 있을 때는 엄마에게 계속해서 달라며 구합니다. 그러다가 엄마가 눈에 안 보일 때는 엄마를 열심히 찾습니다. 또 엄마가 방에 들어가면 방문을 두드립니다. 바로 이것이 하나님과 우리와의 관계입니다. 구하십시오. 안 보이면 찾으십시오. 문이 닫혔으면 두드리십시오. 이것이 천국의 원리요, 비밀입니다.

17

모든 문제의 해답은
예수님이다

마태복음 7:7-11

앞 장에 이어서 "구하라 그리하면 너희에게 주실 것이요 찾으라 그리하면 찾아낼 것이요 문을 두드리라 그리하면 너희에게 열릴 것이니"라고 하신 예수님의 말씀을 좀 더 깊이 묵상해 보겠습니다. 이 말씀은 하나님을 신뢰하는 성도에게는 무엇과도 비교할 수 없는 축복의 말씀이며 천국의 비밀을 캐내는 열쇠기도 합니다. 이 말씀을 보면 하나님은 우리를 위해서 헤아릴 수 없이 많은 축복을 준비하고 계심을 알 수 있습니다. 하나님의 마음은 부모의 마음처럼 자식에게 무한정 주고 싶은 마음입니다.

누가복음 14장에 보면 어떤 주인이 큰 잔치를 열어 많은 사람을 초청한 이야기가 나옵니다. 그런데 그 잔치에 초청받은 사람들이 여러 가지 이유로 오지 못하게 되었습니다. 음식은 그대로 있고, 사람은 오지 않으니 화가 난 주인은 길에 있는 사람들을 모두 불러다 그 잔치에 참여하게 했습니다. 아마 여자 분들은 이런 경험이 있으실 것입니다. 음식을 잔뜩 준비해 놓고 사람들을 초대했는데 그들이 오지 않을 때 생기는 섭섭한 마음 말입니다. 그것이 바로 하나님의 마음입니다.

하나님은 우리에게 너무나 많은 축복을 예비하기 위하여 자기의 외아들 예수 그리스도를 죽이기까지 하셨습니다. 그럼에도 불구하고 많은 사람, 특히 교회에 다니는 사람까지도 영적인 빈곤 속에서 헤매고 있습니다. 이는 하나님의 마음을 너무나 아프게 해 드리는 일입니다.

준비된 사랑, 준비된 축복

> 구하는 이마다 받을 것이요 찾는 이는 찾아낼 것이요 두드리는 이에게는 열릴 것이니라(마 7:8).

이 말씀은 7절 말씀의 반복이며 또 확인입니다. 예수님이 하신 이 말씀에는 과연 어떤 뜻이 내포되어 있습니까? 첫째, 하나님은 우리에게 사랑을 무한정으로 베풀어 주기를 원하고 준비하고 계신다는 뜻입니다. 엄청난 희생의 대가를 치르고 하나님은 자기의 창고에 가득 차게 준비하고 계십니다. 목마른 자가 생수를 필요로 할 때, 그는 준비된 그곳에 가서 물을 떠 마시면 됩니다. 여기서의 문제는 물이 없어서 오는 갈증이 아니라 떠서 마시지 않는 데서 오는 갈증입니다.

곧 우리의 갈증은 하나님이 주시지 않아서 생기는 갈증이 아니라 우리의 믿음이 없는 데서 오는 갈증입니다. 로마서 말씀도 하나님의 사랑에는 제한이 없음을 나타내고 있습니다.

자기 아들을 아끼지 아니하시고 우리 모든 사람을 위하여 내주신 이가 어찌 그 아들과 함께 모든 것을 우리에게 주시지 아니하겠느냐(롬 8:32).

적극적으로 행동하는 믿음

둘째, 구하고 찾고 두드리는 자에게 주시겠다는 말씀은 가만히 있는 자에게 주시겠다는 뜻이 아니라 적극적으로 믿고 행동하는 자에게 주시겠다는 뜻입니다. 하나님이 가장 싫어하시는 사람은 무관심한 자, 하나님을 신뢰하지 않는 자입니다. 우리는 조용히 하나님에 대한 신뢰와 기대감으로 기다려야 합니다. 기다리는 사람의 모습은 방관이나 무관심이나 게으름이 아닙니다. 기다리는 사람은 더 긴장하고, 더 애타고, 더 갈급합니다. 게으른 사람에게는 절대로 은혜가 임할 수 없습니다.

아침 일찍 새벽 기도에 나오는 사람이 있습니다. 그 사람이 새벽 기도에 나왔다는 공로 때문에 구원받는 것은 아닙니다만 적어도 그 사람에게는 새벽부터 일어나서 주님을 찾는 열심이 있습니다. 그것은 공로나 행위가 아니라 간절함입니다. 이런 간절함이 있는 사람에게 은혜가 임합니다. 다른 사람을 정말 사랑하는 사람은 자기 목숨까지도 아끼지 않습니다. 마찬가지로 참신앙은 우리를 그렇게 안일하게 놓아두지 않습니다. 가만있다고 단순히 가만있는 것이 아닙니다. 겉모양만 조용할 뿐이지 그 속에서 타오르는 열정은 엄청납니다. 이것이 정중동(靜中動)입니다. 말라기 3장 7절에 하나님이 타락한 이스라엘 백성에게 "그런즉 내게로 돌아오라 그리하면 나도 너희에게로 돌아가리라"고 하셨습니다. 이 말씀을 바꾸어 말하면 무관심하고 게을러서 나를 찾지도 않고 내게로 돌아오지도 않는 사람에게는 나도 가지 않겠다는 뜻입니다. 그런데 어떤 사람은 자기가 가만히 있어도 하나님이 찾아오실 줄로 생각합니다. 그렇지 않습니다. 매 맞고 어려운 지경에 빠질 때까지 하나님은 가만히 두십니다. 그러다가 드디어 매를 맞고 어려운 상황에 빠져 이제는 더 이상 자기가 어찌할 수 없는 지경에 이르러 갈등과 한계 속에서 하나님을 찾을 때, 그분은 움직이십니다. 물론 하나님은 처음부터 다 보고 계셨으나 움직이지 않으신 것입니다.

베드로가 마지막에 물고기를 잡으러 다시 갔을 때 밤이 새도록 한 마리도 잡지 못했습니다. 예수님은 그때도 거기 계셨습니다. 우리의 실패 속에 주님은 계십니다. 우리가 타락하고 주님을 떠날 때도 주님은 거기에 계십니다. 그러나 움직이지 않으실 뿐입니다. 구하고 찾고 두드리는 자에게 하나님은 움직이십니다. 요한복음 1장 12절에 "영접하는 자 곧 그 이름을 믿는 자들에게는 하나님의 자녀가 되는 권세를 주셨으니"라고 했습니다. 하나님은 가만히 있는 자를 하나님의 자녀로 허락하시지 않습니다. 예수 그리스도를 믿는 자에게 자녀가 되는 권세를 주십니다.

하나님의 약속은 반드시 이루어진다

셋째, 구하라, 찾으라, 두드리라는 말씀의 의미는 하나님이 하신 말씀은 반드시 이루어진다는 뜻입니다. 성경은 하나님의 약속으로 가득 찬 책입니다. 그 약속은 일점일획도 틀림없이 다 이루어집니다. 아무리 좋고 화려한 약속이라 할지라도 지켜지지 않는다면 그것은 하나의 환상이요 물거품에 지나지 않습니다. '작심삼일'이라는 말도 있듯이 사람의 약속에는 변덕이 많습니다. 그래서 한 사람이 어떤 사람에게는 신실하게 보일 수도 있고 어떤 사람에게는 거짓말쟁이로 보일 수도 있습니다. 이렇게 본의 아니게 바뀔 수밖에 없는 것이 인간의 모습입니다. 그러나 하나님은 그렇지 않으십니다. 만약 하나님의 약속에 예외가 있다면 우리의 구원은 불안할 것입니다. 그러나 절대로 우리의 구원은 불안하지 않습니다.

> 하나님은 사람이 아니시니 거짓말을 하지 않으시고 인생이 아니시니 후회가 없으시도다 어찌 그 말씀하신 바를 행하지 않으시며 하신 말씀을 실행하지 않으시랴(민 23:19).

성경 말씀대로 하나님의 나라와 의를 구하십시오. 지혜가 부족하거든 후히 주시고 꾸짖지 아니하시는 하나님에게 구하라고 하셨습니다. 주님의 뜻에 따라 구하고 주님 안에서 구하십시오. 그리고 말씀 안에서 구하고 예수 이름으로 구하십시오. 믿고 조금도 의심하지 말고 인내로 구하십시오. 반드시 응답될 것입니다.

뿐만 아니라 찾으십시오. 그러면 찾게 될 것입니다. 예레미야 29장 13절에 "너희가 온 마음으로 나를 구하면 나를 찾을 것이요 나를 만나리라"고 했습니다. 하나님은 자기를 숨기거나 위장하지 않으십니다. 그리고 거절하지도 않으십니다.

우리는 하나님을 찾기 위하여 얼마나 몸부림쳐 봤습니까? 얼마나 고민해 봤습니까? 이것이 없는 사람에게 어찌 하나님이 나타나시겠습니까?

그리고 두드리십시오. 그러면 열릴 것입니다. 예수님은 스스로 "나는 양의 문"이라고 말씀하셨습니다. 문이란 열리기 위해 존재하는 것이지 닫히기 위해 존재하는 것이 아닙니다. 문은 반드시 열리게 되어 있습니다. 우리는 이 말씀을 붙들고 미래를 향하여 긍휼의 문을 두드려야 합니다. 그러면 응답하실 것입니다.

우리 삶의 근거는 하나님

그러면 이처럼 우리가 담대하게 구하고 찾고 두드릴 수 있는 근거는 무엇입니까? 한마디로 하나님 때문입니다.

> 너희 중에 누가 아들이 떡을 달라 하는데 돌을 주며 생선을 달라 하는데 뱀을 줄 사람이 있겠느냐 너희가 악한 자라도 좋은 것으로 자

식에게 줄 줄 알거든 하물며 하늘에 계신 너희 아버지께서 구하는 자에게 좋은 것으로 주시지 않겠느냐(마 7:9-11).

예수님은 우리가 이처럼 간구하고 찾고 두드리는 것의 응답자로서 하늘에 계신 우리의 아버지를 보여 주십니다. 아무리 악한 부모도 자기 자식에게는 좋은 것을 주고 싶어 합니다. 도둑도 도둑질하여 자기 자식에게 공부시키고 학용품도 사 줍니다. 모든 부모의 심정은 자기는 못 먹고 못 입어도 자식에게는 잘 먹이고 잘 입히고 싶습니다. 세상 부모도 그렇게 하거늘 하물며 하늘에 계신 너희 아버지일까 보냐고 예수님은 말씀하고 계시는 것입니다.

인생 최고의 해답은 하나님입니다. 그러나 많은 사람은 모든 사고와 행동의 기초를 자기 자신에게 둡니다. 자기의 경험, 느낌, 지식, 자기의 위치를 통해서 모든 것을 판단하고 생각하고 충고합니다. 그러나 그것들은 근거가 될 수 없습니다. 사람들이 싸우는 원인을 가만히 살펴보면 자기와 같지 않아서 싸우는 것을 볼 수 있습니다. 여러 말로 싸우지만 결국 왜 너는 나처럼 생각하지 않느냐는 것입니다. 실은 자기가 제일 만족 못 하는 것이 바로 자기 자신일지라도 말입니다. 그러므로 불안하고 제한된 인간인 '내'가 사고와 행동의 근거가 되어서는 안 됩니다. 나를 지으신 하나님이 모든 판단의 근거가 되어야만 합니다.

우리에게 좋은 것을 주신다

그러면 그 하나님은 어떤 분이십니까? 첫째, 그분은 능력이 무한하고 영원한 분이십니다. 이것이 바로 '하늘에 계신'이라는 말씀에 있는 내용입니다. 곧 하늘에 계신 하나님이란 뜻은 계시지 않은 곳이 하나도 없다는 뜻이요, 우주에 충만하시다는 뜻이요, 영원하시다는 뜻입니다. 하나님은 사천 년 전이나 이천 년 전이나 오늘이나 그리고 미래 끝까지 동일하신 분입니다. 그분은 알파와 오메가요 온 우주를 지으신 분이기 때문에 우리가 그분을 제한해서는 안 됩니다. 그러한 하나님이라면 우리에게 못 주실 것이 없고 못 하실 것이 없지 않겠습니까? 우리에게 감기와 암은 큰 차이가 있지만 하나님에게는 차이가 없습니다. 우리에게는 돈이 중요하지만 그런 가치가 하나님에게는 그다지 중요하지 않습니다.

둘째, 그런데 그 하나님은 바로 우리의 아버지가 되시는 분입니다. 이것은 "하늘에 계신 우리 아버지"라는 말씀 속에서 찾아볼 수 있습니다. 잘못하면 때리고 벌만 주는 무서운 아버지가 아니라 용서하시는 아버지, 기다리시는 아버지, 위로하시는 아버지, 보호하시고 치료하시는 아버지, 가르치며 격려하시는 인격의 아버지입니다. 아들이 한순간 잘못 판단하여 아버지의 재산으로 방탕하게 살다가 굶주려 더 이상 살 수 없는 처지가 되어서 아버지 집에 다시 돌아온다 할지라도 그를 안고 입 맞추며 반지를 끼워 주고 집에 있는 가축을 잡아 맛있는 음식을 먹여 주는 아버지, 그 아버지가 바로 우리 하나님이십니다. 큰 저택에 사는 아버지의 아들은 그 저택을 마음대로 다닐 수 있고 이용할 수 있습니다. 이런 특권을 가지고 살아가는 사람이 바로 우리 자신입니다.

셋째, 그분은 항상 우리에게 좋은 것을 주시는 분입니다. 악한 인간의 부모도 자기 자식을 사랑하는데 하물며 너희일까 보냐고 예수님은 우리에게 반문하고 계십니다. 마태복음 5장 45절에 보면 "하나님이 그 해를 악인과 선인에게 비추시며 비를 의로운 자와 불의한 자에게 내려 주심이라"고 했습니다. 이것은 하나님의 '일반 은총'입니다. 그러나 하나님은 특별히 우리를 택하셔서 자기의 아들로 삼아 주셨습니다. 이것을 '특별 은총'이라고 말합니다.

"아, 하나님의 은혜로 이 쓸데없는 자 왜 구속하여 주는지 난 알 수 없도다"라는 찬송도 있듯이 돌이켜 보면 우리가 어떻게 해서 예수를 믿게 되었는지 잘 모릅니다. 교회를 그렇게 수없이 들락날락해도 은혜를 깨닫는 것, 십자가를 깨닫는 것은 비밀입니다. 구원받고 진리에 감격하는 것은 축복입니다. 한 번도 예수 때문에 울어 보지 못한 사람은 문제 있는 사람입니다. 신앙은 그렇게 맹숭맹숭하거나 이지적인 것만이 아닙니다. 지적으로 동의하고, 의지적으로 결단하지만 동시에 감정적으로 충만해지는 것입니다.

죄는 하나님의 사랑에 대해서 눈멀게 합니다. 죄에서 해방되어 눈을 뜰 때 우리는 하나님에 대해서 눈을 뜨게 됩니다. 그러므로 죄에서의 해방이란 곧 하나님에 대한 발견을 의미합니다. 이 하나님의 사랑을 깊이 깨달은 시편 기자가 있습니다. 시편 139편 17-18절을 보면 "하나님이여 주의 생각이 내게 어찌 그리 보배로우신지요 그 수가 어찌 그리 많은지요 내가 세려고 할지라도 그 수가 모래보다 많도소이다"라고 했습니다. 그 앞 절에서 "하나님, 당신은 나의 장부(臟腑)를 지으셨으며 모태에서 나를 조직하셨습니다. 내 형질이 이루어지기 전에 이미 나를 아신 주님, 나를 지으심이 신묘막측합니다"라고 고백한 그는 이제 성인이 되어 하나님을 깊이 생각해 보니 하나님의 생각은 너무나 보배로운 것임을 깨닫게 되었습니다. 하나님의 생각을 세어 보려니까 바다의 모래나 하늘의 별보다 더 많아 셀 수 없다고 말했습니다. 즉 우리가 깨달은 하나님은 바다에 있는 수많은 모래알 중 한두 알의 모래와 같은 정도라는 뜻입니다.

하나님을 묵상하면 할수록 그 엄청난 지혜, 능력, 부귀, 영광에 다만 놀랄 뿐입니다. 이러한 하나님이 우리에게 좋은 것으로 주겠다고 말씀해 주셨습니다.

최고의 응답은 성령

그러면 하나님이 주시는 좋은 것이란 무엇입니까? 성경에 아주 분명하게 말씀해 주셨습니다.

너희가 악할지라도 좋은 것을 자식에게 줄 줄 알거든 하물며 너희 하늘 아버지께서 구하는 자에게 성령을 주시지 않겠느냐 하시니라 (눅 11:13).

그렇습니다. 최고의 응답과 축복은 성령입니다. 왜냐하면 우리는 성령을 통해서 예수 그리스도를 영접하게 되고 예수 그리스도를 통해서 하나님을 아바 아버지라고 부를 수 있기 때문입니다. 병든 자의 응답도, 가난한 자의 응답도, 절망하는 자의 응답도 성령이십니다. 성령이란 삼위일체로 볼 때 살아 있는 하나님의 숨결이요, 예수 그리스도의 현현입니다. 성령님은 바로 하나님이요, 예수 그리스도입니다. 우리가 느끼고 깨닫고 알 수 있는 하나님입니다. 그리고 실제로 움직이고 응답하시는 그리스도입니다.

하나님은 하나님이신 예수 그리스도를 이 땅에 보내 주셨을 뿐 아니라 하나님이신 성령님을 우리에게 보내 주셨습니다. 그래서 7절을 이렇게 바꾸어 읽을 수 있습니다.

"구하라. 그러면 성령님을 주실 것이요, 찾으라. 그러면 성령님을 찾을 것이요, 두드리라. 그러면 성령님을 만날 것이다."

오늘날 그리스도인에게 가장 중요한 것은 성령을 체험하고 성령과 함께 사는 것입니다. 하나님은 우리에게 이 성령을 주기 원하십니다. 성령이 없는 그리스도인은 가장 불쌍한 그리스도인입니다.

그런데 성령님이 우리에게 오시면 어떤 일이 일어납니까? 첫째, 권능을 받습니다. 사도행전 1장 8절에 "오직 성령이 너희에게 임하시면 너희가 권능을 받고 예루살렘과 온 유대와 사마리아와 땅 끝까지 이르러 내 증인이 되리라"고 말씀하셨습니다. 둘째, 능력이 나타납니다. 이 능력은 나무를 부러뜨리고 바위를 깨뜨리는 그런 능력이 아니라 사랑하는 능력이요, 용서하는 능력이요, 이해하는 능력이요, 긍휼히 베푸는 능력입니다. 또한 이 능력은 모든 백성을 그리스도에게 인도하는 능력입니다. 셋째, 예수님을 깊이 깨닫고 성령 충만한 삶을 살게 됩니다.

> 술 취하지 말라 이는 방탕한 것이니 오직 성령으로 충만함을 받으라 시와 찬송과 신령한 노래들로 서로 화답하며 너희의 마음으로 주께 노래하며 찬송하며 범사에 우리 주 예수 그리스도의 이름으로 항상 아버지 하나님께 감사하며 그리스도를 경외함으로 피차 복종하라(엡 5:18-21).

그리스도인의 삶의 클라이맥스는 순종입니다. 성령이 충만하면 순종하는 영, 복종하는 영이 생기게 됩니다. 순종은 지배보다 강합니다. 또한 성령은 우리에게 열매 맺는 삶을 살게 하십니다.

> 오직 성령의 열매는 사랑과 희락과 화평과 오래 참음과 자비와

양선과 충성과 온유와 절제니 이 같은 것을 금지할 법이 없느니라(갈 5:22-23).

성령이 우리에게 임하시면 겸손하게 되고, 절제하게 되며, 말할 수 없는 기쁨이 차고 넘치는 삶을 살게 됩니다. 그러니 이것보다 더 좋은 선물이 어디 있겠습니까?

응답받는 축복

예수님은 구하고 찾고 두드리는 자에게 무한한 사랑을 베푸시는 하나님을 소개하십니다. 그러면 우리가 어떻게 이 축복을 누릴 수 있겠습니까?

첫째, 단순해야 합니다. 복잡하게 생각하거나 복잡하게 구하지 마십시오. 신앙이란 단순하고 솔직한 것입니다. 하나님 앞에서는 꾸밈이 아니라 정직이 필요합니다. 복잡하게 구하면 응답도 복잡해집니다. 어린아이처럼 단순하고 깨끗해야 합니다.

둘째, 신뢰해야 합니다. 믿음이 없으면 바람에 밀려다니는 겨와 같다고 했습니다. 구하면 주실 것을 믿으십시오. 신뢰하고 기다리십시오. 1년 후에 주실지 아브라함같이 25년 후에 주실지 모르지만 꼭 주십니다. 하나님의 뜻 안에서 구했다면 의심하지 말고 그냥 믿으십시오.

셋째, 인내해야 합니다. 믿는 자의 특징은 기다림입니다. 오늘 모든 것을 다 이루게 해 달라고 말하지 마십시오. 그것은 신앙이 아닙니다. 하나님은 아이가 수태되어 세상에 태어나는 기간도 열 달이라는 시간을 통하여 준비하십니다. 시간을 잘 이해하십시오. 기다림 속에서 하나님은 우리에게 성숙을 주십니다. 구하면 주시고 찾으면 찾게 하시고 두드리면 열리게 해 주시는 하나님을 의지하고 믿고 신뢰하십시오.

18

섬김은
반드시 지켜야 할 율법이다

마태복음 7:12

산상설교의 요점은 그리스도인은 세상 사람과 달라야 한다는 것입니다. 다시 말하면 예수를 믿는 천국 백성은 이 땅의 헌법이 아니라 천국의 대헌장에 따라서 살아야 하는데, 무엇보다도 중요한 것은 그리스도인은 그리스도인다운 성품을 가져야 한다는 것입니다. 그렇습니다. 참된 신앙이란 참된 신앙의 성품에서 비롯됩니다. 도덕적 삶과 성품의 변화 없이는 참된 신앙도 없습니다.

6장에서는 참된 신앙을 두 가지로 정의했는데, 첫째, 참된 신앙은 사람 앞에서가 아니라 하나님 앞에서 하는 행위요, 둘째, 그 결과 사람에게 보상을 받는 것이 아니라 하나님으로부터 보상받는다는 것을 믿는 것이라고 했습니다. 그리고 이것을 이웃을 향한 구제와 하나님을 향한 기도와 자신을 향한 금식이라는 신앙 행위를 통해 적용해 주셨습니다. 또한 참된 신앙을 잘 유지하기 위해서는 재물의 유혹에서 벗어나야 하며, 헛된 염려를 하지 않아야 하며, 다른 사람을 정죄하거나 비판해서는 안 된다고 가르쳐 주셨습니다. 그 다음으로 신앙의 놀라운 비밀을 가르쳐 주셨는데, 그것은 적극적으로 "구하라. 찾으라. 두드리라"는 말씀이었습니다. 그 응답으로 하나님은 우리에게 가장 좋은 선물인 성령을 주겠다고 약속하셨습니다. 그리고 나서 본문 말씀인 12절이 나옵니다. 이 말씀은 성경 전체에 흐르고 있는 핵심 메시지입니다.

"그러므로 무엇이든지 남에게 대접을 받고자 하는 대로 너희도 남을 대접하라 이것이 율법이요 선지자니라."

여기서 율법이란 모세오경의 율법 책에 나타난 말씀의 요약이란 뜻이요, 선지자란 구약의 12개 선지서에 나타난 하나님 말씀의 요약이란 뜻입니다. 마태복음 22장에 보면 이와 비슷한 말씀이 있습니다. 한 율법사가 예수님을 시험하면서 다음과 같이 묻습니다.

"율법 중에서 어느 계명이 크니이까?"

예수님은 "네 마음을 다하고 목숨을 다하고 뜻을 다하여 주 너의 하나님을 사랑하라 하셨으니 이것이 크고 첫째 되는 계명이요 둘째도 그와 같으니 네 이웃을 네 자신같이 사랑하라 하셨으니 이 두 계명이 온 율법과 선지자의 강령이니라"(마 22:37-44)고 대답해 주셨습니다. 그런데 이 말씀을 시작하면서 '그러므로'라는 접속사가 나옵니다. 이것은 마태복음 7장 11절과 12절 사이를 연결하는 말인데 이 두 절은 아무리 보아도 논리적으로 분명하게 연결되지 않습니다. 그래서 좀 더 깊이 상고해 보면 본문 12절은 7-11절과 연결되는 말씀이 아니라, 1-6절과 연결되는 말씀인 것을 알 수 있습니다. 여기서 7-11절을 괄호로 묶어 버리고 6절에서 12절로 바로 들어가면 그 문맥이 잘 연결됩니다. 7-11절까지의 말씀은 6절에 대한 부가적인 설명이었음을 알 수 있습니다. '그러므로'는 '이것을 규칙으로 삼아'라는 뜻인데 이것은 "1-6절 말씀을 근거로 해서 너희에게 더욱더 적극적인 복음의 메시지를 주겠다. 형제를 비판하지 말라는 것은 소극적이다. 이제는 형제를 비판하는 것을 뛰어 넘어 적극적으로 네 형제를 대접하라. 곧 네가 대접을 받고자 하는 대로 남을 대접하라"는 말씀으로 볼 때 의미가 살아납니다.

이웃은 섬김의 대상

이제 예수님의 이 말씀을 좀 더 깊이 묵상해 보고자 합니다.

첫째, 이 말씀 속에 있는 중요한 뜻은 참된 신앙은 이웃을 비판과 정죄의 대상으로 보지 않고 사랑과 섬김의 대상, 즉 대접하는 대상으로 본다는 것입니다.

우리는 이웃을 어떻게 생각합니까? 이웃이라는 말 속에는 남편도 있을 수 있고 아내도 있을 수 있습니다. 또 가까운 사람도, 먼 사람도, 나와 별 상관 없는 사람도 있을 수 있습니다. 여하튼 이웃을 만날 때는 모두가 섬김의 대상입니다. 목사든, 평신도든, 장로든, 집사든 우리는 계급으로 만나는 것이 아닙니다. 사랑으로 만나기 위해 우리가 이 자리에 있는 것이고 서로 대접하기 위해 존재하는 것입니다. 절대로 사람을 부리거나 지배해서는 안 됩니다. 우리는 하나님 앞에서 모두 평등하게 지음을 받았습니다. 이것이 창조의 원리입니다.

창세기 18장에 보면 아브라함이 부지중에 세 천사를 극진히 대접하여 놀라운 축복을 받은 사건이 있습니다. 그가 정오쯤 졸다가 눈을 떠 보니 맞은편에 어떤 세 사람이 서 있었습니다. 아브라함은 그들을 자기 집으로 모셔 놓고 떡, 버터, 우유, 고기 등 집에 있는 모든 것을 다 동원하여 극진하게 대접하고 발도 씻어 주었습니다. 그런데 알고 보니 그들은 사람이 아니었고 하나님의 사자들이었습니다. 마태복음 18장 1-10절을 보아도 예수님은 비록 어린아이라 할지라도 그들을 극진히 사랑하시고, 머리를 쓰다듬어 주시고, 안아 주면서 영접하셨고 창녀나 세리나 죄인을 구별하지 않고 극진하게 대접해 주셨습니다. 사람에 대한 기본적인 태도는 사랑입니다.

그러나 요즘 사람을 등급으로 나누어 물질로 취급하는 경우가 허다합니다. 월급이 적다고 그 사람의 인격이 낮거나 월급이 많다고 그 사람이 위대한 것이 결코 아닙니다. 또 지위가 높다고 해서 그 사람이 남을 호령할 수 있는 것이 아니며, 지위가 낮다고 해서 그의 인격이 무시당해도 좋은 것은 더더욱 아닙니다.

마태복음 18장 10절에 "삼가 이 작은 자 중의 하나도 업신여기지 말라"고 하셨습니다. 우리는 직장과 가정에서 업신여김을 받지 말고 또 업신여기지도 말아야겠습니다.

이웃을 사랑하는 마음

"남에게 대접을 받고자 하는 대로 너희도 남을 대접하라"는 말씀 속에서 또 한 가지 생각해 볼 것이 있습니다. 언뜻 보면 이 말씀은 우리가 다른 사람에게 대접받고 사랑받기 위해서 이기적인 생각으로 다른 사람에게 먼저 대접하라는 뜻으로 보일 수도 있습니다. 그러나 이 말씀은 그런 이기적인 동기에서 비롯된 말씀이 아니라 사랑에서 비롯된 말씀입니다.

이것은 주기도문에서 "우리가 우리에게 죄지은 자를 사하여 준 것같이 우리 죄를 사하여 주시옵고"라는 기도가 내 죄를 용서받기 위해서 이기적인 동기로 다른 사람의 죄를 용서하는 것처럼 이해하기 쉬우나 본래 뜻은 그렇지 않습니다. 주기도문이 "내가 하나님께로부터 용서를 받았기에 나도 다른 사람을 용서함이 마땅하다"라는 뜻인 것입니다. 본문 12절도 "단순히 내가 대접을 받기 위해서가 아니라 내가 사랑으로 남을 대접하면 영적인 법칙에 의해 다른 사람도 나를 대접하게 될 것이다"라는 뜻입니다.

곧 이 메시지의 핵심은, 이웃은 비판의 대상이 아니라 섬김의 대상, 대접하는 대상이 되어야 한다는 것입니다. 내가 대접받기 위해서 남을 대접한다는 메시지가 결코 아닙니다. 그렇기 때문에 이 말씀은 예수님이 하신 말씀 가운데 가장 핵심적이고 결정적인 "네 이웃을 네 자신같이 사랑하라"는 말씀과 일맥상통한 것을 볼 수 있습니다. 또한 사랑은 율법의 완성이요, 모든 계명은 사랑하라는 이 한마디에 다 포함되어 있으므로 남을 대접하라는 말씀은 곧 율법서와 선지서의 핵심이 됩니다. 그러면 이러한 하나님의 말씀 앞에서 우리는 이웃에 대해 일반적으로 어떤 견해가 있습니까? 이웃을 공정하게 봅니까? 섬김의 대상으로 봅니까? 이 문제에 대해서 예수님은 우리의 모습을 지적해 주셨습니다.

> 너희가 너희를 사랑하는 자를 사랑하면 무슨 상이 있으리요 세리도 이같이 아니하느냐 또 너희가 너희 형제에게만 문안하면 남보다 더하는 것이 무엇이냐 이방인들도 이같이 아니하느냐(마 5:46-47).

참된 이웃이란 레위인이나 제사장처럼 사람을 골라서 사랑하는 것이 아니라 선한 사마리아인이 강도 만난 사람에게 조건 없이 행한 것같이 하는 것을 말합니다.

그리스도인에게는 더 이상 미움의 대상이나 무관심의 대상이 있을 수 없습니다. 하나님이 우리를 조건 없이 사랑하신 것처럼 우리도 마음을 열고 조건 없이 이웃을 사랑하기로 결심해야 합니다.

우리는 다 빚진 자

둘째, 우리가 채권자가 아니라 채무자라는 것을 보여 줍니다. 사람들은 언제나 자기중심적으로 사고합니다. 나는 채무자가 아니라 늘 채권자라고 생각합니다. 이 점에 대해 예수님은 마태복음 18장 23절 이하에서 일만 달란트 빚진 자와 일백 데나리온 빚진 자의 비유를 들어 주셨습니다. 예수님이 그 악한 종에게 하신 말씀이 있습니다.

"악한 종아 네가 빌기에 내가 네 빚을 전부 탕감하여 주었거늘 내가 너를 불쌍히 여김과 같이 너도 네 동료를 불쌍히 여김이 마땅하지 아니하냐."

예수님은 우리가 백 데나리온의 빚을 받을 수 있는 채권자의 입장이 아니라 일만 달란트 빚진 채무자의 입장이라는 사실을 보여 주신 것입니다. 채권자는 당당하고 교만하고 지배자의 입장을 취합니다. 반대로 채무자는 고개도 들 수 없는 죄인이요 기가 꺾여 사는 비참한 처지에 있을 수밖에 없는 사람입니다.

그리스도인은 이 엄청난 빚을 탕감받은 채무자입니다. 그러기에 그에게는 겸손이 있고, 감사가 있고, 눈물이 있고, 은혜가 있습니다. 그러나 이러한 은혜에도 불구하고 자기에게 백 데나리온의 빚을 진 사람에게 악한 채권자의 모습으로 돌변하여 그를 정죄하고 괴롭힌다면, 이 얼마나 우스꽝스러운 죄인의 두 얼굴입니까? 예수님은 우리가 겸손한 채무자, 엄청난 빚을 탕감 받은 채무자의 모습으로 있기를 바라십니다.

적극적으로 사랑하라

셋째, 하나님은 우리의 삶이 사랑과 섬김의 생활이 되기를 바라고 계십니다.

> 사랑에는 거짓이 없나니 악을 미워하고 선에 속하라 형제를 사랑하여 서로 우애하고 존경하기를 서로 먼저 하며 부지런하여 게으르지 말고 열심을 품고 주를 섬기라 소망 중에 즐거워하며 환난 중에 참으며 기도에 항상 힘쓰며 성도들의 쓸 것을 공급하며 손 대접하기를 힘쓰라(롬 12:9-13).

> 만물의 마지막이 가까이 왔으니 그러므로 너희는 정신을 차리고 근신하여 기도하라 무엇보다도 뜨겁게 서로 사랑할지니 사랑은 허다한 죄를 덮느니라 서로 대접하기를 원망 없이 하고(벧전 4:7-9).

본문 말씀은 우리에게 '너희는 남을 대접하라', '손 대접하기를 힘쓰라', '원망 없이 대접하라'고 합니다. 우리는 이 말씀 속에서 그리스도인의 삶의 본질을 봅니다. 그리스도인의 가장 행복한 삶은 대접을 받는 삶이 아니라 대접을 하는 삶입니다. 정말 기쁠 때는 무엇을 받을 때가 아니라 무엇을 줄 때입니다. 소유는 우리에게 순간적인 기쁨을 가져다줄 수는 있지만 궁극적으로 행복하게 하지는 않습니다. 자기의 것을 나누어 줄 때만이 천국의 행복을 느끼게 됩니다. 예수님은 우리를 위해서 자신의 삶을 송두리째 던지셨습니다. 이것이 하나님의 기쁨입니다. 그런 의미에서 대접이란 화려한 대접보다는 작은 것이라도 극진한 정성이 있는 대접이 중요합니다. 아브라함의 대접이 그렇습니다. 어떤 의도와 목적을 가진 대접이 아니라 사심 없는 사랑과 헌신에서 비롯된 대접 말입니다. 그러기에 가장 나쁜 대접은 원망과 짜증을 동반한 대접이요, 억지로 하거나 목적을 가진 대접입니다.

예수님은 우리에게 "네가 다른 사람을 극진히 대접하면 너도 대접을 받게 될 것이다"라고 말씀하셨습니다. 여기서 발견하는 것은 섬김과 사랑이란 수동적인 것이 아니라 능동적이요 적극적이라는 것입니다. 즉 내가 먼저 사랑을 받고 대접을 받으면 나도 사랑하고 대접하겠다는 것이 아닙니다. 우리나라 속담에 "가는 말이 고와야 오는 말도 곱다"라는 말이 있는데 이는 수동적인 뜻입니다. 성경은 그 반대로 "네가 먼저 적극적으로 사랑하고 대접하라. 그리하면 다른 사람도 너를 사랑하고 대접하게 될 것이다"라는 논리입니다. 사랑은 언제나 능동적이고 적극적으로 행동합니다. 다른 사람이 나에게 잘해 주기 때문도 아니요, 다른 사람의 대접을 받기 위해서도 아닙니다. 내 안에 끓어오르는 사랑의 정열과 헌신 때문에 조건 없이 내가 먼저 사랑의 행동을 취하는 것입니다.

정의와 평등의 원칙

넷째, 이 말씀 속에는 정의와 평등의 원칙이 있습니다. 우리나라

각계각층에서 일어나는 민주화의 요구는 무엇입니까? 그것은 바로 정의와 평등이 기초된 사회를 열망하는 것입니다. 그런데 문제는 그것을 요구하는 순서에서 무엇인가 잘못되고 있습니다. 즉 모든 정의와 평등의 문제를 "네가 먼저 하라"는 식으로 전개하고 있는 것입니다. 나는 잘못이 없으니까 네가 고치라는 것입니다. 노사 문제, 학원 문제, 정치 문제 등 모든 분야에서 내가 너를 굴복시키고야 말겠다, 그것을 위해서는 폭력도, 어떤 방법도 다 쓰겠다는 것입니다. 그러나 오늘 예수님이 하시는 말씀은 "네가 먼저 대접하라"는 것입니다. 이웃을 향한 대접은 정의로운 사회를 실현하는 열쇠요 평등한 사회를 실현하는 열쇠입니다.

정의와 평등이란 월급을 같게 한다거나 지위를 같게 하는 것을 의미하지 않습니다. 사람의 능력과 수준에 따라서 차등은 있어야 합니다. 문제는 인간을 보는 눈이요 인간을 대하는 태도입니다. 그러나 먼저 대접하고 사랑하고 섬기기 시작한다면 정의와 평등이란 더 이상 의미 있는 말이 되지 못할 것입니다. 예를 들면 고용주가 노동자를 먼저 대접해 준다거나 노동자가 고용주에게 존경과 사랑을 먼저 보낸다면 노사 문제는 없을 것입니다. 또 정부가 국민을 우롱하지 않고 섬기고, 국민은 정부를 신뢰하고 공의가 이루어지는 평등 사회가 올 것을 믿고 도와준다면 문제는 간단하게 해결될 것입니다.

그렇다면 먼저 대접하지 못하는 이유는 무엇입니까? 그것은 바로 자기 중심적인 이기심 때문입니다. 그러므로 12절의 말씀과 정반대 개념이 인간의 이기심입니다. 이러한 이기심은 자기 만족과 자기 방어와 자기 관심으로 모든 문제를 끌고 갑니다. 즉 한편에서는 나는 더 가질 자격이 있다고 말하는 반면에 다른 한편에서는 네가 많이 가지면 자연히 나는 적게 가지게 된다는 식의 싸움입니다. 그런 의미로 볼 때 요즘 노사 문제는 정의라는 이름을 들고 이기심을 피차 만족시키려는 이기심에 대한 투쟁입니다. 결국 자기 만족을 취하겠다는 것입니다. 그러나 이 말씀을 만약 예수를 신실하게 믿는 사업가가 적용하기 시작한다면, 또는 신실한 학자나 공무원이 적용하기 시작한다면 기적이 일어날 것입니다.

예수님 마음으로 사랑하라

이제 마지막으로 황금률인 이 말씀을 구체적으로 어떻게 적용할 것인가를 생각해 보겠습니다. 이 말씀을 실제 우리의 것으로 삼기 위해서는 첫째, 하나님을 진정으로 사랑해야 합니다. 마태복음 22장 37-40절에 "예수께서 이르시되 네 마음을 다하고 목숨을 다하고 뜻을 다하여 주 너의 하나님을 사랑하라 하셨으니 이것이 크고 첫째 되는 계명이요 둘째도 그와 같으니 네 이웃을 네 자신같이 사랑하라 하셨으니 이 두 계명이 온 율법과 선지자의 강령이니라"고 했습니다. 이웃을 자기 몸과 같이 사랑하는 비결은 하나님을 마음과 뜻과 정성을 다해 사랑하는 데 있습니다. 하나님을 진정으로 사랑하면 자연스럽게 이웃을 사랑하게 됩니다. 처음에는 자기중심의 편견 있는 사랑을 하지만 나중에는 하나님의 심정으로 사랑하게 될 것입니다.

둘째, 언제나 다른 사람의 입장에 서야 합니다. 자기가 싫고 귀찮은 것은 상대방도 마찬가지입니다. 반대로 자기가 좋은 것은 상대방도 좋을 것입니다. 자기 입장에서 주장하면 모든 것은 풀리지 않습니다. 그 사람의 입장에 서야 합니다. 그러한 지상 최대의 모델이 바로 하나님이십니다. 하나님은 인간의 죄의 문제를 다루실 때 하나님의 편에서 해결하지 않으시고 인간의 편에서 해결하셨습니다. 그분이 바로 예수 그리스도십니다. 하나님은 예수 그리스도에게 인간의 편에서 이해할 수 있도록 인간의 몸을 입히셨으며, 말구유에서 태어나 인간처럼 살게 하셨고, 십자가에서 죽게 하셨습니다. 그러므로 우리가 문제를 해결하는 가장 빠른 방법은 입장을 바꾸어 놓고 생각하는 것이며, 그때 우리는 남을 쉽게 대접할 수 있습니다.

셋째, 다른 사람을 긍휼과 거듭남의 관점에서 보는 것입니다. 곧 하나님의 관점이기도 합니다. 즉 사람에게는 양면성이 있는데, 하나님은 우리의 절망적인 부분은 보시지 않고 긍정적이고 소망적인 부분을 보신다는 점입니다. 하나님은 결코 우리를 포기하시지 않습니다. 그분은 우리의 단점보다는 장점을 보십니다. 우리의 죄보다는 회개를 보십니다. 이것이 긍휼의 관점이요 거듭남의 관점입니다.

우리도 다른 사람을 볼 때 언제나 긍휼의 관점에서 봐야 합니다. 긍휼이 필요하지 않은 사람은 지상에 한 사람도 없습니다. 우리 모두에게는 긍휼과 관용이 필요합니다. "남에게 대접을 받고자 하는 대로 너희도 남을 대접하라"는 주님의 말씀이 우리 삶의 기초가 되어야겠습니다.

4부

그리스도와 함께 누리는
천상의 삶

마태복음 7:13-29

산상설교의 말씀을 그리스도인의 실제 삶에 적용하기 위해서는
좁은 문을 통과하여 좁은 길로 들어가야 합니다.
신앙은 사람 앞에서 행하는 것이 아니라
하나님 앞에서 행하는 것입니다.
말씀을 듣는 것보다 말씀대로 행하는 것이 더욱 중요합니다.

19

좁아도
확실한 길을 걸어라

마태복음 7:13-14

지난 장에서 예수님의 산상설교의 결론인 12절의 말씀, "그러므로 무엇이든지 남에게 대접을 받고자 하는 대로 너희도 남을 대접하라 이것이 율법이요 선지자니라"에 관하여 생각해 보았습니다. 예수님은 비록 원수라 할지라도 남을 지극히 대접하는 것이 그리스도인의 삶의 본질이요 절정이라고 말씀하셨습니다. 이 말씀은 "네 이웃을 네 자신과 같이 사랑하라"는 말씀과 일맥상통하는 말씀입니다. 지상에서 일어나는 모든 인간관계 문제점의 해결책이 바로 이 한 절 말씀에 다 있습니다. 예를 들어 이데올로기 갈등의 문제라든지, 빈부 격차의 문제, 노사 문제, 학원 사태, 양극화 현상 등 모든 문제의 해결책이 여기에 있습니다. 그래서 사람들은 이 말씀을 가리켜 '황금률'이라고 부릅니다.

좁은 문으로 들어가라는 말씀

산상설교는 7장 12절, 곧 황금률로 일단 끝이 납니다. "그리스도인은 어떻게 살아야 하는가? 그리스도인은 누구인가? 그리스도인의 성품은 무엇인가? 천국 백성의 본질은 무엇인가?"에 대해 이웃을 자기 몸처럼 사랑하는 사람, 적극적으로 이웃을 대접하는 사람이어야 한다는 것이 산상설교의 결론입니다. 그러면 그 이후에 나오는 말씀은 무엇이겠습니까? 그것은 부록이요 후기입니다. 이 부록과 후기는 예수님이 산상설교의 적용으로 우리에게 말씀해 주셨습니다. 아무리 좋은 말씀이라도 구체적으로 자기 삶에 적용하지 않으면 의미가 없습니다. 적용이 없는 큐티는 뿌리 없는 나무와 같습니다. 이 적용의 문제와 결단의 문제가 13절에서부터 소개되고 있습니다.

> 좁은 문으로 들어가라 멸망으로 인도하는 문은 크고 그 길이 넓어 그리로 들어가는 자가 많고 생명으로 인도하는 문은 좁고 길이 협착하여 찾는 자가 적음이라(마 7:13-14).

예수님은 지금까지 참된 그리스도인의 삶의 본질과 모습을 보여 주고 나서 우리에게 좁은 문으로 들어가라고 마지막 결단을 촉구하십니다. 산상설교의 말씀을 실제 생활에 적용하기 위해서는 좁은 문을 통과하여 좁은 길로 들어가야만 한다는 것입니다. 그렇습니다. 좋은 말씀을 듣는 것도 중요하지만 그 말씀대로 행하는 것이 더욱 중요합니다.

그러면 그리스도인이 좁은 문으로 들어가야 한다는 것은 무슨 뜻이겠습니까? 이 뜻을 이해하기 위해서는 좁은 문, 좁은 길에 대해서 좀 더 깊이 생각해 봐야 합니다.

천국의 문

먼저 좁은 문에 대해서 생각해 보겠습니다. 첫째로, 그것은 내 몸 뚱이 하나 겨우 빠져나갈 정도의 문이라는 뜻입니다. 곧 천국의 문을 의미합니다. 사람들은 일반적으로 소유가 행복이라고 생각합니다. 그래서 더욱더 부유해지려고 노력하고 애쓰고 투쟁합니다. 정신적인 부유건 물질적인 부유건 마찬가지입니다. 그러나 천국의 문은 우리가 그렇게 소중하고 중요하게 생각하는 소유물을 통과시키지 않습니다.

6. 25 때 북한에서 피난 나온 사람들은 멋진 장롱, 골동품, 수많은 책 등 좋은 것들을 다 버리고 왔습니다. 피난할 때 아무리 좋은 것이 있으면 뭐합니까? 천국이 바로 그렇습니다. 우리가 세상에서 아무리 많은 것을 몸에 지니고, 땅을 수십만 평 가지고 있다 하더라도 가지고 가지 못합니다. 왜냐하면 천국 문은 자기 몸 하나 겨우 빠져나갈 정도의 좁은 문이기 때문입니다. 천국의 좁은 문은 우리가 세상에서 귀하다고 하는 모든 것을 거부합니다.

둘째로, 그 문은 작기 때문에 발견하기가 어려운 문입니다. 그 문은 우리에게 유익을 줄 것 같지도 않고 인기가 있는 것도 아니며 좀처럼 쉽게 발견할 수 있는 문이 아닙니다. 그리스도인의 삶이란 바로 이런 것입니다. 화려하고 큰 문이 아니기 때문에 인기가 없고 사람들이 알아주지 않습니다. 또한 그 문은 갑자기 좁아졌다거나 점차적으로 좁아진 것이 아니라 처음부터 끝까지 좁고 협착한 문입니다. 그러나 사람들은 착각합니다. 좁은 문을 들어가고 좁은 길을 가다 보면 큰길이 나올 것이라고 기대합니다. 이것은 성경의 논리가 아닙니다. 그리스도인의 삶은 처음도 좁은 문이고 끝도 좁은 문입니다. 이 좁은 문을 기뻐하면서 가는 것입니다. 좁은 문을 발견하고 그 안에 들어가는 소수의 사람은 세상을 버린 사람이요 자기를 버린 사람입니다.

셋째로, 그 문은 믿음이 있는 사람만이 들어갈 수 있습니다. 좁고 협착한 것을 좋아하는 사람은 없습니다. 이 문에는 처음부터 고난과 박해 그리고 오해받음이라는 문패가 붙어 있습니다. 이것을 보고 "할렐루야" 하고 뛰어들어갈 사람은 아무도 없습니다. 이 문은 상식과 이성과 합리로 들어가는 문이 아니요, 오직 영광스러운 천국과 하나님의 나라를 바라보며 믿음으로 들어가는 문입니다.

14절에 보면 "생명으로 인도하는 문은 좁고 길이 협착하여"라고 했습니다. 이 말씀은 좁은 문이 우리를 생명으로 인도한다는 뜻입니다. 이것을 믿는 자만이 그 문에 들어갈 수 있습니다. 왜 스스로 모든 것을 다 포기하고 그 고통스러운 문을 통과해야 합니까? 그것은 구원 때문이요, 영생 때문입니다. 반대로 세상 사람이 좋아하는 문은 어떤 문입니까? 13절에 보면 "좁은 문으로 들어가라 멸망으로 인도하는 문은 크고 그 길이 넓어"라고 했습니다. 큰 문은 무엇을 가지고도 다 통과할 수 있는 문입니다. 우리의 재물도, 학식도, 명예도 모두 가져갈 수 있을 것입니다. 이 세상은 크고, 쉽고,

편안한 것을 좋아합니다. 또한 눈에 보기 좋고 감각적이며 화려한 것을 좋아합니다. 그러나 이 세상의 넓고 큰 문은 멸망의 문이라고 했습니다.

구원받은 자가 가야 할 길

이제 좁은 길에 대해서 생각해 보겠습니다. 첫째, 좁은 길이란 좁고 협착한 길입니다. 이것은 고통스러운 길입니다. 신앙이란 단순히 좁은 문을 통과하는 데 있는 것이 아니라 좁은 길을 걸어가는 데 있습니다. 예수님이 "나는 길이요"라고 말씀하신 이유가 여기에 있습니다. 예수 믿고 구원받는다는 단순한 사실에 기독교 구원의 전부가 있는 것이 아니라 구원받은 자의 삶을 걸어가야 하는 좁은 길에 구원의 깊은 의미가 있습니다. 구원의 문이란 구원의 길과 연결되어 있습니다. 바로 좁고 협착한 길이라는 뜻입니다.

그리스도인은 세상과 다른 외롭고 고독한 길을 가는 사람입니다. 힘들고 귀찮고 어렵지만 그냥 묵묵히 좁은 길을 걸어가는 사람입니다. 이것이 예수 그리스도의 길이요, 십자가의 길입니다. 고독과 고난이 없는 축복과 영광은 없습니다. 십자가 없는 부활은 없습니다. 이런 의미에서 그리스도인에게 고난이란 결코 부끄러운 것이 아니고 실패가 아닙니다. 오히려 영광의 시작입니다.

둘째, 좁은 길이란 의인의 길입니다. 시편 1편에 보면 두 사람의 길에 대해서 말하고 있습니다. 한 사람은 의인의 길에 있고 또 한 사람은 악인의 길에 있습니다. 먼저 의인의 길에 대해서는 "복 있는 사람은 악인들의 꾀를 따르지 아니하며 죄인들의 길에 서지 아니하며 오만한 자들의 자리에 앉지 아니하고 오직 여호와의 율법을 즐거워하여 그의 율법을 주야로 묵상하는도다 그는 시냇가에 심은 나무가 철을 따라 열매를 맺으며 그 잎사귀가 마르지 아니함 같으니 그가 하는 모든 일이 다 형통하리로다"(시 1:1-3)라고 했습니다. 이것이 의인의 길이요 좁은 길입니다. 좁은 길은 끝까지 좁은 길이지만 결과는 하나님의 축복입니다.

계속해서 시편 1편은 악인의 길에 대해서 말하고 있습니다.

악인들은 그렇지 아니함이여 오직 바람에 나는 겨와 같도다 그러므로 악인들은 심판을 견디지 못하며 죄인들이 의인들의 모임에 들지 못하리로다 무릇 의인들의 길은 여호와께서 인정하시나 악인들의 길은 망하리로다(시 1:4-6).

이것은 좁은 길은 의인이 가는 길이요, 넓은 길은 악인이 가는 길임을 보여 준 말씀입니다. 그러기에 그리스도인은 좁은 길 가기를 기뻐하고 좁은 길에서 행복과 보람을 느껴야 합니다. 의롭고 진실한 사람은 결코 세상과 짝하여 살지 않고 세상과 타협하지도 않습니다. 눈에 빤히 보이는 넓은 길로 가는 사람이 아닙니다.

셋째, 좁은 길은 뚜렷한 목표가 있는 사람만이 갈 수 있는 길입니다. 왜 고생을 사서 하며 불편하고 어려운 일을 스스로 택하겠습니까? 거기에는 분명한 목적이 있기 때문입니다. 스파이들은 특별한 목적이 있기 때문에 사람들의 눈에 띄지 않는 고통스럽고 좁은 길만 골라서 다닙니다. "생명으로 인도하는 문은 좁고 길이 협착하여"라는 14절 말씀에 비추어 보면 좁은 길을 선택한 사람은 분명히 거기에 생명이 있다는 사실을 믿기에 고통스럽지만 그 길을 택하여 가는 것입니다.

예수님은 이 문제를 진주에 비유해서 말씀해 주셨습니다. 좋은 진주를 구하는 장사가 극히 값진 진주 하나를 만났을 때 그는 가서 자기의 소유를 다 팔아 그 진주를 샀다고 했습니다. 바로 여기서 진주는 천국을 말합니다.

미래의 보상이 없다면 현재의 고난은 얼마나 억울한 것이겠습니까? 하나님이 없다면 정의가 무슨 의미가 있겠습니까? 천국이 없다면 오늘 현재의 삶을 어떻게 해석해야 합니까? 악한 사람이 득세하고, 우상이 가득하고, 권력이 세상을 지배하여 정직한 사람이 어려움을 당하고 가난하고 박해와 오해를 받는 이 땅의 현실을 무엇으로 극복해야 합니까?

그러나 우리에게는 미래가 있습니다. 천국이 있고 영생이 있습니다. 이 사실 때문에 억울함을 당하고 오해를 받아도 고난의 길을 기쁨으로 걸어가는 것입니다.

생각하건대 현재의 고난은 장차 우리에게 나타날 영광과 비교할 수 없도다(롬 8:18).

의를 위하여 박해를 받은 자는 복이 있나니 천국이 그들의 것임이라(마 5:10).

지금까지 우리는 좁은 문과 좁은 길에 대해서 생각해 보았습니다. 이제 예수님이 왜 우리에게 좁은 문으로 들어가라고 하셨는지 그 뜻이 분명해지지 않습니까? 참된 그리스도인의 축복은 좁은 문과 좁은 길을 선택할 때 얻는다는 것입니다.

12절까지의 말씀은 13절이 없으면 의미가 없습니다. 우리가 아무리 좋은 설교를 들으면 뭐합니까? 삶에 변화가 없다면 마당만 밟은 것뿐입니다. 자기 삶에 구체적으로 적용하지 않으면 아무 소용 없습니다.

주님은 우리에게 계속해서 두 가지 선택의 가능성을 보여 주셨습니다. 즉 두 나라(하나님 나라와 이 땅), 두 보물(하늘에 쌓는 보물과 땅에 있는 보물), 두 주인(하나님과 재물), 두 가지 길(멸망의 길과 영생을 얻는 길)입니다. 바로 오늘 우리가 어떠한 문을 선택하느냐에 달려 있습니다. 예수님은 우리에게 영생의 길로 들어가기 위해서는 반드시 좁은 문으로 들어가야 한다고 말씀하시면서 좁은 문 선택하기를 권면하고 계십니다.

나를 포기해야 갈 수 있다

그러면 어떻게 좁은 문으로 들어갈 것인가에 대해서 생각해 보겠습니다.

첫째, 좁은 문과 좁은 길을 가기 위해서는 자기를 포기해야 합니다.

언제나 가장 어렵고 고통스러운 상대는 사탄이 아니라 자기 자신입니다. 사탄과 싸워 이긴 사람도 자기라는 우상 앞에 패배하기 쉽습니다. 철야하고 금식하고 회개하고 성경을 공부하고 말씀을 듣고 눈물을 흘릴 수 있습니다. 그러고 난 다음 자기 앞에서 실패하고 맙니다. 인간의 육체는 쾌락을 좋아하고 편안한 것을 좋아하게 되어 있습니다. 명예를 좋아하고 사람의 칭찬에 인간은 약합니다. 예수님은 "아무든지 나를 따라오려거든 자기를 부인하고 날마다 제 십자가를 지고 나를 따를 것이니라"고 하셨습니다.

예수님이 처음 사역을 시작하시려고 할 때 나타난 적은 사탄이었습니다. 그런데 예수님이 십자가에 못 박혀 돌아가실 때 나타난 적은 사탄이 아닙니다. 예수님 자신이었습니다. "아버지여, 내가 이 잔을 꼭 마셔야 합니까? 이 잔을 피할 길은 없습니까?" 하나님의 뜻은 그 잔을 마시는 것이었습니다. 그래서 예수님은 자신과 싸우셔야 했습니다. 그 싸움이 얼마나 컸던지 땀방울이 피가 되었다고 했습니다.

둘째, 자기가 아끼고 사랑하는 것들을 포기할 수 있어야 합니다.

이것은 결코 쉬운 일이 아닙니다.

> 우리가 세상에 아무것도 가지고 온 것이 없으매 또한 아무것도 가지고 가지 못하리니 우리가 먹을 것과 입을 것이 있은즉 족한 줄로 알 것이니라 부하려 하는 자들은 시험과 올무와 여러 가지 어리석고 해로운 욕심에 떨어지나니 곧 사람으로 파멸과 멸망에 빠지게 하는 것이라(딤전 6:7-9).

우리는 세상에 대한 미련을 버려야 합니다. 물질에 대한 미련, 성공에 대한 미련, 삶에 대한 미련 등을 버리지 않으면 좁은 길은 갈 수 없습니다. 세상 것들은 결국 다 두고 가야 할 것입니다. 우리가 먹을 수 있는 것은 하루에 세 끼뿐임에도 불구하고 사람들은 먹을 것을 창고에 쌓아 놓고 자기는 이렇게 많이 가지고 있다고 자부심을 갖습니다. 세상 것이 자기를 행복하게 해 줄 것이라는 우상에 사로잡혀 있기 때문에 좁은 문, 좁은 길로 들어가지 못하는 것입니다.

자녀도 빨리 포기해야 합니다. 아이들이 우리의 아이들이 아님을 알아야 합니다. 대학에 들어가면 어떻고 못 들어가면 어떻습니까? 그것은 하나님이 고민하실 문제지 우리가 고민할 문제는 아닙니다.

셋째, 박해와 오해를 각오해야 합니다. 참된 그리스도인은 세상에서 박해를 받고 오해를 받게 되어 있습니다.

> 세상이 너희를 미워하면 너희보다 먼저 나를 미워한 줄을 알라 너희가 세상에 속하였으면 세상이 자기의 것을 사랑할 것이나 너희는 세상에 속한 자가 아니요 도리어 내가 너희를 세상에서 택하였기 때문에 세상이 너희를 미워하느니라(요 15:18-19).

또한 "내가 온 것은 평화를 주려고 온 것이 아니라 검을 주려고 온 것"이라고 하셨습니다. 좁은 문으로 들어가 보면 또 좁은 길이 있습니다. 이 길은 평생 걸어야 할 길입니다. 좁은 문으로 들어갈 때 갑자기 부모가 박해자로 변하기도 합니다. 형제들이 비난자가 되기도 합니다. 가장 가까웠던 사람들이 가장 무서운 박해자가 될 수도 있습니다. 그리스도인이란 세상에서 선한 사람에게는 무한히 존경받고 사랑받는 사람이지만 동시에 하나님을 믿지 못하고 천국의 진리를 알지 못하는 사람에게는 비난받고 박해받는 사람입니다. 이런 양면성이 그리스도인에게는 있습니다.

좁은 문으로 들어가라

또 좁은 문으로 들어가라는 것은 좁은 문을 구경하라는 것이 아니라 들어가 살라는 것입니다. 우리는 교회에 와서 목사님의 설교를 듣고 구경하는 사람이 아니라 실제로 그리스도인의 삶을 살아야 하는 사람입니다. 이것은 행동으로의 초청을 말합니다.

산상설교의 특징이 여기에 있습니다. 겉으로 구경하면 그렇게 좋은 말씀이 없지만 막상 그 말씀대로 살려고 하면 고통과 괴로움이 따릅니다. 이것이 산상설교를 대할 때 부딪치는 갈등입니다. 자기가 위선자라는 것이 드러나고 안일함과 게으름에 빠져 있는 자신을 발견하게 되어 얼마나 고통스러운지 모릅니다.

얼마나 많은 일을 했느냐보다는 무엇을 했느냐가 중요합니다. 만약 교회에 와서 3년이 지나도록 감격이 없고 마음의 변화가 없다면 그곳을 떠나는 것이 좋습니다. 변화를 받을 만한 곳으로 가는 것이 현명합니다. 변화되지 않는다면 우리는 자신을 기만하는 자가 되는 것입니다. 또 귀동냥, 눈동냥을 하며 교회 다닌 경력만 늘었기 때문에 나중에 가장 불쌍한 자가 되고 맙니다. 주님은 우리에게 변화를 요구하십니다.

이런 의미에서 좁은 길과 좁은 문은 인간의 결단이나 도덕적 노력으로는 갈 수가 없습니다. 실로 좁은 길과 좁은 문을 선택할 수 있는 능력은 성령님에게 있습니다. 인간의 본능은 이러한 것들을 싫어합니다. 사람들은 자기의 권리를 주장하고 보호하며, 자기를 사랑하는 자를 사랑하고 미워하는 자를 미워합니다. 사람은 편안한 것을 좋아하고 자기를 칭찬하는 사람을 좋아합니다. 우리는 본능적으로 세속적이고 물질적인 것을 좋아하는 타락한 성품을 가진 자들입니다. 그러므로 우리의 본능과 세속적 성품에 맡겨 놓아서는 안 됩니다. 성령의 인도와 지배를 받아야 합니다. 그리고 천국에 대한 분명한 목표가 있어야 합니다.

또한 좁은 길을 걷고 좁은 문의 삶을 살았던 믿음의 조상을 바라보십시오. 아브라함, 모세, 이사야, 예레미야, 아모스, 베드로와 제자들, 스데반과 일곱 집사들 그리고 사도 바울을 보십시오. 특별히 믿음의 주요 온전하게 하시는 예수 그리스도를 바라보십시오. 그는 죄를 범하지 아니하시고 그 입에 궤사가 없으셨습니다. 욕을 받으시되 욕하지 않으시고 고난을 받으시되 위협하지 않으셨습니다. 예수님은 십자가의 길을 걸으셨습니다. 이것이 좁은 길이요, 좁은 문이요, 영생을 얻는 문입니다.

20

양의 탈을 쓴 이리를
경계하라

마태복음 7:15-20

예수님은 산상설교를 마치시고 마지막으로 우리에게 구체적인 결단과 적용을 촉구하며 말씀해 주셨습니다. 그것은 "좁은 문으로 들어가라"는 말씀이었습니다. 그리스도인이란 좁은 문으로 기쁘게 들어가는 사람이고 좁은 길을 찬송하며 걷는 사람입니다. 그 길을 피하지 않고 처음부터 끝까지 원망 없이 걸어가는 사람입니다. 바로 이러한 그리스도인이 고난을 영광으로, 절망을 소망으로, 슬픔을 기쁨으로 바꾸는 사람입니다.

거짓 선지자들

예수님은 두 번째 적용으로 우리에게 피해야 할 것이 있다고 경고해 주십니다.

> 거짓 선지자들을 삼가라 양의 옷을 입고 너희에게 나아오나 속에는 노략질하는 이리라(마 7:15).

경고란 매우 중요한 것이기 때문에 우리는 이 말씀을 해석하기 전에 먼저 왜 예수님이 이 말씀을 해 주셨는가를 살펴봐야 합니다.

여기서 예수님의 의도는, 참된 것을 믿고 받아들이는 것도 중요하지만 동시에 거짓된 것을 대담하게 거부하고 버리는 것도 중요하다는 것을 우리에게 깨닫게 해 주시려는 것입니다.

요즘 사람 중에는 건강을 하나님보다 더 중요하게 여기는 사람들이 있습니다. 그들은 건강에 좋다는 음식, 희귀한 약을 찾아서 헤매고 다닙니다. 그러나 좋은 것을 찾아 먹는 것도 중요하지만 나쁜 것을 안 먹는 것은 더 중요하다는 것을 알아야 합니다. 아무리 음식을 잘 먹고 영양 섭취를 잘해도 한번 식사를 잘못하여 식중독이라도 걸리게 되면 다 무의미하게 됩니다. 신앙생활도 마찬가지입니다. 우리가 하나님 말씀을 잘 듣고 훈련 생활을 잘 하는 것도 참 중요하지만 거절하는 것도 중요합니다. 안 할 것은 안 하고, 버릴 것은 버리고, 막을 것은 막아야 합니다.

신앙생활에서도 우리가 지금까지 아무리 애쓰고 땀 흘리고 노력하여 잘 쌓아 왔다 하더라도 경고한 것을 듣지 않으면 우리의 신앙은 하루아침에 무너져 버리고 맙니다. 그래서 예수님은 우리에게 이처럼 중요한 경고의 말씀을 해 주십니다.

그러면 신앙을 파괴하는 가장 무서운 정체는 무엇입니까? 예수님은 한마디로 거짓 선지자들이라고 말씀해 주셨습니다. 실로 거짓 선지자들은 위험한 인물들입니다. 왜냐하면 그들은 하나님의 말씀을 빙자하여 하나님의 백성을 파멸로 이끌기 때문입니다. 이는 한 개인의 신앙을 파괴할 뿐만 아니라 이스라엘 역사를 보면 한 민족의 신앙까지, 한 국가의 운명까지도 파괴합니다.

예수님은 복음서에서 놀랍게도 회칠한 무덤 같은 위선자들, 거짓 선지자들, 거짓 사도들에 대해서 여러 번 경고하셨습니다. 뿐만 아니라 서신서와 계시록에도 예외 없이 거짓 사도, 거짓 선생, 적 그리스도라는 표현을 쓰고 있습니다. 예수님은 우리가 신앙생활을 잘 하기 위해서는 좁은 문으로 들어가는 것과 동시에 거짓 선지자들을 경계하고 그들을 삼가는 일이 중요하다고 말씀해 주셨습니다.

자기의 생각을 예언이라고 말하는 자

그러면 이제 거짓 선지자들이 어떤 사람들인가를 성경에서 찾아 보겠습니다. 첫째, 그들은 하나님의 말씀을 받지 않았음에도 받은 것처럼 예언하는 사람들입니다.

> 만군의 여호와께서 이와 같이 말씀하시되 너희에게 예언하는 선지자들의 말을 듣지 말라 그들은 너희에게 헛된 것을 가르치나니 그들이 말한 묵시는 자기 마음으로 말미암은 것이요 여호와의 입에서 나온 것이 아니니라(렘 23:16).

거짓 선지자가 하는 예언은 하나님이 친히 가르쳐 주신 말씀이 아니라 자기 마음에서 나온 생각입니다. 물론 그가 과거 한때 하나님의 말씀을 들었는지는 모릅니다. 그러나 하나님이 말씀을 거두어 가셨다면 그는 침묵해야 합니다. 그럼에도 계속해서 자기가 하나님의 음성을 듣고 전하는 것처럼 말하는 것은 아주 무서운 일입니다.

요즘 기독교 일각에서 이단들이 일어나는 것은 말할 것도 없지만 심지어 세상의 사상과 철학을 성경 말씀과 혼합하여 하나님의 말씀을 혼동하게 하고 변질시키는 사람들을 허다하게 봅니다. 기독교 안에 이렇게 혼합되어 있는 세 가지 유형을 살펴보면 첫째는, 하나님의 말씀과 이데올로기를 섞어 놓은 것입니다. 인권과 민주화 등 많은 것들을 성경과 섞어 놓아 혼란스럽게 만들어 놓았습니다. 둘째 유형은, 하나님의 말씀과 기복 신앙을 섞어 놓은 것입니다. 즉 예수 믿으면 잘살고, 병 낫고, 만사가 형통한다는 것과 섞어 놓은 것입니다. 셋째 유형은, 하나님의 말씀과 적극적인 사고방식, 최면술과 심령술 등을 섞어 놓은 것입니다. 즉 "믿으면 된다, 하면 된다, 못할 것 없다, 적극적으로 생각하라" 등의 말과 섞어 놓았습니다.

이런 것들은 어디서부터 어디까지가 하나님의 말씀이고 어디서부터 어디까지가 아닌지를 구분하기가 매우 어렵습니다. 가장 무서운 것은 말씀의 타락이므로 교회는 하나님의 음성을 분별할 줄 알아야 합니다. 거짓 선지자들이 강단을 지배하고 기독교를 대변

할 때 교회는 무능해지고 변질됩니다.

> 내 이름으로 거짓을 예언하는 선지자들의 말에 내가 꿈을 꾸었다
> 꿈을 꾸었다고 말하는 것을 내가 들었노라 거짓을 예언하는 선지자
> 들이 언제까지 이 마음을 품겠느냐 그들은 그 마음의 간교한 것을
> 예언하느니라(렘 23:25-26).

자기 마음의 간교한 것을 말한다는 것은 어떤 다른 의도가 있다
는 뜻입니다. 즉 저 사람으로부터 어떤 이익을 얻어야겠다는 나쁜
동기를 가지고 하나님의 말씀으로 빙자하여 이야기한다는 것입니
다. 이것이 바로 거짓 예언자들의 특성입니다.

거짓 평화를 말하는 자

둘째, 거짓 선지자들은 거짓 평화를 말하는 자들입니다. 에스겔
13장 10절에 보면 "그들이 내 백성을 유혹하여 평강이 없으나 평
강이 있다 함이라 어떤 사람이 담을 쌓을 때에 그들이 회칠을 하는
도다"라고 말씀하셨습니다. 평강이 없는데 평강이 있다고 말합니
다. 지금은 심판의 때인데 축복의 때라고 말합니다. 곧 전쟁이 임
할 것인데 전쟁이 없을 것이라고 말합니다. 이것이 위장된 평화입
니다. 성경에 의하면 앞으로 이루어질 약 열 가지 정도의 대예언이

있습니다. 교회, 휴거, 대환난, 심판 등 여러 가지가 있으나 그 가운데 하나가 거짓 평화의 시대가 온다는 것입니다.

평화 조약에 조인한다고, 도장 찍는다고 평화가 오는 것이 아닙니다. 평화란 평화로운 사람이 행할 때 평화가 오는 것입니다. 마귀는 평안을 줄 수 없습니다. 하나님의 말씀이 아닌 자기의 생각과 세상의 철학과 또는 이데올로기로 설명된 거짓 예언, 그것은 거짓 평화를 말할 수밖에 없습니다. 에스겔 13장 8절에 "너희가 허탄한 것을 말하며 거짓된 것을 보았은즉 내가 너희를 치리라 주 여호와의 말씀이니라"고 했습니다. 이 얼마나 무서운 말씀입니까?

담이 있습니다. 이 담은 밀면 넘어질 수밖에 없는 아주 썩은 담입니다. 그런데 사람들은 그 담을 고칠 생각은 하지 않고 담에다가 회칠, 페인트칠을 하는 것입니다.

> 그러므로 너는 회칠하는 자에게 이르기를 그것이 무너지리라 폭우가 내리며 큰 우박덩이가 떨어지며 폭풍이 몰아치리니 그 담이 무너진즉 어떤 사람이 너희에게 말하기를 그것에 칠한 회가 어디 있느냐 하지 아니하겠느냐(겔 13:11-12).

이 말씀은 회개하지 않고 겉으로만 열심히 신앙생활을 하는 사람에 관한 경고의 말씀입니다. 교회에 왔다 갔다 하고, 헌금 많이 하고, 봉사 많이 한다고 해서 고쳐집니까? 교만을 깨야 합니다. 자존심을 무너뜨려야 합니다. 성격을 고쳐야 합니다. 이것을 안 고치고 페인트칠을 하느라고 사람 앞에서 아무리 웃고 악수하고 돌아다녀 봐야 입만 아프지 아무 소용이 없습니다. 담을 고쳐야 합니다. 본질을 고쳐야 합니다. 담이 무너지고 난 다음에 그 담에 칠한 회가 어디 갔느냐고 묻지 마십시오. 하나님은 겉치레를 아주 싫어하십니다. 거짓 예언을 싫어하시는 하나님은 계속해서 말씀하십니다.

그러므로 나 주 여호와가 말하노라 내가 분노하여 폭풍을 퍼붓고 내가 진노하여 폭우를 내리고 분노하여 큰 우박덩어리로 무너뜨리리라 회칠한 담을 내가 이렇게 허물어서 땅에 넘어뜨리고 그 기초를 드러낼 것이라 담이 무너진즉 너희가 그 가운데에서 망하리니 나를 여호와인 줄 알리라 (겔 13:13-14).

거짓 예언자란 회칠하는 사람이요, 거짓 평화를 말하는 사람입니다. 눈을 가리는 사람이요, 근본을 고치지 않는 사람입니다. 예레미야 8장 11절에 "그들이 딸 내 백성의 상처를 가볍게 여기면서 말하기를 평강하다, 평강하다 하나 평강이 없도다"라고 했습니다. 병을 고쳐 주면서 "평안이 그대에게 있을지어다"라고 하나 평안이 없다는 것입니다.

우리가 교회에 가는 이유는 무엇입니까? 좋은 소리와 위로의 말만 듣기 위해서 가지는 않습니까? 하나님은 우리를 고치기 위해서

입에 쓴 말씀도 하십니다. 만약 우리가 완전한 의인이라면 하나님이 우리에게 쓴 말씀을 하실 필요가 없을 것입니다. 우리는 설교하는 사람의 목소리가 아니라 그를 통한 하나님의 음성을 듣고 변화되어야 합니다. 변화되지 않는 그리스도인, 그는 자기를 기만하는 사람입니다.

겉은 멀쩡하나 속은 거짓된 자

셋째, 거짓 예언자란 예수님이 말씀하신 "양의 옷을 입고 나아오나 속에는 노략질하는 이리"입니다. 이런 사람은 자기가 파멸되는 것뿐만 아니라 다른 사람의 신앙까지 다 끌어내리려는 사람입니다. 괜히 쑥덕거려서 남을 의심하게 만들고 없는 스캔들을 가지고 다른 사람을 괴롭게 만듭니다. 그들은 자기가 변화되기를 거부하기 때문에 자기보다 믿음 있는 사람을 어떻게 해서든지 끌어내려서 자기처럼 만들려고 합니다. 이 얼마나 못된 사람입니까?

또한 그들은 하나님도 자기 수준으로 끌어내리려고 합니다. 그래서 자기가 못 믿는 부분은 다 가짜라고 하고 성경이 틀렸다고 말합니다. 그들은 언제나 천사처럼 웃으며 나타나므로 성경에서는 그들을 "양의 옷을 입었다"고 했습니다.

거짓 예언자들은 어떤 경우에는 예의 바르고 인간미가 넘치고 인정도 많습니다. 성경에 대해서도 해박합니다. 이론도 정연합니다. 성경을 가르치며 설교도 잘합니다. 어떻게 구분하겠습니까? 겉모양은 참 그럴듯합니다. 그러나 내용에 문제가 있습니다. 성경에 대한 지식은 많이 이야기하는데 성경의 깊은 진리에 대해서는 언급하지 않습니다. 하나님에 대한 관심보다는 인간에 관심이 더 많고, 성경에 대한 관심보다는 상황에 관심이 더 많습니다. 그 사람의 설교에는 심리학, 사회학, 철학, 정치, 경제가 있습니다. 또한 인권, 민주화, 인간화에 대한 내용도 있습니다. 게다가 애국과 통일의 메시지도 있습니다. 그런데 예수가 없습니다. 복음이 없습니다. 하나님의 거룩하심과 공의와 사랑과 용서에 대해서는 말하지 않습니다. 이것이 '노략질하는 이리'의 모습입니다.

이런 사람의 설교를 계속 듣고 있으면 처음에는 잘 모르나 오랜 시간이 지나면 우리 안에 믿음이 다 떨어져 나가는 것을 발견하게 됩니다. 하나님을 사랑하는 마음도, 헌신하는 마음도 없어집니다. 그들이 우리의 신앙을 노략질했기 때문입니다. 우리는 멋있게, 합리적으로, 설득력 있게 신앙을 잃어버리고 만 것입니다.

이런 사람들은 하나님에 대해서 말할 때 두렵고 떨림으로 하지 않고 항상 농담 식으로 합니다. 기독교에 대해서 냉소적인 것도 아니지만 그렇다고 적극적으로 하나님의 말씀을 증언하지도 않습니다. 특별하고 두드러진 성경의 진리는 말하지 않고 항상 타당성 있는 것만 골라서 말합니다. 십자가에 대해서는 말하지만 부활은 침묵하고, 예수님이 나병 환자를 고치셨다는 말은 하지만 물 위를 걸으셨다는 사실은 감추며, 또 하나님이 천지를 창조하셨다는 것에는 침묵하는 사람을 가리켜 예수님은 영혼을 노략질하는 이리, 거짓 예언자라고 표현하셨습니다.

> 그러나 백성 가운데 또한 거짓 선지자들이 일어났었나니 이와 같이 너희 중에도 거짓 선생들이 있으리라 그들은 멸망하게 할 이단을 가만히 끌어들여 자기들을 사신 주를 부인하고 임박한 멸망을 스스로 취하는 자들이라(벧후 2:1).

> 이는 가만히 들어온 사람 몇이 있음이라(유 1:4).

> 아이들아 지금은 마지막 때라 적그리스도가 오리라는 말을 너희가 들은 것과 같이 지금도 많은 적그리스도가 일어났으니 그러므로 우리가 마지막 때인 줄 아노라(요일 2:18).

영원한 심판에 대해 말하지 않는 자

거짓 선지자들은 일반적으로 죄에 대해서, 인간의 전적인 타락에 대해서 잘 말하지 않습니다. 사회가 병들고 잘못된 것은 제도와 정권이 잘못되어서 그런 거라고 말합니다. 또한 간음한 사람을 보고 그것이 인간의 죄성 때문이라 말하지 않고, 성적인 본능은 누구나

다 가지고 있으므로 그런 상황에서는 간음할 수밖에 없지 않느냐고 합리화합니다. 이것이 바로 인간의 죄를 하나의 심리학적 현상으로 해석하려는 거짓 선지자들의 주장입니다.

그렇기 때문에 거짓 선지자들은 예수님의 윤리성을 언급하지 않습니다. "예수님만이 구원이다"라는 말에 긍정도, 부정도 하지 않습니다. 그런 말은 쏙 빼 버리고 그저 예수님은 사랑이시다, 예수님은 억눌린 자를 위해서 오셨다는 말만 주로 합니다. 기독교의 핵심 진리를 자꾸 피하는 것입니다. 그들은 부활을 믿을 수도, 안 믿을 수도 없기 때문에 부활이란 의미가 필요한 것이지 사실은 별로 필요하지 않다며 슬쩍 넘어가 버립니다. 그들은 천국과 지옥을 설교하지 않습니다. 주님이 다시 오신다는 것에도 관심이 없습니다. 영원한 심판이나 영원한 삶에 대해서도 말하지 않습니다.

이렇게 볼 때 그들이 하나님의 영광을 위해 산다거나 그리스도를 위해 죽는다는 것은 생각도 못할 일입니다. 그래서 그들이 우습게 생각하는 사람이 선교사입니다. 왜냐하면 선교사란 생명을 걸고 가야 하는데 그들에게는 생명을 걸 만한 내용이 없기 때문입니다. 그들은 그리스도를 위해서 고난을 받는다거나 억울함을 당한다거나 헌신한다는 것은 염두에도 없습니다. 또 그런 사람이 자기 자녀를 신학교에 보내겠습니까? 안 보냅니다. 왜 그렇겠습니까? 그들에게는 그럴 만한 가치가 없기 때문입니다.

우리나라 초대 교회 때는 위대한 믿음의 스승들이 있었습니다.

복음을 위해 감옥에 들어가고, 신사 참배를 거부하고, 생명을 걸고 예수 믿었던 믿음의 선배들이 있었습니다. 그러나 요즘은 자기 하나 적당히 예수 믿고 그저 나쁜 짓 안 하고 착하게 살면 되는 것으로 만족하는 신앙입니다. 고난을 겪고 오해를 받으면서도 주님을 위해 생명을 바치는 헌신이 오늘날 다 없어져 버렸습니다. 이것이 현대 교회의 문제입니다.

이러한 문제를 일으키는 가장 무서운 적은 바로 하나님의 말씀을 땅에 떨어뜨리는 자유주의 신앙입니다. 성경 대신에 다른 것으로 대치한 모든 인간적인 사상, 그것이 아무리 위대한 사상이라 할지라도 성경을 대신할 수는 없습니다. 그래서 오늘 예수님은 복음화 대신에 인간화와 민주화를 외치고 성경의 절대 권위를 고등 비평이나 문서를 인용하여 왜곡하고 변질시켜서 결국 사람들에게 성경을 믿을 것인가 안 믿을 것인가 갈등하게 만드는 자들을 주의하라고 경고하십니다.

열매로 그 나무를 알 수 있다

그러면 거짓 선지자들을 어떻게 구별할 수 있습니까?

> 그들의 열매로 그들을 알지니 가시나무에서 포도를, 또는 엉겅퀴에서 무화과를 따겠느냐(마 7:16).

말이나 글이나 행동을 가지고는 구별이 안 됩니다. 물론 시간이 지나면 드러납니다만 제일 중요한 시금석은 열매입니다. 열매로 그 나무를 알 수 있다고 하신 것은 아주 무서운 말씀입니다. 여러분의 신앙생활에 열매가 있습니까? 제일 중요한 전도의 열매는 얼마나 있습니까? 사랑의 열매가 있습니까? 기쁨의 열매가 있습니까? 선함의 열매가 있습니까? 성령의 아홉 가지 열매가 맺히고 있습니까?

주님은 우리에게 거짓 선지자들을 삼가라고 하셨고, 열매로 그 나무를 안다고 하셨습니다. 오늘날 우리는 부요 속에 빈곤을 느끼고, 기독교의 부흥 속에서 비참함을 느낍니다. 우리는 또다시 좁은 길로 가야 합니다. 좁은 문으로 들어가야 합니다. 우리는 스스로를 제한해야 합니다. 복음의 메시지를 분명히 해야 합니다. 하나님의 말씀과 인간의 생각이 분명히 다른 것을 알아야 합니다. 무릎 꿇고 기도해야 합니다. 하나님 앞에 매달려야 합니다. 이것만이 오늘 이 시대를 극복하는 비결입니다.

21

신앙과 삶은
같이 가야 한다

마태복음 7:15-20

예수님은 산상설교에서 천국 백성의 삶의 원리와 수준을 보여 주셨습니다. 그리고 우리에게 그렇게 살기 위해서는 좁은 문으로 들어가야 한다고 말씀하셨습니다. 좁은 문으로 들어가는 일은 쉬운 일이 아닙니다. 왜냐하면 세상의 모든 욕심과 유혹에서 떠나야 하기 때문입니다. 또한 두 번째로, 우리가 참된 신앙생활을 하기 위해서 경계해야 할 것이 하나 있는데 그것은 거짓 선지자들을 삼가는 일이라고 말씀해 주셨습니다. 영양분이 좋은 음식을 골고루 섭취하는 것이 건강을 위해 참으로 중요하지만 나쁜 음식을 먹지 않는 일은 더욱 중요하다고 했습니다. 이 두 가지 일이 우리가 지상에서 천국 갈 때까지 승리하면서 살 수 있는 비결입니다.

사실 교회 밖에 있는 무신론자보다 더 무서운 세력은 교회 안에 들어와 있는 무신론자입니다. 교회 다니고, 직분이 있으며, 주의 일을 한다면서도 그 안에 하나님이 없을 수 있습니다. 거칠게 싸우고 덤벼드는 이리보다 교양 있게 양의 가죽을 쓰고 나오는 이리가 더 무섭습니다. 예수님은 16절에서 거짓 선지자들을 조심하라고 하신 다음에 그들을 구별하는 방법을 제시해 주셨습니다.

"그들의 열매로 그들을 알지니 가시나무에서 포도를, 또는 엉겅퀴에서 무화과를 따겠느냐 이와 같이 좋은 나무마다 아름다운 열매를 맺고 못된 나무가 나쁜 열매를 맺나니."

참선지자인가 거짓 선지자인가는 그들의 열매를 보면 알 수 있다는 말씀입니다. 말을 잘하고 행동도 아주 그럴듯하게 잘할 수 있습니다. 그러나 문제는 열매입니다. 예수님은 이 부분에 대한 결론을 20절에서 내리셨는데 거기서도 다시 한번 "이러므로 그들의 열매로 그들을 알리라"고 하셨습니다.

열매로 그 나무를 안다

그러면 열매로 그 나무를 안다는 것은 무슨 뜻입니까? 첫째, 나무와 열매가 일치한다는 뜻입니다. 이 말씀을 경솔하게 잘못 해석하면 속이야 어떻든 겉만 좋으면 되고, 과정이야 어떻든 결과만 좋으면 된다는 식으로 피상적으로 해석할 수 있습니다. 열매로 그 나무를 안다고 했으니까 열매만 좋으면 되지 않겠느냐고 생각하기 쉽다는 말입니다. 그러나 16절 말씀을 잘 보십시오.

"그들의 열매로 그들을 알지니 가시나무에서 포도를, 또는 엉경퀴에서 무화과를 따겠느냐."

이 말씀은 포도나무에서는 포도만 열리고 무화과나무에서는 무화과만 열린다는 뜻입니다. 즉 속이 잘못되었는데 겉의 열매만 좋을 수는 없다는 것입니다.

17절에서는 두 종류의 나무를 소개하고 있습니다.

"이와 같이 좋은 나무마다 아름다운 열매를 맺고 못된 나무가 나쁜 열매를 맺나니."

이 말은 좋은 나무는 반드시 좋은 열매를, 나쁜 나무는 반드시 나쁜 열매를 맺는다는 말입니다. 얼마나 쉽고 단순합니까? 이 법칙은 자연법칙이요, 동시에 하나님의 법칙입니다.

그러면 못된 나무란 무슨 뜻입니까? 그것은 약하거나 부패한 나무란 뜻이 아닙니다. 나무의 질이 본질적으로 잘못된 나무란 뜻입니다. 비슷하다고 다 같은 것이 아닙니다. 나무에 따라 열매는 다 달라집니다. 사람을 제일 혼동시키는 것은 '비슷한 것'입니다. 차라리 다르면 쉽게 구분합니다. 이태원 상가에 가 보면 좋은 상표의 물건이 아주 많습니다. 처음에는 진짜와 가짜를 구별할 수 없이 똑같습니다. 그러나 사용한 지 몇 개월 지나면 알게 됩니다. 비슷한 것일수록 조심해야 합니다.

여기서 나쁜 나무, 못된 나무란 사탄에게 속한 나쁜 사람을 의미합니다. 동시에 좋은 나무란 건강하고 큰 나무란 뜻이 아니라 좋은 종류의 나무를 의미합니다. 즉 하나님에게 속한 선한 사람을 뜻합니다. 그러므로 문제가 되는 것은 겉으로 나타나는 모습이나 형태가 무엇이냐가 아니라 본질의 문제입니다. 그렇습니다. 그리스도인에게 말을 얼마나 잘하는가, 봉사를 얼마나 잘하는가, 행동이 얼마나 예의 바르고 교양이 있는가는 중요하지 않습니다. 그보다 더 중요한 것은 그 사람의 영적인 태도가 어떤가, 내면의 모습이 어떤

가 하는 것입니다. 이 말은 곧 구제하는 내용이 얼마나 많은가, 선교를 얼마나 많이 하는가보다 더 중요한 것은 이를 대하는 영적인 태도라는 것입니다. 그래서 수고하여 일을 많이 하고도 하나님 앞에 인정을 못 받을 수 있습니다. 엄청나게 봉사하고 희생하고 헌신한 것을 하나님이 기억하시지 않을 수도 있으며, 반면 작은 자에게 냉수 한 그릇 대접한 것을 기억하실 수도 있습니다.

본문 말씀은 이것이 무화과나무인가 엉겅퀴인가, 또한 포도나무인가 가시나무인가의 구별이지 좋은 무화과나무인가 불량품의 무화과나무인가를 구별하는 말씀이 아닙니다. 그러나 사람들은 속사람보다는 겉사람으로 모든 것을 평가하고 단정합니다. 오늘 예수님이 강조하시는 것은 본질, 곧 사람 자체의 문제입니다. 마태복음 12장 33절에서도 "나무도 좋고 열매도 좋다 하든지 나무도 좋지 않고 열매도 좋지 않다 하든지 하라 그 열매로 나무를 아느니라"고 했습니다. 거짓된 열매는 영원하지 않습니다. 시간이 지나면 거짓은 반드시 드러나게 되어 있습니다. 내면의 삶의 변화 없이 구제하고 봉사하는 것은 오히려 자신을 속이는 것입니다.

> 그런즉 누구든지 그리스도 안에 있으면 새로운 피조물이라 이전 것은 지나갔으니 보라 새것이 되었도다(고후 5:17).

참된 그리스도인이란 내면의 세계가 변화된 사람, 곧 거듭난 사람입니다. 생명이 있는 한 언제나 자라납니다. 그러므로 예수님의 생명이 우리 안에 들어오면 자라게 되어 있습니다. 또한 열매 맺게 되어 있습니다. 변하게 되어 있습니다. 여기서 변한다는 것은 성품입니다. 속사람이 변해야 겉사람의 변화가 오는 것입니다.

신앙과 생활은 분리할 수 없다

둘째로, 나무와 열매가 일치한다는 것은 신앙과 생활은 분리할 수 없다는 뜻입니다. 본성은 반드시 외부로 나타나기 마련입니다. 사람은 결국 자기가 생각하는 대로 행동하게 됩니다. 잡스럽고 더러운 생각을 많이 하는 사람은 아무리 애를 쓰고 점잖게 하려고 해도 어느 순간에 튀어나오고 맙니다. 자신의 의지나 교양이나 도덕으로 억제하고 있으나 언젠가는 꼭 터지게 되어 있습니다. 반대로 거룩한 생각을 하고 있고, 늘 하나님을 생각하는 사람에게는 더러운 말이나 추악한 행동이 나올 수 없습니다.

> 좋은 나무가 나쁜 열매를 맺을 수 없고 못된 나무가 아름다운 열매를 맺을 수 없느니라(마 7:18).

사람은 잠시 동안 속일 수는 있습니다. 그러나 오래 속이지 못합니다. 예수 잘 믿는 척하는 것처럼 큰 고문도 없습니다. 하늘의 평화와 기쁨은 결코 모방할 수 없습니다. 부활과 생명도 모방할 수 없습니다. 가짜는 모방할 수 있어도 진실은 모방할 수 없습니다. 일반적으로 우리의 신앙생활은 이중적인 모습을 보입니다. 머리로 믿는 것과 실제로 행동하는 것이 다릅니다. 어떤 사람이 이중적인 그리스도인의 삶을 이렇게 설명했습니다.

> 월요일에는 아담과 하와처럼 선악과를 따 먹어 하나님에게 불순종하고,
> 화요일에는 동생 아벨을 죽인 가인처럼 사람을 미워하고,
> 수요일에는 소돔과 고모라의 사람들처럼 술 먹고 방탕하고,
> 목요일에는 다윗처럼 부하의 아내와 간통하고,
> 금요일에는 가룟 유다처럼 예수를 팔아 돈을 벌고,
> 토요일에는 아나니아와 삽비라처럼 거짓말로 성령을 속이다가
> 주일이 되면 교회에 가서 "오, 하나님" 하고 눈물 흘리며 통회하고,
> 또 월요일에 가서는 다시 반복하여 살아간다.

이런 사람은 예수를 10년 믿어도 별 변화가 없고 또 성장할 수가 없습니다. 왜냐하면 회개하고 돌아서서는 자기 마음대로 한참 살다가 다시 제자리로 돌아오기 때문입니다. 주일과 월요일은 같아야 합니다. 주일과 화요일도 같아야 합니다. 주일은 교회에서 지내고 다른 요일에는 세상에서 지내는 것뿐입니다. 이제 주일예배가

끝나고 나면 '아, 자유다!'라고 생각하지 마십시오. 하나님은 언제 어느 곳에나 계시는 분입니다.

교리란 곧 생활이요, 신앙이란 곧 실천입니다. 생활의 변화가 없는 신앙은 죽은 신앙에 불과합니다. 열매로 그 나무를 안다는 것은 신앙과 생활이 일치함을 보여 주는 말씀입니다.

성령의 열매

셋째, 좋은 나무에서 맺어지는 좋은 열매란 성령의 열매를 뜻합니다. 참된 그리스도인이란 그리스도를 닮은 사람입니다. 그리스도를 닮은 사람이란 그리스도의 성품이 있는 사람입니다. 그리스도의 성품이란 바로 팔복의 성품이 있는 사람, 성령의 성품이 있는 사람입니다.

갈라디아서 5장 22-23절에 그 열매에 대해서 아홉 가지로 설명하고 있습니다.

"오직 성령의 열매는 사랑과 희락과 화평과 오래 참음과 자비와 양선과 충성과 온유와 절제니 이 같은 것을 금지할 법이 없느니라."

사랑과 희락과 화평은 자기 자신에 대한 성품입니다. 오래 참음과 자비와 양선은 이웃에 대한 성품입니다. 충성과 온유와 절제는 하나님에 대한 성품입니다. 이런 성품을 소유한 사람은 그리스도의 향기를 내는 사람입니다. 그 사람이 목사든, 장로든, 집사든, 또 그 사람이 사업을 하든, 직장을 다니든, 어디서 무엇을 하든 상관이 없습니다. 성령의 열매가 맺힌 사람은 자기 안에 넘쳐흐르는 사랑, 그 깊은 사랑이 몸에 배어 있기 때문에 그의 손이 가는 곳마다, 눈동자가 가는 곳마다 사랑의 기적과 열매가 맺힙니다. 값없이, 조건 없이 주어진 사랑이 그의 영혼에 흐르고 있기 때문입니다. 그의 얼굴에는 천사의 미소가 있고 기쁨이 충만합니다. 주님과 동행하며 살기 때문에 위기에 닥쳤을 때도 낙망하지 않습니다. 또 마음에 조용한 평화가 있습니다. 그것은 아름다운 전원에 있는 평화가 아니라 폭풍 속에서 한 마리의 새가 바위 벼랑 밑에 숨어서 안식하는 평화와 같은 것입니다.

그는 사람에 대해서 오래 참습니다. 특별히 허물과 실수가 많은 사람을 참고 기다리며 도와줍니다. 또 그는 긍휼과 자비의 마음이 있어서 언제나 이웃에게 선을 베풉니다. 또한 하나님을 향한 변함없는 충성심이 있습니다. 어떤 경우에도, 누가 뭐라 해도 변하지 않는 깊은 헌신이 있습니다. 하나님에 대한 온유한 태도와 절제된 인격이 있습니다. 이런 사람에게는 어떤 일을 맡기든 문제가 되지 않습니다.

반면에 우리가 아무리 큰 하나님의 일을 한다고 해도 그리스도인의 이 특별한 열매의 특성을 갖지 못한다면 궁극적으로 우리가 하는 일은 패배할 것입니다. 아무리 위대한 하나님의 종이라고 해도 이러한 그리스도인의 특성을 갖지 못한다면 궁극적으로 그는 영적 패배자가 되고 말 것입니다. 이러한 성령의 열매는 세상적인 관점에서의 도덕적이고 윤리적인 사람한테서는 발견할 수 없는 것입니다. 성령의 열매는 성령의 지배를 받을 때만 나타납니다.

오늘날 기독교는 위기에 서 있습니다. 그 위기는 건물이 없어서 생기는 위기도 아니며 교인이 없어서 생기는 위기도 아닙니다. 오히려 우리는 너무나 많은 것이 있습니다. 초대교회 때는 "은과 금은 내게 없거니와 내게 있는 이것을 네게 주노니 나사렛 예수 그리스도의 이름으로 일어나 걸으라"고 했으나 교회가 이제는 은과 금을 가지기 시작했습니다. 또한 오늘날은 성경 공부가 없는 것도, 설교가 없는 것도 아닙니다. 다만 그리스도인다운 태도와 성품이 부재합니다. 이것은 곧 그리스도인이라고 하면서도 그리스도인답게 생각하고 말하고 행동하지 않는다는 뜻입니다.

교회가 너무나 세속적이고 인간적으로 되어 가고 있지 않나 반성해야 합니다. 또한 너무나 급변하는 사회에 동조하여 사회의 열병을 함께 앓아 가고 있지는 않은지 생각해야 합니다. 그리스도인은 그리스도인의 위치를, 교회는 교회의 위치를 떠나서는 안 됩니다.

우리 그리스도인이 그리스도의 정신으로, 그리스도인답게 자신의 분야에서 살아간다면 세상은 결코 썩지 않을 것입니다. 예수님이 산상설교를 하실 때 가장 먼저 우리에게 주신 말씀은 구제하라, 금식하라, 전도하라는 말씀이 아니라 천국 백성의 여덟 가지 성품에 관한 말씀이었습니다. 그것은 가난한 마음, 애통하는 마음, 온유한 마음, 의에 주리고 목마른 마음입니다. 또 긍휼히 여기는 마음, 청결한 마음, 화평하게 하는 마음, 의를 위하여 박해받는 마음입니다. 그렇습니다. 좋은 나무, 좋은 열매란 바로 성령의 열매를 의미합니다.

좋은 나무와 나쁜 나무

오늘 본문에 보면 두 가지 종류의 나무, 곧 좋은 나무와 나쁜 나무가 나옵니다. 좋은 나무에는 포도나무와 무화과나무가 있고, 나쁜 나무에는 가시나무와 엉겅퀴가 있다고 했습니다. 가시나무는 교만하고 자고한 나무입니다. 모든 나무가 왕이 되지 않으려고 했을 때 유독 자기만이 왕이 될 수 있다고 나선 나무입니다. 또한 가시나무는 강하고 크지만 그 옆에 가면 자꾸만 찔립니다. 옆 사람에게 상처를 주는 것입니다. 엉겅퀴는 사람을 곤란하게 만드는 나무입니다. 다른 것이 자라지 못하게 땅을 많이 차지합니다. 자기만 잘난 척하고 자기 세력만 확장해 나갑니다.

그런데 이상하게도 나쁜 것이 더 잘 자랍니다. 곡식보다 가라지가 더 잘 자라는 것을 보십시오. 이것이 나쁜 나무들의 특징입니다. 가시나무와 엉겅퀴는 겉이 화려합니다. 잎이 무성하고 왕성합니다. 사람들의 눈에 잘 띕니다.

반대로 좋은 나무인 포도나무와 무화과나무는 어떻습니까? 그 나무들은 꼴이 참 못생겼습니다. 그런데도 사람들의 사랑을 받습니다. 아주 신선하고 풍성한 열매를 우리에게 주기 때문입니다. 감람나무와 함께 포도나무와 무화과나무는 축복받은 이스라엘을 상징합니다. 좋은 나무, 좋은 열매는 별 볼품은 없으나 유익한 나무입니다. 열매는 언제나 열매 자신을 위해 존재하지 않고 다른 사람을 위해 존재합니다. 가시나무는 지배하려고 하나 열매는 섬기려고 합니다.

여기서 한 가지 더 생각할 것은, 가시나무는 포도나무가 될 수 없고 엉겅퀴는 무화과나무가 될 수 없다는 사실입니다. 이것이 가시나무와 엉겅퀴의 운명입니다. 19절에 보면 "아름다운 열매를 맺지 아니하는 나무마다 찍혀 불에 던져지느니라"고 했습니다. 이 말씀은 다시 한번 우리에게 겉모양의 변화가 중요하지 않고 본질의 변화가 중요하다는 것을 깨닫게 하는 말씀입니다.

나는 포도나무요 너희는 가지라 그가 내 안에, 내가 그 안에 거하면 사람이 열매를 많이 맺나니 나를 떠나서는 너희가 아무것도 할 수 없음이라 사람이 내 안에 거하지 아니하면 가지처럼 밖에 버려져 마르나니 사람들이 그것을 모아다가 불에 던져 사르느니라 (요 15:5-6).

그리스도에게 접붙임 받은 우리

그런데 오늘날 우리에게 희소식이 있습니다. 로마서 11장 13절 이하에 나오는 돌감람나무와 참감람나무의 비유가 바로 그것입니다. 돌감람나무를 꺾어서 참감람나무에 접붙였더니 참감람나무 열매가 돌감람나무에서 열렸다는 비유입니다. 17절에 보면 "또한 가지 얼마가 꺾이었는데 돌감람나무인 네가 그들 중에 접붙임이 되어 참감람나무 뿌리의 진액을 함께 받는 자가 되었은즉"이라고 했습니다. 본래 인간의 아비는 마귀였습니다.

> 너희는 너희 아비 마귀에게서 났으니 너희 아비의 욕심대로 너희도 행하고자 하느니라 그는 처음부터 살인한 자요 진리가 그 속에 없으므로 진리에 서지 못하고 거짓을 말할 때마다 제 것으로 말하나니 이는 그가 거짓말쟁이요 거짓의 아비가 되었음이라(요 8:44).

> 그는 허물과 죄로 죽었던 너희를 살리셨도다(엡 2:1).

> 다른 이들과 같이 본질상 진노의 자녀이었더니(엡 2:3).

돌감람나무인 우리는 좋은 열매를 맺을 수 없었던 나무입니다. 그런데 그것을 꺾어 참감람나무에 접붙였더니 거기에서 나오는 진액으로 돌감람나무가 참감람나무의 열매를 맺게 되었다는 것입니다. 우리는 예수 그리스도에게 접붙임된 사람들입니다. 비록 우리가 본질상 진노의 자식들이었고, 허물과 죄로 인해 죽었지만 예수님에게 접붙임 받음으로 풍성한 열매를 맺는 사람으로 변화되었습니다. 참으로 우리는 가시나무와 엉경퀴 같은 인생이었는데 하나님이 우리 생애를 본질적으로 바꾸어 주셔서 다른 사람에게 기쁨을 주는 사람으로 변화되었습니다.

> 그 가지들을 향하여 자랑하지 말라 자랑할지라도 네가 뿌리를 보전하는 것이 아니요 뿌리가 너를 보전하는 것이니라(롬 11:18).

우리가 이처럼 예수를 믿고 하나님의 자녀가 되어서 영광스러운 삶을 살지만 교만할 이유가 하나도 없습니다. 우리가 뿌리를 보존하는 것이 아니라 뿌리가 우리를 보존하기 때문입니다. 곧 우리는 그 영광에 동참한 것뿐이지 그 영광을 만든 사람이 아니기 때문입니다. 그런데 주님의 일을 하다가 은혜를 잊고 자기가 하는 것 같은 착각을 일으킬 때가 있습니다. 그때 우리는 접붙임 받은 하나님의 자녀라는 사실 앞에 다시 돌아와야 합니다.

그런데 돌감람나무가 참감람나무에게 접붙으려고 할 때 제일 먼저 해야 할 것이 있습니다. 그것이 꺾여야 한다는 것입니다.

> 그러면 네 말이 가지들이 꺾인 것은 나로 접붙임을 받게 하려 함이

라 하리니 옳도다 그들은 믿지 아니하므로 꺾이고 너는 믿으므로 섰느니라 높은 마음을 품지 말고 도리어 두려워하라(롬 11:19-20).

열매로 그 나무를 안다고 했습니다. 이제 우리는 예수님에게 접붙임을 받아 참감람나무의 풍성하고 아름다운 열매를 맺어야 합니다. 평생 동안 이런 축복의 열매들을 맺으면서 주님에게 영광 돌릴 수 있어야 합니다.

22

주인도 모르는
종이 되지 마라

마태복음 7:21-23

예수님은 우리에게 참된 신앙을 위해서 좁은 문으로 들어가라고 말씀하셨습니다. 그리고 계속해서 거짓 선지자들을 경계하라고 말씀하셨습니다. 이 두 말씀은 산상설교의 결론에 해당하는 말씀 적용의 부분입니다. 적용은 실제입니다. 실제적이라는 것은, 실제로 해 보면 놀라운 효과가 있다는 말입니다.

좁은 문으로 들어가는 것은 어렵습니다. 거짓 선지자들을 경계한다는 것도 참 고통스러운 일입니다. 그러나 힘들지만 우리가 실제로 해 보면 가장 멋진 천국 백성의 삶을 이 세상에서 살게 됩니다. 이것은 놀라운 축복입니다.

예수님은 이 말씀을 우리에게 해 주시고 나서 참된 천국 백성이 되기 위해 해야 할 두 가지의 실제적인 이야기를 해 주셨습니다. 첫 번째는, 천국이란 단순히 입술의 고백만으로 들어갈 수 있는 곳이 아니라는 것입니다. 두 번째는, 천국이란 단순한 지식만으로 들어가는 곳이 아니라는 것입니다. 반석 위에 세운 집과 모래 위에 세운 집이 바로 여기에 해당하는 이야기입니다. 이것을 마지막으로 산상설교는 모두 끝이 납니다.

주여, 주여 하는 자

그러면 먼저 누가 천국에 들어갈 수 있는지에 대해 생각해 보겠습니다.

> 나더러 주여 주여 하는 자마다 다 천국에 들어갈 것이 아니요 다만 하늘에 계신 내 아버지의 뜻대로 행하는 자라야 들어가리라 (마 7:21).

이 말씀은 마음에도 없는 입술의 고백만을 일삼는 사람은 천국에 들어갈 수 없다는 뜻입니다. 여기서 문제가 되는 것은 "나더러 주여, 주여 하는 자"입니다. 그러면 "나더러 주여, 주여 하는 자"는 어떤 사람입니까? 먼저 이렇게 "주여, 주여" 하는 자신이 천국에 들어갈 수 있다고 확신하는 자입니다. "주여!"라는 고백을 열정적으로 자주 하며 자기가 예수를 제일 잘 믿는다고 착각하는 사람입니다. 열정적으로 주님을 부르면서도 실제로 헌신하고 순종하는가 하면 그렇지 않습니다. "주여!"라고 부르는 것이 그저 하나의 입술의 표현이요, 습관이 된 것입니다.

열정적으로 고백하는 것과 자기가 실제로 사는 것은 별개 문제입니다. 그래도 "주여, 주여!" 하며, 그것도 눈물을 흘리면서 감격적으로 말할 때 사람들은 그 사람이 참 겸손한 사람이며 굉장히 예수를 잘 믿는 사람이라고 생각하게 됩니다.

"주여"라는 말의 뜻은 "나의 주인이시여"라는 뜻입니다. 예수님이 나의 주인이시며 하나님이 나의 주인이시라는 뜻입니다. 이 말은 상대적으로 "나는 당신의 종입니다"라는 뜻을 내포합니다. 자기가 종이라는 결정 없이 상대방을 주인이라고 말하지 않습니다. 그러면 자기가 종이라고 말할 때 무슨 일이 일어납니까? 종은 조건 없이 주인에게 헌신하고 복종해야 합니다. 주인이 틀린 명령을 내려도 해야 하고 반항할 수 없습니다. 자기주장이나 자기 견해가 없습니다. 하루 종일 수고하고도 칭찬받지 못하고 시키는 일만 계속 되풀이해야 합니다. 오직 순종과 헌신뿐입니다.

오늘날 예수 믿는 사람의 문제점은 종인 자기가 주장할 것 다 주장하고 믿는다는 것입니다. 따질 것 다 따지고 순종하려니까 순종이 안 되는 것입니다. 순종하는 사람에게는 절대 헌신만이 있을 뿐입니다.

둘째로, 이 고백의 위험성입니다. "주여, 주여"라는 고백은 굉장히 전통적인 신앙 고백, 건전한 교리를 가진 사람의 말처럼 들립니다. 구약에서는 '하나님'이라는 이름이 너무나 거룩하고 위엄이 있기 때문에 함부로 그 이름을 부를 수가 없었습니다. 그래서 '하나님'이라는 말이 나오면 침묵하든지 아니면 '아도나이'(adonay)라는 말로 대신했습니다. 어떤 대칭의 말로 바꾸어서 하나님의 이름을 불렀던 것입니다. 또한 사본 기록자들은 성경을 베낄 때 '하나님'이라는 말이 나오면 그대로 기록할 수가 없어서 목욕하고 붓을 다시 빨아서 그 글자를 베껴 썼습니다.

또한 초대교회 교인에게 이 "주여"라는 말은 공통적인 언어였습니다. 사도들의 신앙 고백은 "부활하신 그분, 하나님의 아들 그분, 그분이 나의 구세주 주님이시다"였습니다. 그래서 그 당시 "주여"라고 부르는 사람은 이단이 아니라 신앙이 아주 좋은 사람이라 여겨지고, 다른 사람에게 인정받을 수 있었습니다.

셋째로, 이 고백은 열정적인 고백을 의미합니다. 냉소적인 사람은 "주여"라는 말을 잘 안 씁니다. 그래도 은혜 받았다는 사람, 성령 받았다는 사람이 이 말을 잘 씁니다. "주여!"라고 할 때 얼굴을 좀 붉히고 쉰 목소리로 열정적으로 고백합니다. 그런데 일반적으로 거짓이 많을수록 과장이 많고 목소리가 높습니다. 아마 "주여!"라고 자주 외치는 사람들은 주님보다는 "주여!"라고 부르고 있는 자신이 더 멋지다고 생각했을지도 모릅니다. 그리고 그렇게 열정적으로 믿는 자기를 많은 사람이 봐 주고 박수 쳐 주기를 바라는 마음에서 그런 신앙적인 표현을 했을 수도 있습니다. 열정, 그 자체가 잘못은 아닙니다. 그러나 잘못된 열정은 자기를 속이기 쉽고 다른 사람도 속이기 쉽습니다.

이 본문에서 한 가지 더 생각하고 넘어가야 할 부분이 있습니다.

그날에 많은 사람이 나더러 이르되 주여 주여 우리가 주의 이름으로 선지자 노릇 하며 주의 이름으로 귀신을 쫓아내며 주의 이름으로 많은 권능을 행하지 아니하였나이까 하리니(마 7:22).

　그날에 "주여, 주여" 하는 자가 많다고 했습니다. 언제나 다수 속에 진리가 있는 것처럼 보입니다. 그러나 허황된 다수도 있는 법입니다. 오늘날도 이것은 숨길 수 없는 사실입니다. 교회가 크고 교인이 많다고 곧 훌륭하고 진실한 교회라고 단정할 수 없습니다. 요즘 우리는 숫자 마술에 걸려 있습니다. 그래서 무엇이든지 많아야 하고 커야 하고 높아야 한다고 생각합니다. 교회는 잃어버린 한 영혼에 관심이 있습니다. 교회는 크기 위해서 존재하는 것이 아닙니다. 또한 교회는 큰 사업을 위해 존재하는 것도 아닙니다. 교육 사업, 구제 사업 모두 중요합니다. 그러나 이러한 사업을 위해 교회가 존재하는 것은 아닙니다. 교회는 하나님의 백성이 이 세상에서 그리스도의 몸에 동참하는 유기체적인 관계로서 존재하는 것입니다.

가식적인 외침

그러면 "주여, 주여" 외치는 다수의 소리는 어떤 것입니까? 요즘은 목소리가 큰 사람이 이깁니다. 소리가 크고 행동이 거칠고 수가 많으면 다 이깁니다. 극단적인 얘기도 소리가 크면 진리가 되는 시대에 우리가 살고 있습니다.

22절을 다시 보면 "주여, 주여"라고 외치는 이들은 세 가지 일을 했습니다. 첫째로, 그들은 주의 이름으로 선지자 노릇을 했습니다. 주의 종이라는 명목하에 거짓 예언과 거짓 환상과 거짓 가르침을 전하는 사람들이 오늘날 우리 주위에도 많습니다. 하나는 예수 믿으면 병 낫고 복 받는다면서 마치 천국을 독점한 것처럼 말하는 극단적인 신비주의자들이요, 또 하나는 성경의 권위를 믿지 않고 하나님 대신에 민중을, 복음화 대신에 민주화나 인권을 외치는 극단적인 자유주의자들입니다. 인권과 민주화 자체가 잘못됐다는 것이 아닙니다. 문제는 하나님 없는 인권, 하나님 없는 민주화처럼 무서운 것은 없다는 것입니다.

우리가 잘 아는 거짓 예언자 중에서 하나님의 이름도 부르고, 예수의 이름도 부르고, 성경책도 사용하지만 결과는 엄청나게 다른 이단 대표가 있습니다. 또 이렇게 확실하게 틀린 것을 알아볼 수 있는 것도 있지만 교회 옆에 적당히 섞여서 기독교의 간판을 걸고 있는 이단도 많습니다.

둘째로, 그들은 주의 이름으로 귀신을 쫓는다고 했습니다. 요즘 귀신 쫓는 사람들이 참 많아졌습니다. 귀신이 나갈 때는 굉장합니다. 사람들은 그 모습을 보고 충격을 받습니다. 하나님의 역사가 막 일어나는 것 같습니다. 그러나 하나님은 "나는 너를 모른다"고 하셨습니다. "너희가 내 이름으로 귀신을 쫓아내며 놀라운 초자연적인 역사를 행하는 일들이 많이 있었을 것이다. 선지자 노릇을 했던 사람도 많이 있고 한 시대를 이끌어 갔던 지도자도 있을 것이다. 그러나 내가 너를 모를 수 있다"는 것입니다. 무서운 이야기입니다.

셋째로, 그들은 주의 이름으로 능력을 행했습니다. 예수 그리스도의 이름으로 병도 고쳤고 앉은뱅이도 일으켰고 장님도 눈뜨게 하는 기적을 많이 일으켰습니다. 그런데도 예수님은 내가 너를 모른다고 하실 수 있습니다. 실제로 이러한 기적은 지금도 일어납니다. 그런데 여기서 우리가 한 가지 알아야 할 사실은 사탄도 이러한 기사와 이적을 잘 일으킨다는 것입니다. 기적은 중요합니다. 그러나 기적이 전부는 아닙니다. 예수가 전부입니다. 복음이 전부요, 말씀이 전부입니다.

초대교회에도 그런 일들이 있었습니다. 마태복음 24장 24절에 보면 "거짓 그리스도들과 거짓 선지자들이 일어나 큰 표적과 기사를 보여 할 수만 있으면 택하신 자들도 미혹하리라"고 했습니다. 사람들은 기사와 이적을 보고 따라다닙니다. 저 사람이야말로 진정한 하나님의 종이라 하고, 또 교회는 다 썩었다고 하며 거기에 가야만 구원이 있다고 말을 합니다. 게다가 그들은 권능과 능력과 예언까지 한다고 합니다. 그러나 데살로니가후서 2장 9-10절에 보면 "악한 자의 나타남은 사탄의 활동을 따라 모든 능력과 표적과 거짓 기적과 불의의 모든 속임으로 멸망하는 자들에게 있으리니"라고 했습니다. 얼마나 정확한 말씀입니까?

겉으로 보면 진실해 보이고, 열정적으로 "주여, 주여" 합니다. 완벽한 교리적 고백도 합니다. 선지자 노릇도 합니다. 귀신도 쫓습니다. 능력도 행합니다. 그런데 예수님은 그들에게 결단코 천국에 들어갈 수 없다고 하셨습니다. 무엇이 문제입니까? 왜 그들이 천국에 들어갈 수 없다는 것일까요? 이 사람들의 기적이 틀렸다는 것이 아닙니다. 이 사람들의 신앙 고백이 틀렸다는 것도 아닙니다. 말과 행위가 같지 않다는 것입니다.

어떤 능력을 행하는 사람의 인격을 보면 교활하고 거짓투성이입니다. 웅변술이 있어서 말도 잘하고 사람을 끌어들이는데 내용을 보면 진실이 없습니다. 그들은 종교적인 기술을 많이 끌어들여서 사람들을 어떻게 하면 움직일 수 있는가를 잘 터득하고 있습니다. 그러나 그 안에 하나님을 경외하는 것이 없고 중심에 하나님을 사랑하는 마음이 없는 것을 예수님이 지적하신 것입니다. 겉으로 나타난 모든 것이 중요한 것이 아니라 그 중심에 겸손과 사랑과 진실과 정직이 있는지가 중요합니다. 일을 위해서 양심을 없애 버리지는 않았는지, 명예를 위해서 양심을 도둑질하지는 않았는지를 말씀하신 것입니다.

사람은 속일 수 있고 자기 자신도 기만할 수 있지만 하나님은 속일 수 없습니다. 하나님은 마음에도 없는 형식적이고 가식적인 태도를 아주 싫어하십니다.

로마서 10장 10절에 "사람이 마음으로 믿어 의에 이르고 입으로 시인하여 구원에 이르느니라"고 했습니다. 물론 우리도 입으로 그리스도를 시인하여 "주여, 주여"라고 말해야 합니다. 그러나 이 말씀은 마음은 없이 입술로만 시인한다는 뜻이 아닙니다. 입술의 고백이 마음의 고백과 같다는 뜻입니다. 문제는 마음에 없는 가식적이고 형식적인 신앙 고백입니다.

누가복음 6장 46절에서 예수님은 "너희는 나를 불러 주여 주여 하면서도 어찌하여 내가 말하는 것을 행하지 아니하느냐"라고 말씀하셨습니다. 즉 신앙과 행위의 분리를 말씀하시는 것입니다. 불법을 행하면서 "주여, 주여" 하는 것을 말씀하시는 것입니다.

하나님이 만드신 것 가운데 인간을 빼놓고는 다 정직합니다. 자연법칙을 보십시오. 조금도 거짓 없이 하나님의 법칙 아래서 질서 정연하게 움직입니다. 자연에는 절대로 위선이나 위악이 없습니다. 말 그대로 있는 그대로가 자연입니다. 그래서 사람은 자연을 그리워하고 자연으로 돌아가려는 충동이 있는 거 같습니다. 원래 사람도 정직하고 깨끗하고 의로운 존재였습니다. 그러나 죄가 들어온 이후에 거짓과 혼돈과 어둠이 인간을 지배하고 말았습니다. 가장 천사 같은 존재가 가장 마귀 같은 존재로 변해 버린 것입니다.

하나님의 뜻대로 행하라

그렇다면 도대체 천국은 누가 들어가는 것입니까?

하늘에 계신 내 아버지의 뜻대로 행하는 자라야 들어가리라(마 7:21).

여기에 천국에 대한 정의가 있습니다. 천국은 하나님의 뜻이 이루어진 곳입니다. 다시 말하면 천국이란 하나님의 뜻대로 행하며 사는 하나님의 백성이 가는 곳입니다. 절대 착한 사람이 가는 곳이 아닙니다. 예수님이 주기도문에서 "뜻이 하늘에서 이루어진 것같이 땅에서도 이루어지이다"라고 하신 이유가 여기에 있습니다. 그러므로 다음과 같은 결론을 내릴 수 있습니다.

"천국은 사람의 뜻에 의해서 가는 곳이 아니다. 즉 사람의 생각이나 방법에 의해서 갈 수 있는 곳이 아니다. 천국은 적당하게 들어갈 수 있는 곳도, 아는 사람이 있다고 가는 곳도 아니다. 아내나 남편이 예수 잘 믿는다고 자동으로 따라갈 수 있는 곳도 아니다. 천국은 뇌물과 부탁이 안 통하는 곳이다."

이렇게 우리가 일반적으로 세상에서 하는 방법과 전혀 다르게 가야 하는 곳이 천국입니다. 그러니까 자기가 직접 가지 않으면 속수무책입니다. 이것이 천국의 본질입니다.

그러면 이 천국에는 누가 들어갑니까? 간단합니다. 하나님의 뜻대로 행하는 사람이 천국에 들어갑니다. 먼저 하나님의 뜻대로 행할 수 있는 사람은 어떤 사람인가를 생각해 봅시다. 세상의 자녀는 세상의 일을 합니다. 사탄의 자녀는 사탄의 일을 합니다. 하나님의 자녀는 하나님의 일을 합니다. 꼭 기억하십시오. 세상 사람은 하나님의 일을 절대로 못 합니다. 하나님의 뜻은 하나님의 자녀만이 할 수 있습니다. 그러므로 이 뜻은 "먼저 하나님의 자녀가 되어라"는 뜻입니다.

그런데 하나님의 자녀가 되기 위해서는 어떻게 해야 합니까? 예수 그리스도를 영접해야 합니다. 요한복음 1장 12절에 "영접하는 자 곧 그 이름을 믿는 자들에게는 하나님의 자녀가 되는 권세를 주셨으니"라고 했습니다.

지금도 많은 사람이 교회에 다니고 있습니다. 그렇다고 착각하지 마십시오. 교회 다닌다고 모두 구원받는 것은 아닙니다. "당신 예수 믿습니까? 구원받았습니까?"라는 질문에 "예"라고 분명하게 대답할 수 있는 사람은 정말 구원받은 사람입니다. 그러나 그 질문에 "예, 제가 교회 다니지요"라든가 "아, 제가 집사입니다" 또는 "제가 20년 동안 교회 다녔습니다"라고 밖에 대답할 수 없다면 그 사람은 그저 교회만 왔다 갔다 한 사람이지 아직 예수와 구원과는 상관이 없는 사람입니다. 우리는 예수 믿느냐는 질문에 "예. 제가 비록 죄를 짓고 있고 완전하지 않지만 주님을 믿고 주님을 사랑합니다"라는 대답이 즉각 나와야 합니다.

상황 봐서 결혼하겠다고 말하는 사람은 별 볼일 없는 사람입니다. 조건 좋으면 결혼하겠다고 말하는 사람도 위험한 사람입니다. 아직도 예수님을 영접하지 못한 사람은 지금 곧 영접하십시오. 입술로만 영접하지 말고 마음으로 영접해야 합니다. 이것이 하나님의 자녀요, 천국 시민이 되는 유일한 비결입니다.

두 번째로, 주님의 뜻을 깨닫고 그대로 순종해야 합니다. 왜냐하면 주님의 뜻대로 사는 자만이 천국에 간다고 했기 때문입니다.

너희는 먼저 그의 나라와 그의 의를 구하라(마 6:33).

너희는 이 세대를 본받지 말고 오직 마음을 새롭게 함으로 변화를 받아 하나님의 선하시고 기뻐하시고 온전하신 뜻이 무엇인지 분별하도록 하라(롬 12:2).

그리스도인의 최고 목표는 하나님의 뜻대로 사는 것입니다. 그런데 하나님을 믿고, 아는 것만 가지고 만족해서는 안 됩니다. 야고보서 2장 19절을 보면 "네가 하나님은 한 분이신 줄을 믿느냐 잘하는도다 귀신들도 믿고 떠느니라"고 했습니다. 마가복음 1장 24절에서는 귀신이 예수님을 보고 "나사렛 예수여 우리가 당신과 무슨 상관이 있나이까 우리를 멸하러 왔나이까 나는 당신이 누구인 줄 아노니 하나님의 거룩한 자니이다"라고 했습니다.

귀신이 이렇게 신앙 고백을 잘할 수 있습니까? 그러니 우리가 하나님에 대해서 좀 알고 그분의 존재를 인정한다는 것을 가지고 믿음이 있다고 하지 마십시오. 그것은 마귀도 하는 소리입니다. 예수를 '나의 구주'로 믿고 하나님의 자녀가 되는 것이 중요하지, 하나님이 계시다는 사실을 인정하는 것이 중요한 것이 아닙니다.

예수님이 기억하시는 내가 되도록…

이제 결론을 말씀드립니다. 교회에 오래 다녔다는 것을 자랑하지 마십시오. 자기 가정이 삼대째 그리스도인 가정이라는 것은 아무 소용 없습니다. 오히려 불행일 수 있습니다. 봉사를 많이 하고 기적과 은사를 많이 행한 것을 자랑하지 마십시오. 자기가 교회에 없어서는 안 되는 존재라는 것으로 자만하지 마십시오. 그것이 중요한 것이 아닙니다. 우리가 예수님을 아는 것과는 상관없이 예수님이 기억하시는 예수를 '나의 구주'로 믿고 하나님의 자녀가 되는 것이 중요하지, 하나님이 계시다는 사실을 인정하는 것이 중요한 게 아닙니다.

우리가 되는 것이 중요합니다. 이제 교회에서 봉사하는 것, 새로운 각도로 해야 합니다. 하나님 섬기는 것, 다시 생각해 봐야 합니다. 예수님이 과연 '나'를 기억하시는가를 다시 한번 생각해 봐야 합니다.

23

주님의 이름을
도용하지 마라

마태복음 7:21-23

지난 장에 이어서 21절 이하의 말씀을 다른 각도에서 한 번 더 상고해 보기로 하겠습니다. 예수님은 천국이란 입으로 "주여, 주여" 하면서 실제로 불법을 행하는 사람은 들어갈 수 없는 곳이라고 말씀하셨습니다.

> 나더러 주여 주여 하는 자마다 다 천국에 들어갈 것이 아니요 다만 하늘에 계신 내 아버지의 뜻대로 행하는 자라야 들어가리라 (마 7:21).

이 말씀은 천국이란 입술로만 "주여, 주여"라고 신앙을 고백하는 형식적이고 외면적인 신앙의 태도를 용납하지 않는 곳이라는 뜻입니다. 겉으로 겸손해 보이고, 교리적으로 완벽하고, 또 열정적으로 헌신한다 할지라도 그 속의 영적인 태도가 겉모양과 일치하지 않는다면 그 사람은 천국에서 버림받게 됩니다. 예수님은 이런 사람들을 가리켜 "불법을 행하는 자들"이라고 하셨습니다. 간음이나 살인이나 거짓말이나 도둑질을 했다는 것이 아닙니다. 어쩌면 다른 사람의 눈에는 완벽한 신앙생활을 하는 것처럼 보였을지도 모릅니다. 왜냐하면 그들은 주님의 이름으로 선지자 노릇도 했고, 귀신도 쫓았고, 능력도 행했기 때문입니다. 그러나 주님은 단호하게 "나는 너희를 모른다"고 하시고, "불법을 행하는 자들아, 내게서 떠나가라"고 말씀하십니다.

동시에 우리가 주목해야 할 것은 22절에 보면 이러한 사람이 다수라는 점입니다. 사람이 많다고 항상 옳은 것은 아닙니다. 예수님은 거짓된 다수 속에 계시지 않고 언제나 진실한 소수 속에 계셨습니다. 또한 역사는 고독하고 외롭게 진리를 위해 죽어 간 소수로 인해 새롭게 갱신되어 왔습니다.

사랑이 없으면 아무 소용이 없다

예수님의 말씀은 사도 바울의 말과도 연결됩니다.

> 내가 사람의 방언과 천사의 말을 할지라도 사랑이 없으면 소리 나는 구리와 울리는 꽹과리가 되고 내가 예언하는 능력이 있어 모든 비밀과 모든 지식을 알고 또 산을 옮길 만한 모든 믿음이 있을지라도 사랑이 없으면 내가 아무것도 아니요 내가 내게 있는 모든 것으로 구제하고 또 내 몸을 불사르게 내줄지라도 사랑이 없으면 내게 아무 유익이 없느니라(고전 13:1-3).

사도 바울은 우리가 아무리 훌륭하고 감동적인 설교를 하고, 세상 사람이 이해하지 못하는 환상을 보고, 신비스러운 능력을 행하고, 자기의 몸을 헌신할 만큼 희생하고, 또 자기가 가진 모든 것을 가지고 구제와 선행을 베푼다고 해도 그 내면에 정말 순수하고 진실한 사랑의 동기가 없다면 그 모든 것은 허위요 위선이라고 말하고 있습니다. 그렇습니다. 우리가 주님을 위해서 일한다는 것이 도대체 무엇입니까? 어떤 노력과 헌신과 봉사가 주님에게 합당하겠습니까? 주님의 일을 한다고 하면서 오히려 상대방에게 상처를 주고 서로 갈등을 느낀다면 무엇 때문에 그 수고와 고생과 고통을 감당해야 합니까? 다시 한번 생각해 봐야 합니다.

요한복음 17장 3절에 '영생'이란 무엇을 행하는 것이 아니라 "유일하신 참하나님과 그가 보내신 자 예수 그리스도를 아는 것"이라고 했습니다. 우리가 하나님에게 영광을 돌리는 것은 열정적으로 그리고 정확하게 어떤 일을 많이 하는 데 있는 것이 아닙니다. 오히려 그 일이 자기가 하나님에게로 가는 데 걸림돌이 된다면 중지해야 합니다. 그 일이 하나님의 영광을 가린다면 그만두어야 합니다. 일 자체는 우리의 목표가 아닙니다. 그리스도인으로서 무엇보다 중요한 것은 인격적으로 겸손하게, 진실하게 하나님을 믿고 예수 그리스도를 바라보고 의지하는 것입니다. 그 때에 우리의 영혼에서 말할 수 없는 기쁨과 감격과 찬송이 흘러넘칩니다. 하나님은 우리의 그런 모습을 기뻐하십니다.

그러므로 헌신과 봉사를 하기 전에 하나님과의 깊은 교제, 신뢰,

순종이 먼저 선행되어야 합니다. 하나님을 신뢰하고 사랑하는 마음이 하늘 끝까지 가득 찰 때 우리는 일을 하든지 하지 않든지, 무슨 일이 주어지든지 주어지지 않든지, 그 모든 것에 의미를 갖게 됩니다.

내면을 돌아보라

본문 말씀은 고린도전서 9장 27절 말씀과도 연결됩니다.

"내가 내 몸을 쳐 복종하게 함은 내가 남에게 전파한 후에 자신이 도리어 버림을 당할까 두려워함이로다."

우리가 하나님에게 은혜를 받고 너무나 감사한 마음이 있어서 하나님을 위해 일하게 되었습니다. 그런데 그 일을 하면서 우리 스스로 몸을 쳐서 복종시키지 아니하면 우리가 주의 이름으로 무슨 일을 했든 결국 우리는 하나님에게 버림받아서 밖에서 슬피 울며 이를 가는 사람이 될 수밖에 없습니다. 사도 바울도 복음을 전한 후에 도리어 자기가 버림을 받을까 두렵다고 고백했습니다. 이 말씀은 목사가 설교하여 성도들을 천국까지 인도하고 정작 자신은 천국에 못 가는 수도 있다는 뜻입니다. 특별히 교회를 오래 다녔거나 직분이 있고 남다른 봉사를 하는 사람의 경우에 적용되는 말씀입니다.

우리가 함께 생각해 봅시다. 주님의 일을 한다고 할 때 진정 하나님을 위해서 하고 있습니까, 아니면 자신을 위해서 하고 있습니까? 우리가 처음에는 하나님을 위해서 일을 시작합니다. 그런데 지나고 보면 어느덧 우리 자신을 위해서 일하는 것을 보게 됩니다. 하나님도 영광 받으시지만 나도 좀 영광 받으면 좋겠고, 하나님도 체면이 있으시지만 나의 체면도 좀 서면 좋겠고, 하나님도 잘되어야겠지만 나도 좀 잘되어야겠다는 생각이 드는 것입니다. 자기도 모르는 사이에 자기가 하나님의 자리에 올라서고 있는 것입니다.

사도 바울처럼 헌신한 사람이 또 어디 있습니까? 그는 결혼도 하지 않고, 학문도 포기하고, 복음을 위해 일생의 반을 감옥에서 살았으며, 마지막에는 뼈가 저리는 지하 감옥에서 지내다가 사형을 당했습니다. 이처럼 헌신했던 사도 바울도 유혹과 위기가 있었다는 사실을 고백했습니다. 자기의 설교는 소리 나는 구리와 울리는 꽹과리가 될 수 있고, 자기의 능력과 믿음은 아무것도 아니요, 자기의 희생과 구제는 아무 유익을 주지 못하는 것이 될 수 있다는 고백입니다. 이 얼마나 양심을 찌르는 고백입니까? 그렇습니다. 문제는 우리의 외적인 행위가 아니고 내적이며 영적인 태도입니다.

사람의 눈은 속일 수 있어도 하나님의 눈은 속일 수 없습니다. 우리는 주여 주여 하면서 딴생각을 할 수 있고, 거짓 평화와 거짓 행복으로 우리 자신을 기만할 수도 있습니다. 예를 들면 어떤 부부가 교회에 나오기 전에 부부 싸움을 실컷 하고는 교회에 와서 아주

다정하고 행복한 부부로 변신합니다. 사람들을 만나서 인사하고 웃지만 이미 한바탕 전쟁을 치르고 난 후입니다. 사람들 눈 때문에 잠시 휴전한 것뿐이지 진정한 평화가 아닙니다. 예배가 끝나고 나면 그들은 또다시 불편한 관계를 계속할 것입니다.

겉으로 나타나는 것은 중요하지 않습니다. 우리 내면의 세계에 진정한 구원의 기쁨과 감격 그리고 뜨거운 사랑과 용서의 체험, 순종과 감사의 태도가 있는가를 생각해 봐야 합니다. 만약 이런 것 없이 계속해서 우리의 신앙이 거짓 평안과 거짓 사랑과 거짓 행복으로 이어진다면 어느 날 천국에 섰을 때 "나는 너를 모른다. 불법을 행하는 자야, 내게서 떠나라"고 말씀하실 수 있습니다.

무의식적인 위선

우리가 정말 거짓 평안과 거짓 행복을 가지고 형식적인 신앙생활을 계속할 경우에 우리는 자신도 모르는 사이에 무의식적인 위선에 빠지게 됩니다. 처음에는 양심의 가책도 받고 회개도 합니다. 그러나 반복해서 죄를 짓고 형식의 틀에 얽매이게 될 때는 스스로 당연시하는 위선을 행하게 됩니다. "아, 예수 믿는 것은 그저 그런 것이다"라며 자신을 합리화시켜서 형식과 외식적인 신앙의 틀 속에 집어넣습니다. 물론 교회에 잘 나오고 집사 직분도 있습니다. 봉사도 잘 하고 모든 종교적인 행사에도 아주 익숙합니다. 그런데 실제로 자기 안에 변화와 기쁨이 없습니다. 10년 전이나 지금이나 신앙 상태의 변화 없이 그냥 그렇게 살아갑니다.

눈물을 흘려 본 것도 이미 오래전의 일입니다. 예수님이 관심 있으신 부분에 관심이 없고 예수님이 관심 없으신 부분에는 관심이 많습니다. 전도보다는 행정에 관심이 있고, 성경 공부보다는 조직에 관심을 쏟습니다. 자기 자신의 영이 자라는 것을 느끼지 못하며 그런 개념조차 이해하지 못하고 있습니다. 성령의 뜨거운 역사나 생명이나 부활이나 기적을 전혀 경험해 본 일이 없습니다. 또한 자기 자신이 은혜를 받아 본 일이 없기 때문에 어떤 사람이 은혜 받고 눈물을 흘리면 '저 사람이 갑자기 왜 저러나'라고 생각합니다. 열매 없이 잎만 무성한 나무로 변해 가는 것입니다. 이것이 바로 무의식적인 위선입니다.

이러한 무의식적인 위선은 결국 자기 기만으로 나타납니다. 여러 가지 형태의 현상이 나타나는데, 예를 들면 성경에서 진리를 배우기보다는 세상적인 지식으로 성경을 비판하려고 합니다. 성경적인 교리를 왜곡하거나 변질시키려 하고, 교회를 섬기려는 태도보다는 지배하려는 태도로 변합니다. 겸손하게 순종하기보다는 다른 사람을 가르치고 매사에 충고하려고 듭니다. 전체의 뜻보다는 자기 주장을 내세웁니다. 이것이 바로 무서운 영적 교만입니다.

여기서 한국 교회가 스스로 반성해 볼 필요가 있습니다. 한국 교회가 건물이 없습니까? 성경이 없습니까? 교리가 없습니까? 기도가 없습니까? 아니면 열심이 없습니까? 다 있습니다. 그런데 이상합니다. 왠지 교회에 들어오면 사랑이 없고 갈등이 생깁니다. 세상의 빛이 되지 못하고 있음을 솔직히 느낍니다. 왜 그렇습니까? 영적인 교만이 우리 안에 있기 때문입니다. 겉으로는 모든 것이 다 잘되어 가는 것 같으나 내면 깊은 곳에 하나님이 인정하시는 겸손과 온유와 사랑과 순수함과 진실함이 흐려져 있기 때문에 바로 이런 현상이 나타나는 것입니다.

예수님은 이것을 단호히 배격하셨습니다. "불법을 행하는 자들아, 내게서 떠나가라"는 말씀은 우리가 무의식적인 자기 위선과 자기 기만에 빠지게 되면 결국 돌이킬 수 없는 지경으로 들어가고 만다는 것을 뜻합니다.

자기를 부인하라

신앙이란 철저히 자기를 부인하는 데서부터 시작합니다. 그래서 예수님은 제자들에게 다음과 같이 말씀하셨습니다.

> 누구든지 나를 따라오려거든 자기를 부인하고 자기 십자가를 지고 나를 따를 것이니라(마 16:24).

그렇습니다. 교회라는 조직을 통해서 우리가 하나님을 더 잘 섬길 수 없다면 이는 방해꾼에 불과합니다. 주님의 일을 하기 위해 선교 단체도 만들고 여러 가지 봉사도 합니다만 그것 때문에 주님의 복음을 가린다면 차라리 없는 것이 더 나을지도 모릅니다. 오늘 예수님이 우리에게 주시는 말씀은 천국 백성은 철저히 자기를 부인하는 사람이라는 것입니다. 주여, 주여 부르짖으면서, 선지자 노릇 하면서, 귀신을 쫓고 권능을 행하면서도 주님에게 인정받지 못하는 것은 자기를 부인하지 않았기 때문입니다.

> 그리스도 예수의 사람들은 육체와 함께 그 정욕과 탐심을 십자가에 못 박았느니라(갈 5:24).

우리는 우리의 육체와 정욕과 욕심을 십자가에 못 박아야 합니다. 우리의 신앙이 거듭나기 위해서는 죽어야 합니다. 죽지 않고서는 다시 사는 방법이 없습니다.

주님에게 인정받는 사람

그러면 우리가 어떻게 하면 불법을 행하지 않는 자가 될 수 있겠습니까? 어떻게 하면 우리가 주님의 일을 하면서 주님에게 인정받는 사람이 될 수 있을까요? 실제적인 말씀을 성경을 통해 찾아보겠습니다.

첫째, 무슨 일을 하든지 지배하고 주장하는 위치에 있지 않도록 노력해야 합니다. 섬기고 순종하는 자리에 있는 것이 신앙생활에서 가장 좋습니다. 책임자의 위치보다는 부원의 위치에 있는 것이 좋습니다. 그럴 때 우리는 사심 없이 주님을 잘 섬길 수 있기 때문입니다. 예수님은 산상설교의 결론으로 "그러므로 무엇이든지 남에게 대접을 받고자 하는 대로 너희도 남을 대접하라"(마 7:12)고 하셨습니다. 얼마나 좋은 말씀인지 모르겠습니다. 예수님은 평생 동안 섬기는 삶을 사셨습니다. 그분은 죄인의 친구였고 창녀의 친구였고, 한 번도 누구를 지배하신 일이 없었습니다.

둘째, 우리가 주님의 뜻대로 잘 살기 위해서는 성품과 생활에 변화를 주어야 합니다. 고린도후서 5장 17절에 "그런즉 누구든지 그리스도 안에 있으면 새로운 피조물이라 이전 것은 지나갔으니 보라 새것이 되었도다"라고 했습니다. 우리가 변화를 받고 새로 지음을 받아야만 형식에 빠지지 않게 됩니다. 신앙생활을 하면서 여러 가지 시험과 어려움을 겪을 때는 항상 처음 예수 믿었던 그때로 돌아가십시오. 모든 것을 포기하고 겸손히 두 손 들고 주님 앞에 나아갔던 그때로 돌아가야만 합니다.

로마서 12장 2절에 "오직 마음을 새롭게 함으로 변화를 받아"라고 했습니다. 겉모습의 변화가 아니라 속사람의 변화입니다. 그것을 고린도후서 4장 16절에서는 "그러므로 우리가 낙심하지 아니하노니 우리의 겉사람은 낡아지나 우리의 속사람은 날로 새로워지도다"라고 했습니다.

걸레도 새 걸레는 잘 안 닦입니다. 조금 헐어야 잘 닦입니다. 하나님이 우리를 쓰시기에 불편해서는 안 됩니다. 우리의 겉사람이 깨어지지 않으면, 즉 우리의 지식, 성품, 위치, 가치관 등 겉에 무장된 모든 것이 부서지지 않으면 안에서 속사람이 나오지 못합니다. 겉사람이 깨어지는 것을 감사해야 합니다. 자존심이 깨어지고, 지위가 깨어지고, 돈이 없어지고, 세상에서 내가 사랑했던 모든 것이 허물어졌을 때 내 안에서 속사람이 자라기 시작합니다. 이것이 변화입니다. 이런 변화를 받아야만 주님을 겸손하게 섬길 수 있습니다.

셋째, 불법을 행하는 자가 되지 않기 위해서 우리는 하나님과의 바른 관계를 지속적으로 가져야 합니다. 그러한 관계를 갖기 위해서 가장 중요한 일은 회개입니다. 그리고 겸손으로 우리의 허리를 동이는 일입니다.

다 서로 겸손으로 허리를 동이라 하나님은 교만한 자를 대적하시되 겸손한 자들에게는 은혜를 주시느니라 그러므로 하나님의 능하신 손 아래에서 겸손하라 때가 되면 너희를 높이시리라(벧전 5:5-6).

마지막으로 한 가지 더 말씀드리면 우리가 은혜 받고 주님의 일을 할 때는 언제나 초연한 자세로 일할 수 있어야 합니다. 일을 열심히 했던 사람은 잠깐 일을 쉬어 볼 필요가 있습니다. 또 일을 전혀 안 해 본 사람은 억지로라도 일을 열심히 해 볼 필요가 있습니다. 그런 과정을 통해서 자기 자신의 교만을 빼낼 수 있기 때문입니다. 모든 책임을 맡고 있는 사람은 스스로 손을 놓고 낮아지는 기회를 가져 보십시오. 그때 우리는 겸손하게 주님을 섬기는 법을 배울 것이며, 하나님 앞에서 겸손해지는 것을 경험할 것입니다.

예수님은 우리에게 "주여 주여 하는 자마다 다 천국에 들어갈 것이 아니요 다만 하늘에 계신 내 아버지의 뜻대로 행하는 자라야 들어가리라"고 하셨습니다. 우리는 사람의 겉모습을 보지만 주님은 우리의 속사람을 보십니다. 하나님이 인정하시는 우리가 되어야겠습니다.

24

똑같은 재료도
다른 결과를 낳는다

마태복음 7:24-27

산상설교는 우리에게 말씀하시는 내용이 많은 유명한 설교입니다. 그리고 그 내용은 아주 실제적입니다. 이 말씀을 통해서 우리의 생활 속에 많은 적용이 있을 줄로 믿습니다. 설교의 목적은 설교를 즐기는 데 있는 것이 아닙니다. 하나님이 우리에게 말씀하시는 것을 잘 이해하여 우리가 더 좋은 삶을 살고, 또한 항상 하나님과 동행하는 삶을 살도록 하는 데 있습니다. 우리가 오랫동안 긴 산상설교를 들어 왔는데 그것이 아무 유익이 없고 아무런 변화가 없다면 무슨 소용이 있겠습니까? 그래서 예수님이 바로 이 문제를 가지고 우리에게 질문하십니다. 이는 아주 중요한 질문입니다.

말씀을 통해 변화되는 성품

본문 말씀에서 예수님은 두 종류 사람의 모습을 보여 주십니다.

> 그러므로 누구든지 나의 이 말을 듣고 행하는 자는 그 집을 반석 위에 지은 지혜로운 사람 같으리니(마 7:24).

> 나의 이 말을 듣고 행하지 아니하는 자는 그 집을 모래 위에 지은 어

리석은 사람 같으리니(마 7:26).

우리는 모두 집을 짓고 있습니다. 집을 짓되 우리의 인생을 통하여 각자의 인격과 성품을 지어 가고 있는 것입니다. 하나님은 우리에게 사람에 따라 각각 다른 성품을 주셨으므로 우리는 누구든지 자기의 성품을 자기가 지어 가야만 합니다. 이렇게 볼 때 우리는 누구나 똑같은 집을 지을 수 있는 기본 재료가 있습니다.

본문에 나오는 두 종류의 사람 중 한 사람은 말씀을 듣고 행했지만 다른 한 사람은 같은 말씀을 들었으나 행하지 않았습니다. 이것은 마치 집을 짓는 두 사람과 같습니다. 이쪽에 있는 한 사람은 콘크리트, 기둥, 목재, 타일, 물을 공급하기 위한 관들을 가지고 있습니다. 그리고 다른 쪽에 있는 한 사람도 같은 자재들이 있습니다. 이 모든 것들은 각기 사용될 목표가 있습니다.

그런데 1년이 지나고 보니 두 장소에서 큰 차이가 생겼습니다. 한쪽에는 집을 지었습니다. 유리창도 있고, 물도 나오고, 지붕도 만들어서 이제는 남은 자재가 거의 없습니다. 그런데 다른 한쪽에는 콘크리트, 목재, 관과 타일도 그대로 쌓여 있습니다. 무엇에 차이가 있습니까? 둘 다 똑같은 자재를 받았습니다. 그것으로 한 사람은 집을 지었지만 다른 한 사람은 아무것도 하지 않았습니다. 집을 짓기 위해서는 많은 노력이 필요합니다.

또한 예수님은 이 비유를 통해 두 가지 기초에 대해서 말씀하십니다. 24절에서는 반석 위에 기초를 둔 집에 대해서 말씀하셨고, 26절에서는 모래 위에 기초를 둔 집에 대해서 말씀하셨습니다. 반석은 일하기가 어려운 딱딱한 장소입니다. 그래서 이 반석 위에 집을 지으려고 하면 힘든 일을 아주 열심히 해야만 합니다. 반면에 모래는 일하기 쉬운 장소입니다. 열심히 일하지 않아도 쉽게 집을 지을 수 있습니다. 우리는 집을 지을 수 있는 똑같은 자재들을 가지고 있습니다. 그 자재들은 바로 우리의 성품입니다. 우리는 이 시간에 예수님이 하시는 똑같은 말씀을 듣고 있습니다. 예수님은 우리에게 분노를 억제하는 방법에 대해서 말씀하십니다. 또 하나님의 신뢰에 대해서, 정직에 대해서, 다른 모든 것에 대해서도 말씀하십니다. 그리고 이 말씀을 통해서 우리의 성품을 지어야 한다고 말씀하십니다. 곧 예수님은 이 재료들을 가지고 너희가 무엇을 했느냐고 묻고 계시는 것입니다. 듣는 것에는 아무런 차이가 없습니다. 그러나 들은 것을 가지고 무엇을 했느냐는 큰 차이가 있습니다.

모든 사람이 예수님의 설교를 들었습니다. 그 말씀이 모든 그리스도인에게 적용되는 말씀이라는 뜻입니다. 또한 특별히 예수님의 제자들에게 산상설교를 하셨습니다. 이는 오늘 우리에게, 우리 옆 사람에게, 특별히 '나'에게 말씀하신 것입니다. 이 말씀을 듣고 과연 우리는 무엇을 했습니까? 설교를 들음으로 하나님과의 관계가 개선되었습니까? 예수님을 닮아 가고 있습니까? 더욱 믿음이 강해졌습니까? 다른 사람과 교제하며 사는 것이 더 쉬워졌습니까? 기도를 더 잘하게 되었습니까? 모든 사람에게 도움 주는 일을 더 많이 하게 되었습니까? 그들을 더 믿게 되었습니까? 비판하는 태도가 없어졌습니까? 이 모든 것이 예수님이 말씀하시는 내용의 핵심입니다. 예수님은 너희가 내 제자가 되려면 이 모든 것을 행해야 한다고 말씀하십니다. 듣기만 하는 게 중요한 것이 아닙니다.

본문에는 특별히 세 가지 경고가 나옵니다. 예수님이 이런 경고를 하셨다면 이것은 바로 우리를 향한 것입니다. 6장에서는 아버지 하나님에 대해서 여러 번 말씀하십니다. 우리는 우리 아버지에게 기도를 드립니다. 우리 아버지를 믿습니다. 아버지는 우리를 잘 보살펴 주십니다. 예수님이 오셔서 하나님이 우리의 아버지이신 것을 보여 주셨습니다. 그분에게는 따뜻함과 친절함이 있습니다. 그런데 7장에서는 하나님이 우리의 심판자임을 보여 주십니다. 이것도 역시 사실입니다. 1절에서 너희는 다른 사람을 심판하지 말라는 중요한 말씀을 하시고는 24절에서 "그러므로"라는 말씀으로 시작합니다. 이것은 내가 너희에게 이런 말을 하였으니 너희는 이 말을 들을 때 조심하라고 말씀하시는 것입니다.

진정 하나님의 길을 가고 있는가?

예수님은 첫 번째로, 우리가 하나님의 길을 가고 있지 않으면서 하나님의 길을 가고 있다고 생각하는 것을 경고하셨습니다. 특별히 교회에 나오는 사람들이 이런 생각을 하는 것은 위험합니다.

13절을 보면 "좁은 문으로 들어가라"고 했고, 14절에서는 "생명으로 인도하는 문은 좁고 길이 협착하여 찾는 자가 적음이라"고 했습니다. 우리를 두 가지 길로 인도하는 두 문이 있습니다. 한 문은 넓고 다른 한 문은 좁습니다. 이 좁은 문은 너무나 좁기 때문에 오로지 회개한 사람만이 그 문으로 들어갈 수 있습니다. 그 좁은 문의 문은 바로 예수님이십니다. 예수님은 누구든지 나로 말미암지 않고는 아버지에게로 올 자가 없다고 말씀하셨습니다. 예수님이야말로 우리가 하나님 앞에 갈 수 있는 유일한 길이요 진리입니다. 우리는 이 말씀을 들어서 잘 알고 있습니다. 그러나 단순히 듣고 아는 것이 아니라 행해야 합니다. 우리는 그 문에 들어갔습니까? 어떤 사람은 교회를 수십 년 다녔지만 아직 좁은 문에 들어가지 못하고 있습니다. 예수님을 나의 주인으로 어떻게 섬겨야 하는지 알고 있습니까? 예수님은 오늘 우리가 "오, 주님. 우리가 그 문으로 들어갑니다. 이 순간부터 나의 생명은 주님의 것입니다"라고 말하기를 바라십니다.

내 삶은 어떤 모습인가?

두 번째 경고가 15절부터 20절까지 나옵니다. 예수님은 우리가 이 세상을 사는 동안 잘못 가르칠 수 있다고 말씀하십니다. 즉 거짓 선지자들에 대한 말씀입니다. 15절에 보면 그들은 실제로는 악한 자들이나 양의 옷을 입고 있어서 마치 착한 양처럼 보인다고 했습니다. 이것은 가르치고 봉사를 하나 열매가 없고 성품도 그대로인 것을 두고 하는 말씀입니다. 가르치는 사람, 특별히 목사나 주일학교 선생님, 성경을 가르치는 지도자들의 위험성이 바로 여기에 있습니다.

예수님은 "지금까지 내가 가르쳤는데 그 열매가 무엇이냐"고 우리에게 물으십니다. 오래 참음과 자비와 양선이 어디에 있느냐고, 충성과 온유와 절제가 어디에 있느냐고 물으십니다. 우리 삶에 이런 열매가 있습니까? 우리 삶의 모습으로 잘못 가르치는 것이 가장 큰 위험이라는 것을 알아야 합니다.

그런데 이것보다 더 놀라운 일이 있습니다. 21절을 보면 사람들이 예수님 앞에 나와서 "주여, 주여"라고 말합니다. 22절을 보면 그들은 예언도 하고 귀신도 쫓아내고 이적도 행했습니다. 그런데 예수님은 내가 너희들을 결코 알지 못한다고 말씀하십니다. 우리는 놀라운 일을 할 수 있습니다. 그런데 우리는 어떤 상태입니까? 어떤 종류의 사람입니까? 예수님은 "나에게 무엇을 한다고 말하지 마라. 네가 지금 어떤 상태냐"를 묻고 계십니다.

인생의 시련들

세 번째로 알아야 할 것은, 이 세상을 살아가면서 우리가 시련을 당하게 된다는 것입니다. 25절에 보면 비가 내리고 창수가 나고 바람이 불어 집에 부딪힙니다. 27절에서도 역시 마찬가지입니다. 이 두 집은 똑같은 상황에 처해 있습니다. 어떤 쪽도 편애하지 않습니다. 위에서 비가 내립니다. 창수는 밑에서 올라옵니다. 바람은 옆에서 우리를 흔들고 있습니다. 이 모든 어려움은 우리가 예상하지 못한 때에 옵니다. 바람과 비와 창수가 한꺼번에 올 수도 있습니다. 여러 가지 어려움이 동시에 올 수 있다는 말씀입니다. 이러한 것들은 우리를 파괴할 수 있는 강력한 힘으로 나타날 수 있습니다. 또한 이 일들은 우리 모두에게 일어날 수 있습니다. 그리스도인이라고 이런 어려움에서 예외가 될 수는 없습니다. 이러한 어려움을 통해서 우리의 성품은 시험(test)을 받습니다.

예컨대 어떤 사람이 갑자기 직업을 잃었습니다. 어느 날 아내가 암에 걸린 것을 발견하게 됩니다. 또 그의 자녀가 교통사고를 당합니다. 이것이 대체 무슨 일입니까? 지금까지는 아무 문제도 없이 잘 지냈는데 단지 3개월 사이에 삶에 온통 혼란이 일어난 것입니다. 이 사람은 "하나님, 이것이 어찌 된 일입니까? 지금 나에게 무슨 일을 하고 계신 것입니까?"라고 소리칩니다. 이것이 바로 우리 인생을 시험하는 것입니다. 바람이 불어 집에 강하게 부딪히는 역경을 통하여 우리의 기초를 시험하고 있는 것입니다.

시련을 통해 그동안 우리가 어떤 신앙의 기초를 가지고 일해 왔는가를 밝혀낼 수 있습니다. 우리는 예수님의 말씀을 듣고 우리가 무엇을 어떻게 해야 하는가를 배워야 합니다.

두 사람의 예를 들겠습니다. 한 사람은 국제적으로 설교하고 다니는 유명한 설교자입니다. 그는 시카고 큰 교회의 목사였고 30년 동안 설교해 왔습니다. 그런데 어느 날 그가 뇌졸중에 걸리고 말았습니다. 완전히 전신 마비가 되어 아무것도 할 수 없게 되었습니다. 그의 인생에 폭풍이 몰아치기 시작한 것입니다. 그는 우울증에 빠졌고 마음은 시간이 갈수록 점점 완악해졌습니다. 그는 하나님에 대해서 불평하기 시작했습니다. "저는 하나님을 위해서 30년 동안 봉사해 왔습니다. 저는 여러 곳에서 하나님의 말씀을 증언했습니다. 수많은 사람에게 설교했는데 이것이 나에게 보상하시는 하나님의 방법입니까?"라며 하나님을 저주했습니다. 그의 인생은 이제 완전히 지쳐 버렸습니다. 그는 가르치느라고 너무 바빠서 하나님과 어떻게 살아야 하는지 잊어버리고 있었던 것입니다.

다른 한 사람은 필리핀 선교사 존입니다. 그는 미국에서 성경학교를 졸업하고 자격을 획득하여 선교사가 되었습니다. 그런데 그만 소아마비에 걸리고 말았습니다. 이제 모든 사역의 열매를 맺으려고 하는 때에 소아마비에 걸린 것입니다. 그는 목 아래로는 움직일 수가 없게 되어 누워 있는 상태로 들것에 들려 다녀야만 했습니다. 그런데도 그는 하나님 앞에 감사했습니다. 하나님에게 자신의 전부를 드리고 침대에 누워 하나님을 섬겼습니다. 얼마 후 그가 기독교 서점을 경영하게 되었는데 많은 사람이 그에게 와서 자기들의 문제를 상담했습니다. 하나님이 그의 성품을 아름답게 해주셔서 그가 예수님의 마음을 가질 수 있었기 때문입니다.

자신의 삶을 준비하라

우리의 마음을 다시 살펴봐야 합니다. 분명히 여러 가지 시련이 우리에게 다가올 것입니다. 이 어려운 시련이 오기 전에 삶을 준비해야 합니다. 비가 오기 시작할 때 집을 다시 짓는 것은 너무나 늦습니다. 홍수가 나고 있는데 둑을 다시 쌓는 것도 너무나 늦습니다. 바로 이 순간이 가장 중요한 순간입니다. 그래서 예수님은 "그러므로 누구든지 이 말을 들을 때 조심하라"고 경고하십니다.

내가 만약 갑자기 전신이 마비된 설교자라면 어떻게 할 것인가, 또 나와 가장 가까운 친구가 그렇게 되었다면 어떻게 말할 것인가를 생각해 봅니다. 저는 "주님, 제게 자비를 베풀어 주시옵소서. 제가 주님을 더 믿을 수 있도록 인도해 주시고 당신의 말씀을 더욱더 적용할 수 있도록 인도해 주시옵소서"라고 기도할 것입니다. 이런 일들은 우리를 산상설교의 시작으로 인도하고 있습니다. 즉 우리를 심령이 가난한 자라는 말씀으로 인도하고 있는 것입니다.

예수님은 "심령이 가난한 자는 복이 있나니 천국이 그들의 것임이요 애통하는 자는 복이 있나니 그들이 위로를 받을 것임이요"(마 5:3-4)라고 말씀하셨습니다. 가난한 마음, 애통하는 마음을 가진 사람은 예수님 앞에 가까이 나아갑니다. 예수님은 산상설교의 모든 말씀을 통해서 우리를 팔복으로 이끌어 가십니다.

팔복의 설교에서 예수님이 분노에 대해서 말씀하시는 것을 들을 수 있습니다. 또 우리가 용서하지 못하는 것에 대해서 말씀하시는 것을 들을 수 있습니다. 우리의 정결에 대해서, 우리의 정직에 대해서, 또 사랑의 결여에 대해서도 말씀하고 계십니다. 하나님 앞에서가 아니라 사람 앞에서 행했던 기도와 구제에 대해서 지적하시고, 하나님보다 돈을 사랑하는 것에 대한 위험성에 대해서 지적하시는 말씀을 듣습니다. 하나님을 믿는 것 대신 염려하는 것에 대한 위험을 지적하시는 음성을 듣습니다. 또한 다른 사람을 비판하지 말라는 말씀을 듣습니다. 너 자신보다 더 잘난 것처럼 위선적으로 행하지 말라는 주님의 음성을 듣습니다.

우리는 주님 앞에서 용서를 빌 것밖에 없습니다. "주님, 저는 많은 일에 너무나 많이 실패했습니다. 저는 하나님 앞에 드릴 것이 아무것도 없습니다." 이것이 바로 심령이 가난한 것입니다. 이 지점이 언제든지 우리가 시작해야 할 장소입니다. 우리는 그 지점을 넘어가서는 안 되며, 바로 그곳에서 겸손하게 하나님의 음성을 들어야만 합니다.

앞에서 예를 들었던 분 중 한 사람은 제 친구였습니다. 그는 낙망하고 인생이 괴로워서 하나님을 저주했지만 하나님은 그를 보살펴 주셔서 돌아오게 하셨습니다. 그는 심령이 가난한 상태로 주님 앞에 돌아왔고, 그가 하나님에게 했던 불평에 대해서 애통하기 시작했습니다. 그때 하나님이 그의 사역을 새롭게 해 주셔서 그 후로 20년 동안 목회를 계속해 오고 있습니다. 이것은 사역에서 새로운 차원인 것을 볼 수 있습니다. 그는 80세 가까이 되었는데 2-3개월 전에 다시 뇌졸중에 걸렸다는 소식을 들었습니다. 저는 지금 그가 살아 있는지 잘 모릅니다. 그러나 이번에 몰아친 풍랑은 분명 그를 파괴시키지 못했을 것입니다. 왜냐하면 하나님이 어려운 풍랑을 통해서 그의 인생을 다시 돌아오게 하셨기 때문입니다.

우리 인생의 반석

산상설교 말씀이 어떤 영향을 끼쳤습니까? 이 설교를 읽고 무엇을 했습니까? 모든 자재는 똑같습니다. 우리는 똑같은 말씀을 읽고 똑같은 말씀을 들었습니다. 그러나 들은 말씀을 가지고 무엇을 했느냐는 각자가 다를 것입니다. 우리의 인생이 반석이신 예수 그리스도 위에 있지 않고, 그냥 말씀을 듣기만 했다면 이제 곧 인생의 시련이 닥칠 것입니다. 하나님의 목표는 우리를 꾸짖고 비난하는 것이 아니라 우리를 사랑하는 것입니다. 하나님은 우리를 겸손하게 만들어서 구세주 앞으로 인도하시려는 것입니다. 우리를 하나님이 원하시는 사람으로 만들기 위해서 연단하시는 것입니다. 우리가 생명을 발견할 수 있는 유일한 반석은 예수 그리스도뿐이십니다.

25

흔들리지 않는 권위가
진짜다

마태복음 7:28-29

반석 위에 집을 지은 지혜로운 사람과 모래 위에 집을 지은 어리석은 사람의 말씀을 들었습니다. 여기서 집이란 바로 그리스도인의 인격과 성품의 집을 뜻한다고 했습니다. 예수님이 지금까지 우리에게 들려주신 산상설교의 모든 내용은 천국 백성이 집을 지을 수 있는 여러 가지 재료에 대한 것이었습니다. 이 재료들은 하나님의 백성이면 누구에게나 똑같이 주어졌습니다. 그러나 이것들을 가지고 어떤 사람은 집을 잘 지어서 살고 있고, 어떤 사람은 똑같은 재료가 있음에도 엉성하고 엉터리 같은 집을 짓고는 안심하며 살고 있습니다. 바로 이러한 내용이 24절에 있는 말씀이었습니다.

"그러므로 누구든지 나의 이 말을 듣고 행하는 자는 그 집을 반석 위에 지은 지혜로운 사람 같으리니."

말씀을 듣는 것이 복된 것이 아니라 듣고 행하는 것이 복되다는 뜻입니다. 요즘은 정말 설교 홍수 시대입니다. 서울에 좋은 설교가 얼마나 많습니까? 그러나 그 설교를 듣는 것이 무슨 의미가 있습니까? 유명한 분을 모셔서 집회하는 것이 어떤 의미가 있습니까? 만약에 그 말씀을 듣고 실제로 적용하지 않는다면 차라리 안 듣는 것만 못합니다. 26절을 보면 "나의 이 말을 듣고 행하지 아니하는 자는 그 집을 모래 위에 지은 어리석은 사람 같으리니"라고 했습니다.

　이미 우리는 교회에 들어와 있는 사람이요, 찬송을 부르는 사람이요, 예수 믿는다고 말하는 사람들입니다. 그러면서도 진정으로 변하지 않았다면 우리는 어디에 가서 또 변화를 받는다는 말입니까? 신학교는 주의 종들이 모여서 훈련받는 곳이기 때문에 천국인 줄 알았습니다. 그러나 우리는 그곳에서 하나님의 공동체를 경험할 수 없었고, 오히려 인간의 공동체를 경험함으로 인해 깊은 좌절감을 느끼게 되었습니다. 신학교에서 하나님의 나라를 경험하지 못한다면, 교회에 와서 천국을 경험하지 못한다면, 다시 말해서 서로 사랑하고 용서하고 격려하고 이해하는 아름다운 공동체를 경험하지 못한다면 우리가 지상 어디에 가서 천국의 그림자를 맛볼 수 있겠습니까?

　교회에 와서 변화되는 것처럼 중요한 일은 없습니다. 삶이 바뀌지 않고 예수 믿는 것이 하나의 습관처럼 되어 버린다면 참으로 불쌍한 자가 됩니다. 교회 다니면서도 늘 다른 것을 그리워하고 다른 것을 생각한다면 우리는 또 한 번 위선자가 되고 말 것입니다.

어떤 성품의 사람인가?

그러면 과연 우리는 어떤 종류의 사람입니까? 이 질문은 "나는 변했는가?", "나의 인격과 성품의 집은 잘 지어졌는가?"를 묻는 질문입니다. 예수님은 이것을 시험할 수 있는 방법을 25절에서 말씀하셨습니다. "비가 내리고 창수가 나고 바람이 불어"라는 말씀입니다. 이 말씀은 인생에 부딪히는 세 가지의 동시적 위기를 뜻합니다. 즉 위에서는 비가 내리고 아래서는 창수가 나고 옆에서는 폭풍이 몰아치는 참혹한 인생의 시련에 우리 신앙의 현주소가 있다는 사실입니다. 그렇습니다. 편안할 때 누가 못 믿겠습니까? 지금 우리가 이런 환경에서 교회 나온다는 것은 신앙의 시금석이 될 수 없습니다. 진짜 우리가 신앙을 가졌는가에 대한 시금석은 폭풍과 고난의 시련입니다.

정말 우리가 사형 선고를 받은 것 같은 상황에 처했을 때, 즉 기대고 의지하던 친구들의 배신, 잘되던 사업의 파산, 사랑하는 자녀의 돌발적인 사고로 인한 죽음, 전혀 예기치 못한 병 등 축복이라 생각했던 것들이 내 손에서 하나하나 빠져나갈 때, 그때의 나는 누구냐 하는 것입니다. 이러한 시련 속에 있는 '나의 영적인 태도', '나의 모습', 이것이 바로 우리가 신앙이 정말 있느냐 없느냐를 결정합니다.

말씀으로 변화되고 그리스도의 인격과 성품의 집을 잘 지은 사람은 어떤 위기 앞에서도 절망하거나 좌절하거나 누구를 원망하지 않고, 그러한 고난의 폭풍을 잘 견뎌 냅니다. 반대로 말씀을 듣고도 변화되지 못한 사람은 그러한 위기의 때에 쉽게 절망하고 자학하고 좌절하고 열등감에 빠져 하나님을 원망하면서 맥없이 쓰러져 버립니다. 그러므로 신앙인에게 가장 중요한 것은 환경이 아니라 영적인 태도입니다. 즉 우리는 좋은 일을 만날 수도 있고, 나쁜 일을 만날 수도 있습니다. 또 합리적인 일을 만날 수도 있고, 비합리적인 일을 겪을 수도 있습니다. 그럼에도 불구하고 주님을 생각하면서 마음의 평화를 잃지 않고 계속해서 헌신하며 주님에게로 한 걸음 나아가는 영적인 태도가 중요합니다.

말씀을 듣고 놀란 사람들

이번 장에서 본문 말씀은 예수님의 설교가 끝난 다음 마태가 느낀 두 가지 소감의 기록입니다. 28절을 보면 "예수께서 이 말씀을 마치시매 무리들이 그의 가르치심에 놀라니"라고 했고 산상설교의 시작인 5장 1절에서는 "예수께서 무리를 보시고 산에 올라가 앉으시니 제자들이 나아온지라"고 했습니다. 처음에는 소수의 제자가 따라온 것 같습니다. 그러나 나중에는 많은 무리가 그 자리에 모이게 되었습니다.

개벽 이래 그들은 처음으로 하늘의 메시지를 들었습니다. "좁은 문으로 들어가라. 거짓 선지자들을 삼가라. 열매로 그 사람을 안다. 주여, 주여 하는 자마다 모두 천국에 들어가는 것이 아니고 아버지의 뜻대로 행하는 자라야 들어갈 수 있다. 말씀을 듣는 자가 복된 것이 아니라 듣고 행하는 자가 복된 것이다. 듣고도 행하지 않는 것은 모래 위에 화려한 집을 지은 것과 같다"는 말씀에 도전을 받은 제자들은 한마디로 심각하고 깊은 충격을 받았습니다.

28절을 보면 "무리들이 그의 가르치심에 놀라니"라고 되어 있습니다. 이것은 단순한 놀람이 아니라 큰 충격을 내포하는 놀람입니다. 그렇습니다. 예수님의 말씀에는 충격이 있고 우리의 신앙은 그 충격에서부터 시작됩니다. 충격이 없으면 변화가 없습니다. 어제 경험할 수 있었던 것을 오늘 경험하고, 오늘 경험할 수 있는 것을 내일 또 경험한다면 아무런 변화가 없습니다. 이 말씀으로 당시 제자들만 충격을 받은 것이 아니라 이천 년이 지난 오늘의 우리도 충격과 도전을 받습니다. 아마 말씀에 대한 이 충격은 주님이 오시는 날까지 계속될 것입니다.

우리는 하나님의 형상대로 지음 받은, 곧 죄를 모르는 인간 원형의 모습을 한 번도 본 일이 없습니다. 그러나 단 한 분뿐인 예수 그리스도에게서 우리는 그 모습을 찾을 수 있습니다. 그 예수님이 천국 백성의 모습, 즉 죄를 짓지 않은 인간 원형의 모습을 그려 주신 것입니다. 그것을 보았을 때 그들의 충격은 너무나 컸을 것입니다. 또한 오늘 우리도 이 말씀과 우리의 삶을 연결시켜 봤을 때 우리 안에 이 말씀과 비슷한 구석이 하나도 없는 것을 발견하고는 굉장한 충격을 받게 되는 것입니다.

저는 이 말씀을 처음으로 설교하기 위해 준비하던 1982년 여름의 어느 저녁을 기억합니다. 준비하던 설교 노트를 옆에 두고 하나님에게 무릎 꿇고 "주님! 저는 죄인입니다. 이 말씀의 기준이 너무나 높고 기이하여 따라갈 수 없을 뿐 아니라 제가 어떻게 설교해야 할지 모르겠습니다"라고 기도했습니다. 그때 이후로 산상설교의 말씀을 들으면 그 충격과 고통이 계속해서 따르고 있음을 느낍니다.

산상설교를 마치며…

산상설교를 마치면서 다시 한번 정리해 보겠습니다. 제일 먼저 예수님은 5장에서 그리스도인의 참된 성품이 무엇인가를 여덟 가지로 설명해 주셨습니다. 진정한 그리스도인은 마음이 가난한 사람입니다. 가난하다는 것은 아무것도 주장할 것이 없고 더 이상 자랑할 것도, 치장할 것도 없는 겸손한 마음 상태입니다. 마음이 가난한 사람은 두 번째로 애통하는 사람입니다. 자기 죄 앞에서 몸부림치며 울 줄 아는 사람입니다. 애통하는 사람은 온유합니다. 사납지 않습니다. 의에 주리고 목마르게 됩니다. 이 사람은 다른 사람을 보면 자기의 부족과 함께 하나님의 긍휼을 생각하면서 사람들의 약점과 아픔에 동참하는 긍휼의 마음을 갖습니다. 이 사람은 마음이 깨끗한 사람입니다. 거짓이 없습니다. 과장할 줄 모릅니다. 언제나 화해자의 모습으로 있습니다. 그리고 의를 위하여 박해와 고난과 순교를 당하는 사람입니다.

두 번째로, 예수님은 우리에게 그리스도인은 빛과 같은 사람이요, 또한 소금과 같은 사람이라고 하셨습니다. 그러나 과연 그렇습니까? 우리 안에 빛이 있습니까? 우리는 빛보다는 어둠에 있다고 말하는 것이 옳을 것입니다. 또한 소금이기보다는 우리 안에 부패가 있다는 사실을 고백해야 할 것입니다. 5장 20절에서 예수님은 "내가 너희에게 이르노니 너희 의가 서기관과 바리새인보다 더 낫지 못하면 결코 천국에 들어가지 못하리라"고 하셨습니다. 우리는 서기관과 바리새인의 신앙을 비판합니다. 그러나 예수님은 그들만큼이라도 닮으라고 말씀하십니다. 즉 그만큼도 안 된다면 너희는 천국에 못 들어간다는 뜻입니다. 무서운 말씀입니다.

다음으로 예수님은 그리스도인의 도덕적인 삶의 기준을 여섯 가지로 말씀해 주셨습니다. 살인하지 말라, 간음하지 말라, 음행한 이유 없이 아내를 버리지 말라, 헛맹세하지 말라, 악한 자를 대적하지 말라, 원수를 사랑하라는 것입니다. 여기서 주님은 겉으로 보이는 우리 삶의 모습에 기준을 두고 말씀하신 것이 아닙니다. 사람을 미워하면 그것이 살인이요, 여자를 보고 음욕을 품으면 그것이 간음이요, 결혼의 순결성을 잃었다면 그것이 간음이라고 말씀하시는 것입니다. 과연 어떤 사람이 이 기준 앞에 설 수 있겠습니까?

그러나 예수님은 이러한 천국의 기준을 우리 앞에 제시하시면서 5장 마지막 부분에서 이렇게 결론을 내리셨습니다.

"하늘에 계신 너희 아버지의 온전하심과 같이 너희도 온전하라."

6장에서 예수님은 도덕적인 삶에서 한 걸음 더 나아가서 신앙적인 삶의 기준을 보여 주셨습니다. 신앙은 사람 앞에서 행하는 것이 아니라 하나님 앞에서 행하는 것이고, 그 보상도 사람에게서가 아니라 하나님에게서 받는 것이라고 하셨습니다. 그리고 이것을 구체적으로 적용하게 하셨는데 그 첫 번째가 구제였습니다. 즉 구제할 때는 나팔 불지 말고 오른손이 한 것을 왼 손이 모르게 하라는 것입니다. 둘째로, 기도할 때는 골방에 들어가서 하고, 들어가서도 문을 닫고 기도하라고 하셨습니다. 셋째로, 금식에 대해서는 머리를 잘 빗고 수염도 깎고 기름을 발라서 사람들이 금식하는지 알아보지 못하도록 하라고 하셨습니다. 그리고 예수님은 보물을 땅에 쌓아 두지 말라고 말씀하셨는데, 이것은 돈의 노예가 되지 말라는 교훈이었습니다. 6장은 무엇을 먹을까, 무엇을 마실까, 무엇을 입을까 염려하지 말라는 말씀으로 끝이 납니다.

7장에서는 절대로 남을 비판하지 말라, 네가 비판하면 너도 비판을 받게 될 것이라고 하시면서 천국의 열쇠를 깨달은 자는 적극적으로 하나님에게 나아가 구하고, 찾고, 두드리라고 말씀해 주셨습니다. 마지막으로 네가 남에게 대접을 받고자 하는 대로 너도 남을 대접하라는 말씀이었습니다.

이 말씀을 듣고 어떻게 느낍니까? '나'에게 적용만 하지 않는다면 참 좋은 말씀이고, 설교만 듣는다면 그렇게 은혜로운 말씀일 수가 없습니다. 만약에 산상설교가 7장 12절로 끝났다면 우리에게 고민이 없을 것입니다. 그런데 예수님은 13절부터 "좁은 문으로 들어가라. 거짓 선지자들을 삼가라. 나더러 주여, 주여 하는 자가 천국에 다 들어가는 것이 아니다. 말씀을 듣는 자가 아니라 듣고 행하는 자가 지혜로운 자다"라고 설교를 계속하시니 고민입니다. 왜냐하면 우리 안에 이런 모습이 전혀 없으면서도 겉으로는 신앙생활을 잘하고 있다는 착각 속에 빠져 있는 자신을 발견하고서 큰 충격을 받기 때문입니다.

말씀의 충격으로 변화되다

변화란 충격을 통해서 옵니다. 진정한 말씀은 '충격'인 것입니다. 오늘 우리가 성경에서 발견하는 것은 그 많은 무리가 말씀의 엄청난 충격을 받았다는 것입니다. 말씀의 충격을 받았습니까? 말씀이 불이 되어 내 속에 있는 죄를 태우고, 말씀이 칼이 되어 나의 영혼을 찌르고, 말씀이 몽둥이가 되어 나의 정욕과 육신을 후려치는 경험을 했습니까? 말씀의 충격을 받지 않은 사람은 세상의 모든 시시한 일에 쉽게 충격을 받습니다. 그러나 말씀의 충격을 받고 변화를 받으면 어떤 경우에도 견뎌 낼 수 있는 인격과 영적인 태도를 갖게 됩니다. 이런 사람이 반석 위에 집을 지은 사람입니다. 이런 사람은 죽음이 찾아와도 충격을 받지 않습니다. 어떤 박해를 받아도 두려워하지 않고 잘 견뎌 냅니다. 원망하거나 불평하지 않습니다. 돈이나 명예나 지위에 대해서도 자유합니다. 이런 사람이야말로 그리스도 안에서 승리한 사람입니다.

구약에 보면 말씀에 충격을 받은 사람들이 많습니다. 아브라함은 그의 나이 75세 때 갈대아 우르에서 하나님의 음성을 들었습니다. 얼마나 충격을 받았겠습니까? 그의 인생이 변했습니다. 그는 모든 것을 버리고 떠나야만 했습니다. 또한 모세는 80세에 하나님의 산 호렙에서 하나님을 만났습니다. 떨기나무에 붙은 불꽃 가운데서 하나님의 음성을 듣고 인생이 바뀐 것입니다. 여호수아, 사무엘, 이사야, 예레미야, 아모스, 호세아, 또 베드로와 다른 제자들, 사도 바울과 그 제자들 모두가 말씀에 사로잡혔던 사람들입니다. 오늘 우리도 말씀 앞에서 이런 깊은 충격을 받을 수 있어야 합니다. 그것만이 우리가 세상을 이기는 비결입니다.

모든 권세를 가지신 예수님

두 번째로, 본문에서 발견하는 것이 있는데 그것은 29절의 말씀입니다.

"이는 그 가르치시는 것이 권위 있는 자와 같고 그들의 서기관들과 같지 아니함일러라."

마태복음 28장 18절에 보면 예수님은 스스로 이렇게 말씀하셨습니다.

"예수께서 나아와 말씀하여 이르시되 하늘과 땅의 모든 권세를 내게 주셨으니."

예수님은 실제로 하늘과 땅의 모든 권세를 가지셨습니다. 하나님은 권위 그 자체십니다. 예수님은 그 하나님의 권위 자체를 가지신 것입니다. 그래서 로마서 13장 1절에 "각 사람은 위에 있는 권세들에게 복종하라 권세는 하나님으로부터 나지 않음이 없나니 모든 권세는 다 하나님께서 정하신 바라"고 했습니다. 참 놀라운 말씀입니다.

하나님은 우리에게 부모의 권위를 주셨습니다. 예를 들어 어떤 사람이 초등학교도 나오지 못하고 지위도 형편없는 사람이라고 할지라도 결혼해서 아이를 낳으면 아버지의 권위가 생깁니다. 또 백성을 위한 통치자의 권위를, 학생들을 위한 교수의 권위를, 교인들을 위한 영적 지도자의 권위를 주셨습니다. 우리는 이러한 권위를 다 인정해야 합니다.

그런데 우리는 이 권위가 다 무너지는 사회에서 살고 있습니다. 왜 그렇습니까? 하나님으로부터 권위를 부여받은 사람들이 그 권위를 잘못 사용하여 권위주의를 만들어 놓았기 때문입니다. 이것은 나라나 사회나 가정이 무너지는 비극의 시초입니다. 권위는 세울수록 없어집니다. 참된 권위는 주어지는 것이지 인위적으로 만드는 것이 아닙니다. 아버지라는 그 자체가 권위입니다. 그러나 어떤 사람은 돈을 많이 가져다줌으로써 아버지의 권위를 행사하려고 합니다. 술 먹고 소리치며 부당하게 아버지의 권위를 행사할 때 그 권위는 사라집니다. 성실하게 일하며 가정을 지키고 영적 지도자로서, 아버지로서, 남편으로서 자기의 임무를 충실히 할 때 진정한 아버지의 권위가 생깁니다.

우리에게 이러한 권위가 있습니까? 직장에서 교수로서 또는 경영자로서, 군대에서 상관으로서 권위가 있습니까? 섬기는 권위입니까, 지배하는 권위입니까? 인위적인 권위입니까, 하늘의 권위입니까? 물리적인 권위입니까, 사랑과 겸손의 권위입니까?

권위주의는 배격되어야 하지만 참된 권위는 존중되어야 합니다. 부모의 권위, 교사의 권위, 통치자의 권위, 목사나 영적 지도자들의 권위는 반드시 지켜져야 하고 존대받아야 합니다.

진정한 영적 권위

예수님에게는 하늘의 권위가 있었고, 섬기는 권위가 있었고, 사랑과 겸손의 권위가 있었습니다. 권위자이신 예수님을 바라보십시오. 그분은 하늘과 땅의 모든 권세를 가지셨으므로 우리는 그분의 말씀 앞에 순복하고 무릎 꿇을 수 있습니다. 그리고 그 말씀대로 살면 반드시 이루어지리라는 사실을 믿습니다. 예수님은 가르치시는 권위가 있습니다. 이는 사람의 권위가 아니라 성경의 권위며 하나님의 권위입니다. 예수님은 하나님의 아들로서의 권위를 가지셨고, 또한 하나님으로서의 권위를 가지셨으며, 심판자로서의 권위도 가지셨습니다. 주님은 이제 곧 재림하셔서 세상을 심판하실 것입니다.

우리에게는 말씀의 충격이 있어야 합니다. 그래야만 세상의 충격에서 살아남을 수 있습니다. 또한 우리에게는 세상을 구원하기 위해 진정한 영적 권위가 필요합니다. 우리에게 진정한 하늘의 권위, 하나님이 주시는 말씀의 권위가 있기를 바랍니다. 또한 그 권위를 가지고 승리할 수 있기를 바랍니다.